河南省高等学校哲学社会科学优秀著作资助项目

欧美普通高校
学分互认和转换研究

徐来群　著

·郑州·

※ 2021年度河南省哲学社会科学规划项目"新知识生产模式背景下应用科技大学发展战略研究"（项目编号2021BJY034）

图书在版编目(CIP)数据

欧美普通高校学分互认和转换研究／徐来群著. --郑州：河南大学出版社，2021.11
ISBN 978-7-5649-4917-4

Ⅰ.①欧… Ⅱ.①徐… Ⅲ.①高等学校-学分制-研究-西方国家 Ⅳ.①G642.471

中国版本图书馆CIP数据核字(2021)第232108号

欧美普通高校学分互认和转换研究
OUMEI PUTONG GAOXIAO XUEFEN HUREN HE ZHUANHUAN YANJIU

策划统筹	杨国安　谌洪波
责任编辑	陈　巧
责任校对	孙增科
封面设计	陈盛杰

出　版	河南大学出版社
	地址：郑州市郑东新区商务外环中华大厦2401号　邮编：450046
	电话：0371-86059715（高等教育与职业教育分公司）　网址：hupress.henu.edu.cn
	0371-86059701（营销部）
排　版	郑州市今日文教印制有限公司
印　刷	广东虎彩云印刷有限公司
版　次	2021年11月第1版	印　次	2021年11月第1次印刷
开　本	710 mm×1010 mm　1/16	印　张	18.25
字　数	299千字	定　价	48.00元

（本书如有印装质量问题，请与河南大学出版社营销部联系调换。）

前　言

2019年2月，中共中央、国务院印发《中国教育现代化2035》，提出在2035年建成服务全民终身教育的现代教育体系的目标。高等教育作为现代终身教育体系的重要组成部分，怎样实现不同层次、不同类型、不同结构、不同性质的高等教育机构之间高等教育资格和学生学习成果的互认和转换，成为建设我国终身教育体系的关键。学分互认和转换作为高等教育机构互联互通、学习成果互认和转换的重要教学管理制度，已经被世界大多数国家的高等教育领域所使用。目前全球最主要的学分互认和转换模式有两种：一种是以欧洲学分互认和转换系统为代表的能力转移取向模式（学习成果为主），另一种是以美国为代表的时间积累模式（课堂教学为主）。二者较好地实现了高等教育资格体系与学习成果的积累和转换，在促进人才自由流动以及社会经济发展等方面取得了较好的效果。

我国高校在1980年代引入学分管理制度，经过不断完善和发展，积累了一定的经验，但学生学习成果在高等教育系统内部和外部进行有条件的互联互通，还存在一定的体制和机制障碍。为此，本书主要对欧洲学分互认和转换系统与美国学分互认和转换系统进行了深入的比较研究，并对我国中部H省高等教育学分互认和转换的现实情况进行了调查研究，提出了相关政策和建议，对建设中国特色的高等教育学分互认和转换体制和机制进行了有价值的探索。

首先，欧洲学分互认和转换系统是在欧洲经济、政治、文化一体化过程中产生的，为此，欧盟委员会先后实施了伊拉斯谟项目、博洛尼亚宣言和进程、欧洲学分转换和积累系统、优化项目、欧洲资格框架等战略措施，促进欧洲各国不同教育体系和类型的学习成果在欧洲学分基础上进行互认和转换，并取得了很大成功,已有超过400万大学生从学分互认和转换中受益。欧洲学分互认和转换系统主要存在欧洲学分常模参照评价成绩正态分布与国家标准参照评价之间不能很好兼容、精英大学和欧洲一部分国家不积极参与、财政支持不平衡、法律权威不足等问题,未来主要采取欧洲标准分数、欧洲高等教育区域、在线学分互认和转换服务系统的方式解决。

其次,美国学分互认和转换有一百多年历史,早在19世纪末的时候,美国就根据芝加哥大学校长哈珀的提议,建立初级学院,主要为高年级提供转学服务。随着美国工业化的不断发展,接受高等教育的需求不断高涨,初级学院改名为社区学院,使命也从最初的转学教育逐步扩展到职业教育、补习教育、社区教育四大使命,逐渐影响社区学院学生转学至四年制大学的比例和效果。当前,美国学分互认和转换存在制度障碍、认识障碍、政治障碍、家庭背景障碍和经济障碍。在教育成本不断攀升、财政拨款逐年下降、学生毕业率不够理想、新技术新产业对高等教育人才提出更高要求等因素的促进下,美国采取多种政策措施促进学分互认和转换,主要有关注法律为基础的协议、规划指导纲要文件以及自愿协议的文件模式,给学生提供学术、心理、经济支持的支持服务模式,采取课程等值、学分等值、模块转学等方式的学术模式,重视生活经验和工作经验的能力模式,以及跨区域学分互认和转换模式。

最后,我国早在民国时期就实行了学分制,但学分互认和转换制度的实施较晚。目前,我国已经形成大学内部学分互认和转换、区域性学分互认和转换、国际学分互认和转换等多种形式,积累了一定的经验,也存在一些困境。本书通过分析我国各地符合国情的各种学分互认和转换案例,重点对H省五所高校进行调查研究,梳理了H省高校在学分互认和转换中存在的问题以及具有的优势,认为H省宜采取签署学分互认和转换协议或以颁布政策的形式建立普通高校学分互认和转换联盟,或者从终身教育视角建立H省学分银行等全省范围的学分互认和转换战略;各普通高校可以因地制宜实施完全学分制和按照学分收费的教学管理制度,改革与之不相适应的各种规章制度,建立学分互认和转换管理体制、保障体系、专升本2+2模式,建立H省在线转学系统;同时建立积极的财政拨款政策促进学分互认和转换,鼓励更多人接受高等教育,逐步追上与发达省份的差距。

希望本书可以对高等学校管理者、教师、学生以及高等教育行政管理部门的领导、高等教育领域的专家学者等了解、研究高等教育学分互认和转换制度提供参考。

目 录

第一章 导 论 …………………………………………… (1)
　一、选题缘由 …………………………………………… (1)
　二、文献综述 …………………………………………… (3)
　三、研究思路 …………………………………………… (5)
　四、研究方法 …………………………………………… (5)
　五、研究内容 …………………………………………… (5)
　六、重点难点 …………………………………………… (7)
　七、创新点 ……………………………………………… (7)
第二章 学分互认和转换概述 ………………………… (8)
　一、学分制 ……………………………………………… (8)
　二、学分制发展史 ……………………………………… (12)
　三、学分功能 …………………………………………… (17)
　四、学分制优点和不足 ………………………………… (20)
　五、学分制管理创新 …………………………………… (25)
　六、学分互认和转换 …………………………………… (26)
第三章 欧洲学分互认和转换系统资格框架 ………… (36)
　一、欧洲资格框架 ……………………………………… (36)
　二、英国国家资格框架 ………………………………… (43)
　三、英国国家资格框架资格描述词 …………………… (50)
　四、英国资格框架与欧洲资格框架比较 ……………… (58)

第四章　欧洲学分互认和转换系统学习成果……（60）
　　一、学习成果概念……（60）
　　二、学习成果功能……（62）
　　三、学习成果类型……（64）
　　四、学习成果内容和结构……（65）
　　五、学习成果维度……（67）
　　六、先前学习成果验证……（68）
　　七、学习成果存在的问题……（69）

第五章　欧洲学分互认和转换系统运行机制……（74）
　　一、欧洲学分互认和转换系统形成背景……（75）
　　二、欧洲学分互认和转换现状……（77）
　　三、欧洲学分互认和转换系统简介……（90）
　　四、欧洲学分互认和转换系统组成……（95）
　　五、欧洲学分互认和转换能力模式……（104）
　　六、欧洲学分互认和转换系统经费支持……（110）
　　七、欧洲学分互认和转换系统成绩制度……（113）
　　八、欧洲学分互认和转换系统存在问题……（117）
　　九、欧洲学分未来发展趋势……（127）

第六章　美国学分互认和转换现状……（129）
　　一、背景分析……（129）
　　二、美国学分制……（138）
　　三、社区学院发展……（140）
　　四、美国学分互认和转换标准……（145）
　　五、学生转学的障碍……（147）
　　六、转学类型……（161）

第七章　美国学分互认和转换模式与运行机制……（169）
　　一、学分互认和转换衔接协议……（169）
　　二、文件模式……（177）
　　三、支持服务模式……（189）
　　四、学术模式……（200）

五、能力模式 …………………………………………………（213）
　　六、跨区域转学模式 ……………………………………（218）
　　七、美国学分互认和转换政策运行机制 ………………（221）
　　八、小结 …………………………………………………（238）
第八章　我国普通高校学分互认和转换与政策建议 …………（241）
　　一、我国学分互认和转换类型 …………………………（242）
　　二、我国学分互认和转换的困境与反思 ………………（250）
　　三、H省普通高校学分互认和转换策略 ………………（253）
附　录 …………………………………………………………（274）
　　关于H省普通高校学分互认和转换对策和政策建议调查问卷 …（274）
参考文献 ………………………………………………………（278）
后　记 …………………………………………………………（282）

第一章
导 论

学分是衡量学生学习量的单位。学分互认是指学生各级各类、各种形式的学习成果转换成可以流通的学分,在合作高校之间实现相互认可与换算。学分互认和转换形式上表现为一种教育教学管理制度,本质上是学习自由为核心的大学理念,彰显的是以学生为本、提升学生主体地位的理念,功能上实现学分的认可、积累和转换,促进学生自由流动,创立学校间竞争的市场机制以及教育教学资源共建共享合作机制,解决单一学校课程资源不足和课程、专业设置重复问题,提升高等教育发展质量和水平,提高区域高等教育竞争力[①]。

一、选题缘由

国务院、教育部最近几年出台多个文件,着重解决学分互认和学分互换存在的体制机制问题,鼓励区域内不同高校之间资源共享、优势互补,构建终身教育"立交桥"。2005年,教育部《普通高等学校学生管理规定》指出,学生可根据高校间学分互认协议实现学分积累和互认。2010年,党中央国务院发布《国家中长期教育改革和发展规划纲要(2010—2020年)》,提出建立终身教育立交桥,促进成人教育、继续教育、普通教育之间学分互认和转换。党的十八届三中全会进一步强调加强普通高校、高职高专院校、成人高校之间学分互认

---

① 刘眉.高校教学资源共建共享背景下的学分互认制度探究[J].重庆师范大学学报(哲学社会科学版),2013(5):102-106.

和转换,增加学生学习机会,拓宽学习渠道,建立终身学习社会。

各省委省政府出台多个文件支持普通高校学分互认和转换,H省政府先后颁布几个文件,促进高等学校之间学分互认和互换,但影响甚微。主要有《关于高等教育综合改革全面提升服务经济社会发展能力的意见》《H省教育综合改革方案》,确认推进专业互修、课程互选、学分互认,实现资源共享、优势互补,促进高等教育高质量发展,增强H省高等教育竞争力。

第一,H省是全国高等教育大省,2020年有在校生249.22万人,财政投入教育经费多年居全国前5位置,但生均高等教育经费经常落后于甘肃、贵州等西部欠发达省份,远远不能满足该省经济社会发展需要。

第二,在全国建设"双一流"、应用型本科高校的新一轮高等教育发展机遇期,H省应积极推动省内各种高等教育资源之间学分互认和转换,建立普通高等教育与职业高等教育互相衔接,成人教育与普通教育、职业教育互联互通的立交桥,实现资源共享,优势互补,提升H省高等教育质量,更好地服务H省经济社会发展。

第三,学分互认转换起步缓慢。最为典型的例子是龙子湖高校园区。现在园区有高校共15所,师生数量已达到18万人,但是各个学校各自为政,相互之间缺乏互动与交流、沟通与合作,没有建立学分互认和转换机制,导致资源的巨大浪费。

第四,建立H省高校学分互认转换具有改革可能性。2016年,H省高校共有129所,其中本科55所,专科74所。仅郑州市本专科高校就有56所,本科25所,本科高校占据全省本科高校的45%。

第五,中原城市群有96所高校,本科42所,未来城市之间实现1小时交通圈和半小时交通圈,实现同城效应,为区域内高校建立学分互认、转换提供了基本条件。同时H省有高水平综合性大学2所,水利行业高校3所,医学高校7所,农业高校3所,师范高校12所等,同一行业、同一层次和同一专业的高校完全可以在通识课程、专科课程实现学分互认互换互联互通。因此,在高等教育分类发展的战略背景下,在省教育厅的指导和协调下,完全能够达成全省学分互认和转换,促进高等教育整体优化和不断发展。

二、文献综述

(一) 国际学分互认和转换研究

发达国家和地区高等教育普遍建立了高校间学分互认和转换制度。自从1868年,哈佛大学校长查尔斯·埃利奥特(Charles Eliot)在哈佛大学推行选课制以来,学分制已为美国教育系统之间的互动提供了制度基础。据统计,95%以上的州都制定了州范围内的高等教育学分转换协议(Statewide Articulation Agreements)。较为知名的有加州公立高等教育机构中的学分互换制度、北卡罗来纳州的"全面性学分转换协议"(Comprehensive Articulation Agreement)等。

欧洲学分互认与转换系统(European Credit Transfer and Accumulation System)通过建立欧洲资格框架、学术成果标准以及学分计量和转换制度实现了学生学习成果在欧盟47个国家和地区的互认和转换。亚洲与环太平洋国家大学学分转换项目(University Mobility in Asia and Pacific Credit Transfer Scheme)是亚太大学交流会所研发的学分转换制度,其目的是促进亚洲太平洋地区高校大学生交流,保证学生获得的学分能够得到互认和转换,成为某种资格或学位证书①。

美国、日本、澳大利亚、英国、加拿大等发达国家都建立了学分互认和转换系统,诸多学者从学分管理制度、欧洲学分互认与转换系统、学习成果、欧洲资格框架、英国资格框架以及美国学分衔接协议、美国学分互认和转换面临的问题及解决办法以及未来发展趋势进行了探讨。

(二) 国内学分互认和转换研究

国内学分互认和转换系统主要有大学城模式、跨区域高校战略联盟模式等,其中以大学城模式最为普遍。

1. 大学城模式

大学城学分互认和转换是指在同一个城市或地区的高校签署学分互认和转换协议,实现优势互补,共享教育资源,在合作竞争中不断提高区域高等教育竞争力的一种校际合作战略。在上海东北片和西南片,广州大学城、南京仙林大学城、武汉七校合作办学、天津大学与南开大学等都建立了大学城学分互

---

① 李娜. 校际学分互认系统的设计与实现[D]. 武汉:华中师范大学,2007:2.

认和转换系统。

2. 跨区域大学间学分互认和转换

跨区域大学间学分互认和转换主要是高校地理空间距离较远,通过签署合作协议实现课程学分互认、学生互派、教师互派等方式的一种合作办学方式。2002年,由上海交通大学牵头,联合西安交通大学、浙江大学、宁夏大学、西藏大学等七所高校实施课程互选、学分互认。2009年,由北京大学、清华大学等中国985第一梯队高校组成中国最顶尖的战略联盟,实现学生学分互认和转换,学生跨校流动,促进资源共享和优势互补。其他还有中西部大学联盟、卓越联盟等全国性的高校联盟。

(三) 学分互认和转换研究小结

学分互认与转换需要建立互认与转换标准,成立专门组织机构,制定相关制度,设立学分互认网络平台等基础设施,负责学分互认和转换的管理和审核。

一是建立各高校统一的学分换算标准。不同高校因教育教学质量、学校层次和类型、学业成绩评价标准以及教师对转学学生学习成果的认可不同,需要确定学分互认和转换的标准。

二是建立学分互认互换信息系统。无论是美国学分互认和转换的全州衔接在线系统、共同课程编码系统、主修专业前置课程路径还是欧洲学分互认和转换系统,以及我国的武汉·七校联合办学、北京市学院路教学共同体等知名学分互认模式,都建立了一个功能设备齐全的在线数据互认和转换平台,为学生提供信息查询、课程互选、学分互换等技术支持。

三是建立组织保障体系。鉴于学分转换的重要性和复杂性,需要政府部门的介入,牵头建立组织协调和工作机构。

四是建立一整套学分转换机制,包括课程互认、学分工作量、学分成绩等级、相关合作协议等程序规范,保证学分互认和转换过程顺利实施。

总之,为了优化资源,实现优势资源共享,弥补资源不足,促进普通高校学分互认和转换是提升区域高等教育竞争力和高校本身竞争力的一种有效手段。

三、研究思路

欧美普通高校学分互认和转换研究,首先对学分制发展历史、欧洲普通高校学分互认和转换、美国普通高校学分互认和转换进行研究,找出他们之间的共同点和关键技术、制度特点。其次,对我国普通高校建立学分互认和转换形成的主要模式进行总结梳理,找出存在的问题和困难,提出相关的意见和建议。三是通过对 H 省五所普通高校学生学分互认与转换态度的问卷调查,结合国际先进经验和我国形成的经验,结合实际,提出 H 省学分互认和转换政策建议。

四、研究方法

(一) 比较法

通过美国、欧美、澳大利亚、英国等发达国家和地区,以及我国各省市大学城和相关高校之间的学分互认和转换实践和制度研究的比较,构建 H 省普通高校学分互认和转换实践的制度建议和相关措施。

(二) 问卷调查法

针对 H 省高校学分互认和转换现状进行调查研究,分别对郑州大学、河南财经政法大学、河南理工大学、许昌学院、许昌职业技术学院在校大学生进行问卷调查,摸清人们对高校学分互认和转换的认识。

(三) 历史法

历史研究主要追溯学分制、欧洲学分互认和转换系统、美国学分互认与转换系统以及我国学分系统发展脉络,理清这些制度的来源。

(四) 文献法

主要收集学分互认和转换的相关文献资料,进行分析整理,了解相关研究内容和未来发展趋势。

五、研究内容

课题研究分八个章节进行。

第一章:导论。本章包括学分互认和转换的定义、国内外文献综述、研究意义和创新点以及研究整体框架,分析了我国普通高校学分互认和转换研究的背景,对其必要性和可能性进行论证。

第二章：学分互认和转换概述。本章从学分和学分制概念出发，梳理学分制发展历史，阐述了学分的衡量功能、认可功能、转换流动功能、资源配置功能、社会契约功能，并总结了学分制的优势和不足。学分互认和转换的价值取向分为累积取向的美国学分互认和转换模式以及转移取向的欧洲学分互认和转换模式，总结了学分互认和转换的价值和意义，认真梳理了学分互认和转换的学习自由理论、经济学理论、终身教育理论、心理学基础和管理学基础，确定个人取向、资格框架取向、标准化课程取向、方案中心取向、机构取向和学分银行取向的学分互认和转换标准。

第三章：欧洲学分和转换系统资格框架。本章主要对欧洲资格框架的运行机制、框架构成、高等教育资格框架周期和层次以及英国国家资格框架进行研究。

第四章：欧洲学分互认和转换系统学习成果。主要研究了欧洲高等教育系统学习成果的功能、类型、内容和结构，着重探讨了欧洲资格框架内的学习成果和欧洲学分互认和转换系统的学习成果组成，最后对学习成果存在的问题及改变策略做了探讨。

第五章：欧洲学分互认和转换系统。本章回顾了欧洲学分互认和转换系统形成的经济一体化和理论一体化过程，认真研究了博洛尼亚宣言、伊拉斯谟项目、欧洲学分互认和转换系统以及优化项目、终身学习项目的实施。从多角度分析欧洲学分互认和转换系统内部构成，对欧洲学分互认和转换的三种典型模式做了探讨。学分互认和转换的顺利实施离不开欧洲各国财政的大力支持，其成功运行还包括设置了完善的学分互认和转换机制，但也存在成绩正态分布、精英大学排斥、法律权威不够、转学学生参与比例过低的问题，未来有学者建议建立标准欧洲分数、欧洲高等教育区域和在线服务系统的机制。

第六章：美国学分互认和转换现状。学分互认和转换在美国有很好的传统，但是学分互认和转换过程中，特别是社区学院转学到四年制大学时出现学分损失现象，这有着深刻的时代背景。为此美国形成了学分互认和转换的院校认证地位、院校相似度以及正式转学衔接协议等方面的标准，但学分互换存在制度障碍、认识障碍、政治障碍、家庭背景障碍以及经济障碍。美国高校学生转学分为纵向转学、横向转学、反向转学和旋转转学等四种类型。

第七章：美国学分互认和转换模式与运行机制。美国学分互认和转换模式中最主要的全州公立高校之间签署了学分互认和转换衔接协议,形成了文件模式、支持服务模式、学术模式、能力模式以及跨区域转学模式。本章对学分互认和转换的政策阶段、政策机构以及加州学分互认和转换的案例进行了研究。

第八章:我国普通高校学分互认和转换与政策建议。这一章首先探讨了我国高校学分互认和转换的类型,包括地理区域的学分互认和转换模式、高校层次和类型的学分互认和转换模式、课程学分的学分互认和转换模式、基于技术学分互认和转换模式以及学分银行模式。其次,剖析我国学分互认和转换中存在的学分收费障碍、教师短缺障碍、财政支持不足障碍、管理机构障碍、学校主体功能不足障碍、技术准备不足以及政府协调不足障碍。最后,探讨了H省普通高校学分互认和转换策略,根据H省普通高校现状以及对学生的调查问卷,提出了十条政策建议。

六、重点难点

高校之间学分互认和转换协议是高校的主动行为,即使提出相关的政策建议和设计好相关学分互认和转换系统,还需要在教育行政主管部门的指导下,促进高校之间的合作,这是研究的难点。重点在于构建我国高校学分互认和转换政策建议和设计在线学分互认和转换系统理论框架。

七、创新点

论著的创新点主要是将欧洲学分互认和转换系统界定为能力表现,转移取向的学分互认和转换模式,将美国学分互认和转换系统界定为时间输入,积累取向的模式,并对二者做了细致描述和比较。根据我国业已形成的学分互认和转换模式,选择H省的五所高校进行调查研究,了解我国学分互认和转换存在的问题,并在借鉴和调查研究基础上提出省域内学分互认和转换策略和建议。

学术价值在于重新界定了欧洲和美国普通高校学分互认和转换模式,对我国普通高校学分互认和转换模式做了梳理,针对存在的问题提出相关建议,同时对H省五所高校进行调查研究,据此提出省域内学分互认和转换建议,构建在线学分互认和转换系统。

第二章
学分互认和转换概述

学分互认和转换是学分制的一个主要特征,主要履行学分的流通和积累功能,通过学分的互认和转换,大学生学习成果能够在不同高校之间自由流动,其本质是学术自由的一个组成部分,也是现代大学的主要教学管理制度。

一、学分制

学分制是目前全世界高等教育领域最为广泛的教育教学管理制度,作为学术货币促进了不同层次、不同地理区域、不同类型高校以及同层次同类型高校的学生流动和高等教育国际化。学分制具有衡量功能、交换流动功能、累积功能等,能较为充分地满足学生个性学习发展的需要和灵活学习的需求。

目前全球主要有两种学分互认和转换制度:一种是倾向于转移功能的欧洲学分互认和转换系统,一种是倾向于积累的美国学分互认和转换系统。两者采取不同学习成果计量方法,前者关注课堂教学、实验实习实训、自由学习、讨论、课外各种学习活动,兼顾学习时间和学习成果、普通教育与成人教育,是一种能力为主的学分互认和转换制度。后者主要关注课堂学习时间,课堂之外的学习并没有包括到学分计量中,是一种输入为主、时间为标准的学分制度。二者都建立了较为完善的学分制度辅助制度,包括绩点制、辅修制度、重修制度、导师制度、弹性学制、按学分收费制度以及其他相关综合保障制度。

(一)学分的产生

教育服务产品是以非实物形态存在的,在测量上存在困难,一定量的教育服务产品是一个非常抽象的测量单位,必须寻找一定的中介物①。在学年制下,教育服务是按照年为单位计算,每一学年代表一定量的教育服务产品,学生在学校一年就意味着消费了一定量的教育服务产品;在学分制下,一定量的教育服务是表现为一定量的学分(Credit)。

在英文中,学分表示完成一门课程学习的官方认证,授予学习者在一定阶段的,经过检验的学习成果(Designated Learning Outcomes)②。学分能够积累到一个资格或转移到其他的资格或学习项目。除了可转换成毕业证书,学分还可以作为学生转学的基础,同时用于注册学生追踪、教师的工作量、预算分配等。

学分虽起源于德国,但却发展于美国,是独一无二的美国艺术品(A Uniquely American Artifact)③。一个学分(A Credit Hour)就是每周一小时教学,连续一个学期(15—16周)的学习量或者等量的实验室工作、工作室工作或学徒工作,或者可以用以验证的学生成绩来表示。季度学分是每周学习一小时,连续学习10周的学习工作量。美国大部分高校和认证机构要求获得学士学位需要累积120个学分。为完成120个学分,四年制大学全日制学生需要每学年至少完成30个学分,每学期至少完成15个学分。

在欧洲各国,采用的是不同于美国的欧洲学分。欧洲学分不完全按照课堂教学时间计算学习工作量。每一个欧洲学分约等于25—30个小时的学习工作量。这个学习量既包括课堂学习,也包括考试、讨论等非课堂时间。由于欧洲各国完成学士学位的要求不同,有的是三年制,需要完成180个欧洲学分,有的是四年制,需要完成240个欧洲学分,也就是每年必须完成60个欧洲学分。在我国,一般规定理论课程每周上课1小时,读满一学期(16—18周)并经考核合格为1学分,若是实验、实习等课程,则每周上课2—3小时,读满1学期为1学分。学分还可以通过学分转移(Transfer Credit)、培训学分(Credit for Training)、考试获得学分(Credit by Examination)、评价获得学分(Credit by

---

① 王虹.学分制的经济分析[J].华南师范大学学报(社会科学版),2002(6):102-108.
② Credit Issues Development Group. Higher Education Credit Framework for England:Guidance on Academic Credit Arrangements in Higher Education in England[R]. The Quality Assurance Agency for Higher Education, 2008(8):7.
③ Jane Wellman. The Student Credit Hour: Counting What Counts[J]. Change, 2005,37(4):18-23.

Assessment)、教学获得学分(Credit from Instruction)等形式获得①。

学分层次(Credit level)是一个与学习者自治和学习的复杂性、要求和深度相关的指标。这一指标衡量学习者是在哪一个层次的学习和哪一个层次的课程获得的与资格或资历相关的学习量②。

学分值(Credit Value)是一定学习阶段分配给学习的学分数量,在英国是建立在概念学习时间(Notional Learning Hours)基础上,在美国建立在课堂学习的基础上,在欧洲建立在所有学习活动相关的学习成果基础上。

学分积累(Credit Accumulation)是与学习项目相关的一个获得学分的过程。

学分转移(Credit Transfer)是高等教育对授予学分的数量及其认可,包括认可另一个高等教育提供者一个学习项目的要求。高校有权决定与项目相关的哪些学分可以接受和积累。

(二) 学分制

学分互认和转换制度必须建立在学分制的基础上。19 世纪后半叶的工业革命,促进了资本主义经济发展,科学技术突飞猛进以及新学科交叉学科的不断出现,劳动力市场不断分化和专业化,对高等教育的人才培养多样化提出了需求,传统的教育管理制度和课程设置已经不能满足日益增长的社会需要。当时的欧美高校一般按照班级组织教学,学生所学课程及顺序、进度等均由学校统一规定,同一个班级的学生按照同一进度学习同一内容,缺乏学习的积极性和主动权。这种单一的培养规格和教学要求制度,越来越不能适应日益复杂的教学内容及社会对高等教育日益多样化需求,也影响学生个性和智力发展。这种情况下便产生了学分制教学管理制度。

1. 学分制概念

学分制是以学分小时(Hour of Credit)作为计算学生学习的工作量,以累计平均学分绩点(Cumulative Grade Point Average)为标准衡量学生的学业质

---

① John Ebersole. Degree Completion: Responding to a National Priority[J]. *Continuing Higher Education Review*, 2010(10):23-31.
② Credit Issues Development Group. Higher Education Credit Framework for England:Guidance on Academic Credit Arrangements in Higher Education in England[R]. The Quality Assurance Agency for Higher Education, 2008(8): 7.

量①,以取得必要最低学分作为学生毕业和获得学位的基本依据。从方法论的角度看,学分制是衡量学习过程的一种方法;从教学论的角度来看,学分制以选课制为基础的,采取弹性学制,教学管理制度,能够使高等教育更好地适应市场机制对人才培养的需要。

学分制假设所有课程获得的学分分值是相等的,不同课程学分数可简单相加得出总分,取得规定的总学分数便准予毕业,修业年限可适当提前或延长。学分制的另一个假设是,教师的教学技巧差别不大,学生在不同的教师获得的知识和技能是一样的②。

2. 学分制配套制度

学分制还需要其他的教学管理制度作为补充,才能避免其弊端,发展其优势。因此需要建立与之相适应的、配套的其他教学管理制度,包括选修制、主辅修制度、导师制、学分绩点制度、按学分收费制度、弹性学制等,没有这些教学管理制度与之相适应、相配套,学分制则难以不断深化和完善。

一是选修制。选修制是学分制的核心,增加选修课程数量,扩大学生选课自由,构建合理的必修和选修课程结构是学分制发展必然要求。如何保证选修课应有的数量和质量,则是学分制得以成功实施的精髓。选修制的核心是怎样平衡学习自由与教学秩序。美国哈佛大学的做法是恰到好处地把握完全选修与完全必须之间的平衡点。因为完全选修,将放任学生学习自由,影响学生发展,完全必修则损害学生的学习积极性。哈佛大学自由选修制的改革实践证明,自由度较低,学分制学习自由的实习会被压制;课程选择自由度较高,学生凭兴趣选修又容易造成知识杂乱无章和支离破碎③。确定合适的课程选修自由度是学分制改革必须解决的事情。

二是学分绩点制。学分绩点反映学生学习的质量。在学分制质量保障系统中,学分数表明学生学习成果的工作量,但这些并不能保证学生学习的质量,学分绩点则反映学习质量的标准,二者共同构成完整的学分制学习成果,确保教育教学质量。因此,绩点可以作为授予学位的依据,也可以作为学生在班级排名或奖学金的依据。

---

① 施肇基等.学分制综述与选修课学习指导[M].南京:河海大学出版社,2005:3.
② 陆长平等.学分制管理理论与实践指南[M].南昌:江西人民出版社,2011:9-10.
③ 吴平等.完善高校学分制的思索[M].武汉:武汉大学出版社,2012:43.

三是导师制。导师制是学分制重要补充的教学管理制度。实行学分制之后,班级和专业观念淡化,班级功能逐渐弱化[①]。学生正处于人生发展的重要节点,学习自由度的增加,使他们在学习上、生活上、思想上需要教师的辅导,这也是西方发达国家本科导师制的重要经验。

四是重修制度,课程没有达到考核要求,可以重新选修这门课程获得相应的学分。

五是弹性学制。所谓弹性学制是区别于学年制的教学管理制度,充分尊重每一位学生的个性学习特点和个人经济状况设计的一种学制,学习进度快的学生可以在基本学制基础上提前毕业,学习进度慢的学生可以延期毕业,只要在学校设计的时间范围内毕业都算作正常毕业。专科设计为2—5年,本科设计为3—6年,只要在这个范围内毕业就可以算作正常毕业。

六是学分收费制度。根据学生所选课程学分多少收费,在我国现今政策框架下以不超过学年制的总收费数为最高限度。主要有两种形式:一种是按照学分收费,本科四年制总学费除以培养方案中规定的总学分数得出每学分费用;另外一种把学费分成注册费和每学分收费,注册费按照专业不同,按年收取,缴纳注册费之后获得选课资格。学费按照学分收取,通常学校会规定每个专业的总学分数量和每学分的缴费标准,文史专业、社科专业、理工专业、艺术类专业因培养成本不同,主要体现在注册费上,但是全校的学分采取一样的收费。

二、学分制发展史

(一) 国外学分制发展

最早实施学分制的德国,而发展和改进、繁荣和壮大则在美国。学分制(The Course-credit System)是美国高等教育衡量学术工作的标准方法[②]。这一学分系统建立在学习时间而不是学习质量的基础上。

从19世纪以来,学分一直是美国高等教育主要货币(Currency),是学生学

[①] 张寿国等. 新建本科学校学分制改革与学生德育工作研究[M]. 昆明:云南人民出版社,2006: 63.

[②] Philip G. Altbach. Measuring Academic Progress: The Course-credit System in American Higher Education[J]. *Higher Education Policy*, 2001 (14):37-44.

术工作的核心,所有层次的中等后教育系统学生需要获得足够数量的学分或学术工作的学分才能授予一定学位或证书。学分制也用来衡量教师的工作量,是院系、项目用学分衡量教学工作量(The Standard Teaching Load)标准。美国高等教育学分系统可以从19世纪晚期的两个发展路径看出①。

1. 从传统古典课程到选修课程制度转换

在1850到1860年代,美国高等教育主要特征是所有学生都接受同样的古典科目和系列课程学习,学位体现在一个严格规定的课程(Prescribed Curriculum)体系的完成。随着中等教育的大众化和普及化,人们对接受高等教育有着更多需求,传统古典课程不能满足这一大众化教育需求。公众希望更加广泛的学院课程——通识教育的、实践的和专业的课程用来满足有多种兴趣的高中毕业生进入高等教育的需求。第一个打破这一严格系统的是哈佛大学校长查尔斯·埃利奥特(Charles Eliot),他1868年②开始在哈佛大学强力推进自由选修制。他引入各种各样的课程,使课程范围更广,更有灵活性,为个人自由选择课程学习提供机会,用了将近四十年时间才确立课程选修制度在哈佛大学的主导地位。选修制课程时间单位通过学期学分(Semester Credit Hour)③形式标示,学生修满规定的学分就可以毕业。因此,学生可以沿着不同课程学分路径获得学位。

在密歇根州,公众不满古典绅士课程,1897年,弗林特学校系统督学(The Superintendent of The Flint School System)认为:密歇根大学的课程离人民太远,严格学术项目并不是一个税收支持高校的合适政策。为此,密歇根大学开设更加多样化的课程,满足不断增加的学生学习需求。当时密歇根大学课程目录显示24—26门全课程,就可以获得学士学位。课程成绩评价建立在共同时间单位(Time Units)的基础上,合适课程和时间单位的积累,是完成学士学位的必要组成部分。

在美国高等教育系统不断扩张的复杂背景下,高等教育也变得更加多样

---

① James M. Heffernan. The Credibility of the Credit Hour: The History, Use, and Shortcomings of the Credit System[J]. *The Journal of Higher Education*, 1973,44(1): 61-72.

② James M. Heffernan. The Credibility of the Credit Hour: The History, Use, and Shortcomings of the Credit System[J]. *The Journal of Higher Education*, 1973,44(1): 61-72.

③ James M. Heffernan. The Credibility of the Credit Hour: The History, Use, and Shortcomings of the Credit System[J]. *The Journal of Higher Education*, 1973,44(1): 61-72.

性,不同标准、不同取向、不同发展方向的高等教育机构如雨后春笋般建立起来,几所模仿德国柏林大学还建立了研究生教育,更增加了19世纪后期美国高等教育系统的复杂性和多样性。美国的联邦制度使得其公立高等教育系统和中等教育系统由地方控制。高中由地方的城市、县负责管理。私立大学和学院都是由独立的治理机构管理。大学和高中的多样性和教育质量的差异性很大,如何规范和统一教育质量,建立中等教育与大学之间衔接成为急迫需要解决的问题。高校寻找一种衡量高中毕业生是否已经获得合适学术背景的标准,建立一个统一的进入大学的前提要求条件,用这种方式保证中学毕业生拥有所要求的学术资格和能力背景。这个努力最有标志性事件是中等教育研究委员会(The Committee of Ten on Secondary School Studies)和学院要求委员会(The Committee on College Requirements)联合发布的1899年年度报告,强调建立标准化高中课程,建立一种以学生学习时间为基础的标准时间单位(A Standard Unit of Time)作为评价学习成果的标准。同时其他地方认证机构如学院入学考试理事会(The College Entrance Examination Board)和北中部联合会(The North Central Association)也接受了这一学分标准作为大学招生和大学认证的标准。这些学习成果标准的建立,促进学分制在美国高等教育中发展。

2. 美国大学学分标准评价技术的确立

在19世纪末和20世纪初,美国高校还没有普遍建立教师养老金制度。教授们收入很低,不能为退休做好准备,导致很多高校教师被迫延长工作时间,以满足退休后的生活质量。1906年,为弥补高校教师养老金不足,康奈尔大学董事安德鲁·卡耐基(Andrew Carnegie)捐赠1000万美元建立了卡耐基高等教学委员会(The Carnegie Foundation for the Advancement of Teaching)[①],为大学教授们建立一个免费的养老金系统。卡耐基基金会要求参与养老金的高校使用标准学习单位——学分,作为招生标准,高校不会有任何损失而且还可以为教师免费提供养老金。这一措施促使高校把他们提供的课程,转换成标准学习单位。这种时间为基础的标准单位(The Time-based Standard Unit)——卡耐基学分(The Carnegie Unit),成为事实上决定高中毕业生和大学

---

① Blaine T. Garfolo, Barbara L'Huillier. Competency Based Education (CBE): Baby Steps for the United States[J]. *Academy of Business Research Journal*, 2016(1):97-113.

招生、大学毕业要求的标准。卡耐基学分通过大学入学考试委员会、认证机构以及大学、高中完善的选修课系统确立了其在全美大学的定量评价技术(Quantitative Assessment Techniques)的主导地位。

卡耐基学分要求一周一小时,连续学习一个学期(16 周),就等于一个学生学分(The Student Hour),一周学习 12 个小时等于全职学生工作量。但是卡耐基学习时间,并不包括为准备考试与教师、同学合作学习的时间,也不包括其他与课堂相关的非正式教学学习时间。在美国,一门 3 学分课程意味着一周需要学习 3 个小时,连续 16 周,总共 48 个小时的课堂学习时间。课程也可能被安排成每天一个小时,一周三个小时,或者一次 1.5 小时,安排两次,或者一次 3 小时,安排一次,课程还可能在周末提供高强度教学。总之,必须满足每学期 48 小时的标准学习时间①。

因此,卡耐基学分成为大学课程和学位项目的基本组成部分。标准化的学分使行政管理变得更加容易,包括决定州政府和联邦政府的拨款、确定教师的工作量、工作计划、课程记录,决定是否学生能够全职进入学院学习,更重要的是大学学位是通过学分积累实现的,通常学士学位需要完成 120 个学分。这样学分就像胶水一样把多样性和独特的美国高等教育系统聚集在了一起。

(二) 国内学分制发展

我国学分制发端于 1904 年 1 月张百熙与张之洞等制定的《奏定学堂章程》,章程将大学课程分为主修课、辅修课和选修课②。1918 年,蔡元培先生就任北京大学校长实施选课制,开启了我国学分制。1922 年 11 月,民国政府为采取美国教育模式颁布《学校系统改革方案》规定中等教育得用选科制度,大学用选课制③。东南大学时任校长郭秉文在东南大学既设文科、理科,又设工科、农科、商科,这些学科采用选课制和学分制④。在民国时期,大多数大学都实行了美国式学分制。

新中国成立后,我们在很长一段时间采取苏联模式的学年制培养国家急

---

① Philip G. Altbach. Measuring Academic Progress: The Course-credit System in American Higher Education[J]. *Higher Education Policy*, 2001 (14):37 - 44.
② 孙山. 地方高校学分制改革研究[M]. 重庆:西南交通大学出版社,2009:25.
③ 孙山. 地方高校学分制改革研究[M]. 重庆:西南交通大学出版社,2009:25.
④ 周清明. 中国高校学分制研究——弹性学分制的理论与实践[M]. 北京:人民出版社,2008:35.

需的各种人才,学生按照学年学习全部必修课程。1978年,全国科学大学首次提出要求有条件的重点高校实行学分制试点,逐步过渡到非重点大学。1985年,党中央颁布《中共中央关于教育体制改革的决定》①提出积极推动学分制教学管理制度改革,学分制在我国高等教育领域得到不断完善和发展。2002年、2004年国务院先后颁布《国务院关于大力推进职业教育改革与发展的决定》《教育部关于在职业学校逐步推行学分制的若干意见》,指出要建立学分制,实现学分互认和转换,促进职业教育资源优势互补、资源共享。

目前,我国大部分普通高校实施的是学年学分制,作为完全学分制过渡的教学管理形式,或者说是综合了学年制和学分制优势的一种教育教学管理制度。学年学分制很好地兼顾了学习知识的系统化,毕业时间的可预期性,并通过学生通识教育课程、专业基础课程、专业方向课程以及毕业论文等课程结构的变革,适应学生学习个性化需求。这在计划经济时代或者高等教育精英教育阶段和大众化阶段的前期是合适的,也是适应我国国情的高等教育管理制度。但是我国高等教育毛入学率从2015年40%,2016年的42.7%,2017年的45.7%,2018年的48.1%年,四年的年增长率为2.7%②。实际上,2019年我国高等教育毛入学率达到51.6%,已进入大普及阶段。高等教育普及化阶段最主要的特点就是多元化的高等教育机构、多样性的大学生来源、多种途径的受教育渠道,使得建立各种教育资历融合的终身教育或学习型社会的系统成为时代迫切需求,以完全学分制为主要特征的学分互认和转换系统具有学年学分制无法比拟的灵活性和满足个性化学习需求的优势,必将成为普及化高等教育时代发展的宠儿。

在完全学分制方面,我国部分大学已开展了尝试。浙江大学和南京大学的学分制在军训、科研训练等部分课程上免收学费,南京大学则要求免修的学费一样需要交纳。东南大学的毕业要求160个学分,包括军训、科研训练等方面的学分③,按照标准收取学费,获准免修的学分一般不收取学费。浙江大学的学生则出现两极分化,对优秀学生来说学习氛围宽松,时间很多,机会也很

---

① 孙冬喆.中国学分银行制度建设研究[D].华东师范大学,2014:89.
② 教育部.2015、2016、2017、2018年全国教育事业发展统计公报[EB/OL].http://www.moe.gov.cn/jyb_sjzl/sjzl_fztjgb/,2020-2-10.
③ 吴平等.完善高校学分制的思索[M].武汉:武汉大学出版社,2012:80.

多,浙大提供了很好的平台。许多学生利用这些条件多修学分、辅修专业、提前毕业。但自控能力差的学生也容易陷入困境,不少学生因未能取得规定学分而延期毕业,甚至退学。

2013年,山东省决定从2013年起选择山东大学、中国海洋大学、山东农业大学、山东理工大学、济南大学、鲁东大学、青岛大学等7所高校推行学分制收费改革试点,由固定按照学年收费改为弹性按学分收费的制度,2015年增加山东师范大学等,2020年完全实现学分制管理①。

2019年,国务院学位委员会关于印发《学士学位授权授予管理办法》的通知(学位〔2019〕20号),指出学士学位高校之间可以建立联合培养学士学位协议,促进学分互认和转换。② 按学分收费、弹性学制、学分互认和转换成为越来越多普通高校的选择。

三、学分功能

(一) 计量功能

学分的本质是一种计量测量(An Accounting and Measuring Device)工具,一种建立在以计量测量手段为基础上的教学管理制度③。学分制(The Credit Hour System)是学生和教师需求的自然综合,提供了衡量教师输出的教学服务,同时评价学生学习的工作量。它假设教师服务的成本与学生学习的价值是与在学生课堂学习时间是成正比的。学生在每一个班级的学生数乘以班级学分值,就是这个班级教学工作量。这样,学分就可用来评价每一位教师、每一个单位和每一个设施教学生产率,进而评价教师、单位、教育教学设施的经济效益。

对于学生来说,学分提供了最新获得学位进程的记录和整个教育经验路线图。学生甚至在毕业之前规划研究生学习计划,使用学分制课程结构可勾勒出通往职业的、专业的和继续教育的路径。还能够帮助学生不能确定长期

---

① 刘雅静.学分制收费改革高校教学管理模式创新[M].桂林:广西师范大学出版社,2019:绪论.
② 国务院学位委员会.学士学位授权授予管理办法[EB/OL].http://www.moe.gov.cn/jyb_xwfb/gzdt_gzdt/s5987/201907/t20190726_392373.html,2020-2-10
③ Philip G. Altbach. Measuring Academic Progress: The Course-credit System in American Higher Education[J]. *Higher Education Policy*, 2001 (14):37-44.

学习目标的情况下提供短期的目标和继续教育。学分制支持学生受教育的灵活性,通过学分转移,学生可以改变主修专业、学术项目和教育机构。

对于教师来说,一周四十小时的工作很难衡量教师的工作效率,学分系统提供了一个更有说服力的评价教学工作量方法。一位教授的课程学分工作量接近于直接教学工作时间,例如,9学分工作量可能涉及三门课程或每周9小时的工作。工作量还可以通过学生获得的学分、班级规模以及年级时间的变量,通过学生数乘以学分值表达出来。

对于高校来说,学分制为高校招生提供标准评价方式,帮助提高招生要求,促进高校认证标准统一,为他们自我提高提供了清晰的指导纲要。在大学内部,学分与美元、劳动力时间、建筑空间的联系已经建立了教育功能与财务和行政管理事务之间的联系。用每学分的成本核算全职学生和教师或者每一个基础设施创造的学分,建立与学分成本技术(Unit-cost Techniques)的联系,能够为大学的行政管理者提供必需的大学运行信息①,同时学分制还为高校毕业生质量提供支持。

对于政府,伴随着"二战"之后高等教育大众化发展的承诺,公立高等教育蓬勃发展,美国各州政府开始认识到需要理性、协调大幅度扩招导致高等教育支出急剧增加的问题。学分也用来解决快速发展带来的一些问题。如俄亥俄、肯塔基、德克萨斯、加州、佛罗里达、弗吉尼亚开发的公立高校的拨款公式大部分建立在学生学分获得数量的基础上。其他的州虽然没有特定的拨款公式,但他们会认真的考虑学生的学分生产来决定对公立大学的拨款数额。

对认证机构来说,认证机构的控制权在教育社区而不是政府,认证机构的认证提供一种可以接受的教育质量最低标准。认证人员允许对教师课程和学生怎样花费时间进行认证,成为认证过程的基本衡量单位。

(二)认可功能

学分认可功能就是对学生学习结果进行评价后得以承认的功能。这种承认是公开透明的,以便实现不同高校、不同专业之间的学分转移。

(三)转换流通功能

学分是知识等值、教育等值和教学服务等值的合法、合理教育货币,它像

---

① James M. Heffernan. The Credibility of the Credit Hour: The History, Use, and Shortcomings of the Credit System[J]. *The Journal of Higher Education*, 1973,44(1): 61-72.

真实的货币一样,具有保值、积累、储存、流通和转换的功能。学生可以将本人选修专业科目领域内取得的学分累计,然后在各学科、各院系之间转移和兑换形成学分转换制度、自由转学制度和学分互换制度。

首先,现在市场力量在全世界的高等教育系统中扮演相当重要的角色,高等教育需要一个既能够稳定又能具有较好适应性的通货。不论我们喜欢与否,这是一个由公立的、非盈利的、私立的、盈利的高校组成的一个通货(Common Currency)市场,需要确认彼此之间的学分和学位。大学生产高等教育资格全球通货(A Global Currency for Higher Education Qualifications)的能力,将反映出他们在全球知识经济和信息社会的市场份额和知名度[1]。如果一所大学不能提供广为接受的学分价值单元,他们就不能吸引来自国内外市场的学生,如果大学授予的毕业证书资格在其他地方仅得到部分承认,大学将会逐渐取消这些项目。在这个高等教育国际化时代,如果他们的项目不能提供被认可的学分,他们将被全球高等教育市场所抛弃。相反,如果大学不能确认来自其他大学的学分,将不能招募到优秀学生。在战略层面,大学还包括其他主要的知识中心公司[2],如果不能把他们的学分系统与其他大学的学分系统一致起来,将限制他们在全球无国界高等教育市场通过合作吸引关键大众的可能性。

其次,学分被证明具有非常广泛的适应性和灵活性。学院可以自由地根据内部标准而不是外部强制标准设定学分及其相关联的课程学分分配。尽管名义上学分与时间的联系,但是学院可以根据不同课程学术标准,如课程严格要求程度或学院的层次制定学分。因此,不同的高等教育机构强调彼此之间在学位内容、学院使命的差别。学院可以使用这一学术通货,评价不同教学模式和不同生产功能的学科。学院不能直接决定怎样在艺术放映室、物理实验室、社区服务领域的课程学习[3],但是学院可以把这些留给教师们,决定哪些课程学习是值得的,是适合的,然后把这种价值转换为学分。

(四) 累积功能

学生一旦获得学分,表明知识需求与知识供应之间交换活动完成。当学

---

[1] Jane Wellman. The Student Credit Hour: Counting What Counts[J]. Change, 2005, 37(4): 18-23.
[2] Terence Karran. Achieving Bologna Convergence: Is ECTS Failing to Make the Grade[J]. Higher Education in Europe, 2004, XXIX(3): 411-422.
[3] Jane Wellman. The Student Credit Hour: Counting What Counts[J]. Change, 2005, 37(4): 18-23.

生获得一定数量的学分时,就可累积并获得一个完整的资格证书,然后在劳动力市场中获得相应的社会和经济资源;也可以在获得资格证书之后继续学习,获得更高层次的资格证书。学分的累积功能有利于学生学习的便利性,建立普通教育和继续教育、成人高校与普通高校、工作经验与资格之间的沟通联系,使学生根据自己情况分阶段完成学业,建立弹性学制。

(五)资源配置功能

学分资源配置功能主要表现在两个方面[1]:一方面是充分调动学生学习的积极性,学分制可以使学生按照自己的兴趣自由选课,确定所学专业,决定学习过程。学校教育教学管理制度能够在最大程度上保障学生学习自由,保障学生能够自主获得学习和教育资源。其次,学生自主获得学习和教育资源的需求就形成了一种市场推动力量,用以评价教师教育教学水平和质量,推动课程建设、专业设置和学科发展,并以此不断优化学校教育资源配置。

(六)社会契约功能

中世纪大学刚刚成立的时候就是一种知识交换的行会组织,师生之间既是师徒关系也是一种契约关系。学分制中,师生之间既存在教育教学关系,也存在一种知识获取和知识提供的权利义务平等基础上的民事主体的社会契约关系。[2] 首先,大学生已经成年,能够独立履行民事责任承担相关义务,在学分制下学生能够自主确定课程学习和专业选择,有效判别自己学习需求,自觉履行学习义务,承担学习失败的责任。一旦学生确定了所选课程、所学专业就确定了学生与提供课程的教师、开设专业学院形成了平等权利的社会契约。其次,学生按照学分提供学费,学校、学院、教师就需要按照约定提供优质高效的教育服务,促进学生知识、能力、情感价值观的成长,满足学生成人和成才契约目标。

四、学分制优点和不足

(一)学分制优点

学分制实现了以教师的教为中心,向以学生的学习为中心的转变,有利于

---

[1] 吴平等.完善高校学分制的思索[M].武汉:武汉大学出版社,2012:43.
[2] 吴平等.完善高校学分制的思索[M].武汉:武汉大学出版社,2012:43.

调动学生学习的积极性,优化学生知识技能和能力结构,促进高等教育资源优化配置和利用效率,满足大众化和普及化高等教育时代学生需求。

学分制具有较强的灵活性,有利于因材施教,具有较强的适应性。学分制反对学年制的整齐划一、循规蹈矩的教学模式,针对不同个性、学术发展水平、文化背景、经济社会状况、性别的学生因材施教。学分制可以让学生能够在半工半读的环境中完成学业,也可以使天资聪颖、勤奋努力的学生提前毕业,也可以让经济困难、学习基础较差的学生延迟毕业。目前我国有2663所普通高校,欧盟有各种高校4000多所,美国有各种中等后高校3600多所,无论是普通专科学校还是普通本科高校抑或是成人高校,无论是欧洲的职业技术培训高校还是普通本科高校,无论是美国的社区学院还是四年制大学,无论是普通教学型高校还是研究型大学,大部分都在使用学分计算学生的学习工作量和学习成果,用学分积累和转换形成各种职业资格证书和毕业证书,可以展现学分具有巨大的灵活性和广泛的适应性。

(二) 学分制不足

1. 现在学分不能反映在线教育价值

美国学分制建立在座位上的时间基础上,而不是学习基础上,这一模式已经在大学学费迅速攀升,成人学生占据大部分学生的情况下显得不合时宜[1]。美国高等教育认证委员会(The Council for Higher Education Accreditation)主席朱迪斯·伊顿(Judith S. Eaton)指出,教师开发一种新在线课程、加速的项目、浓缩的课程内容以及严格的学分评价,对这种学术通货的考验是,它是否能够保持足够的学习成果一致性,供学院和大学进行交易[2]。从2002年到2010年,学生至少选择一门网上课程的比例从10%增加到32%[3],但是在线教育用座位上的时间(The Seat-time)计算学分,很难衡量学生实际上不在座位上的时间的学习成果。

---

[1] Amy Laitinen. Changing the Way We Account for College Credit[J]. *Issues In Science and Technology*, 2013,29(2):62-68.

[2] Sara Lipka. Academic Credit: Colleges' Common Currency Has No Set Value[J]. *The Chronicle of Higher Education*,2010: 1-7.

[3] Amy Laitinen. Changing the Way We Account for College Credit[J]. *Issues In Science and Technology*, 2013,29(2):62-68.

2. 学分时间不能有效衡量学习成果

一是学分仅仅衡量在课堂上的工作或课堂上的时间,学分既不能衡量也不能反映学生学习成果,学习时间和知识获得并没有必要的关联。早在1930年的研究就显示,在课程学分与教师在课堂上花费的时间没有明显的相关性。1970年,密歇根大学的研究显示课堂接触时间与课程学分的相关性仅为0.43[1]。有些学分甚至与时间没有任何关联,一个学院可能把所有撰写毕业论文的学生作为全职学生计算学分,而事实上他们已经不再上课了。

二是学分并不是一个很好表达教师和学生努力学习所用时间的表达方式。实践上由于一个小时学习时间等于一学分的假设存在,额外的时间并没有被报告出来。一个实验学分比课堂学分可能需要更多时间,实验室时间与实验本身又紧密结合在一起,以至于学生经常花费更多的实验室以外的时间准备实验,撰写越来越长的实验报告,却不能作为学习时间计入学分。另外,对于新学习的领域如地理学和心理学的学生来说,需要更多的时间熟悉他们的材料和技术,但是学生学分工作量禁止授予这些额外时间学分。

在高校之间的学分时间并不统一[2]。很多学生相信学分是一个标准化货币,认为他们的学分可以在学校之间转移。这是一个非常不幸的和成本高昂的假设[3]。如果学分确实能够反映出标准化学习,哲学学习能够完全在高校之间转移,毕竟在麻省理工学院的一小时,在密西西比仍然是一小时。在多米尼亚(The Dominican Republic)共和国服务一周、麻省理工学院电磁能量实验室(An Electromagnetic-energy Lab)工作一周是一样的,但他们实质上的学习成果并不相同[4]。很多大学经常放弃其他高校获得的学分,他们坚信学分并不是可信的,衡量学生学习了多少的标准。

三是学分时间等式(The Credit/Time Equation)也出现在相反的方向上。

---

[1] James M. Heffernan. The Credibility of the Credit Hour: The History, Use, and Shortcomings of the Credit System[J]. *The Journal of Higher Education*, 1973, 44(1): 61-72.

[2] James M. Heffernan. The Credibility of the Credit Hour: The History, Use, and Shortcomings of the Credit System[J]. *The Journal of Higher Education*, 1973, 44(1): 61-72.

[3] Kristine Smalcel Pederson. BC Research and Teaching University Representatives Interpreting and Implementing Provincial Policy, in Relation to the Transfer System Mandate for Baccalaureate Education: Case Study Research[J]. *Graduate Program in Educational Research Calgary*, 2015; 45.

[4] Sara Lipka. Academic Credit: Colleges' Common Currency Has No Set Value[J]. *The Chronicle of Higher Education*; 2010; 1-7.

如更多的学分授予更少的师生接触时间导致学分膨胀问题。这在低年级课程更加明显,如师生接触每周三小时,但是授予这一门课程4个学分①。高年级毕业班课程的讨论会给予的学分很少或者实际上与课堂时间没有任何关系。在这种情况下,课堂师生接触的小时数并不是分配学分价值的基础。因为课堂之外花费的时间每一个学生都不一样,这种情况下授予学分价值的标准就很难得到合理解释。其消极影响非常广泛,过多授予讨论课学分会导致学生肤浅对待课程。他们也在吞食和浪费教师时间,影响院系预算,表面上看每学分成本可能会减少,但并不能反映实际上发生的学习活动成本。

四是课程伴随着膨胀的学分价值模糊了学分标准,或者创造了院系和学生层次之间的不平等。不同的课程有时候规定同样学分,一些重要课程地位降低了。这种贬值学分价值导致广泛的和令人困惑的课程学分不一致关系。但在极端情况下,当这种贬值学分在一个学院或系提供全部学分积累之后,形成的学位可能是贬值的,学生真实技能、能力和情感价值观都可能低于标准,进而影响劳动力市场对高校学位资格和资格证书的质疑。

五是学分制增加了学生个体的评价和教师单位的教学服务工作量或生产率。每一个全职等效教师(Full-Time-Equivalent Faculty)生产的学生学分小时(Student Credit Hour)即全职等效教师/学生学分小时比值,是最好衡量跨院系、层次和等级的教学生产率的标准。然而当我们分析这两个因素的时候,很明显全职等效教师/学生学分小时比值不能一致性反映教师的时间和努力之间的关系。假设全职等效教师对一个班级的教学负全部责任,教师的努力是由一个院系或单位生产的所有学生学分小时,尽管教师们在一门课程中执行了全部的教学责任,但教师的努力程度特别是备课时间、辅导答疑时间并不总是包括院系的学生学分小时总数中。事实上教师们这些活动确实生产了实质上的师生接触学分小时。在更加复杂的高校中,教师薪水经常通过教学类型支付,尽管教师期望投入相当一部分时间从事科学研究。投入到非班级教学活动的额外时间不可避免地与教学能力相关,但是这种能力通常也不能显示在学分小时的工作量中。

---

① James M. Heffernan. The Credibility of the Credit Hour: The History, Use, and Shortcomings of the Credit System[J]. *The Journal of Higher Education*, 1973, 44(1): 61-72.

事实上,在高校院系的秘书和职员的帮助因素通常也不被算到教学生产的总量中去,也没有在教师院系或单位中进行分配。

六是如果学分被认为是无边界教育市场的通货,那么评价和给分程序很难达成一致①。即使是一门课程由两所不同大学提供,具有同样课程内容,在学分方面也授予同样学分,他们全部学习成果也可能由不同的评价和评分程序而有所不同。在整个欧盟内部,不同国家使用各种各样的评价程序、评分系统和分类方案;即使在同一个国家内部,不同大学对国家程序也有不同的解释和使用。评分系统不论在哲学上还是在实践上都有不同,公平地把外国的分数解释为本国的分数是一个主要的问题,不论对从国外学习的学生回国,还是大学教授要求评价合格的外国申请者都是如此。

七是大学的行政管理者认为学分作为管理单位具有橡皮尺的特点(A Rubber Yardstick),用它作为大学的政策决策既不一致也不充分②。大学的领导者认为严格的学术学分标准并不能保证学习质量,还将威胁到大学和学院竞争力、多样性和创新性。索尔斯坦·凡勃仑(Thorstein Veblen)认为学分等于学习,等于鼓励文雅学生体面的离开比爱好知识更伟大,不能获得学分的学术兴趣窒息了学者们的智慧。广泛的学术等级和学分,使教学屈服于机械测验和进步,窒息了所有个人进取心③。

八是学分制扰乱了学生学习动机,使学生感觉到把接受高等教育看作是积累课程学分,学分制强调学生认真听课就能通过考试获得学分,而不是强调学生认认真真地探究学问。首先,培养计划的完整性与系统性并不能保证学生选课因缺乏指导而出现盲目性,有的该选的课没有选,不该选的选了。有的不自量力,贪多,为了炫耀自己的才能,或图虚名,赶时髦,甚至会为了廉价学分,一个学期选到二十多个学分,助长了学生贪多求快、投机取巧的心理。其次,部分教师为满足学生这一心理,不惜降低教学要求招揽学生,考试的时候

---

① Terence Karran. Achieving Bologna Convergence: Is ECTS Failing to Make the Grade[J]. *Higher Education in Europe*, 2004, XXIX(3): 411-422.

② James M. Heffernan. The Credibility of the Credit Hour: The History, Use, and Shortcomings of the Credit System[J]. *The Journal of Higher Education*, 1973,44(1): 61-72.

③ James M. Heffernan. The Credibility of the Credit Hour: The History, Use, and Shortcomings of the Credit System[J]. *The Journal of Higher Education*, 1973,44(1): 61-72.

廉价地给学分,这样学生就选他的课了①。

五、学分制管理创新

(一) 美国学分制管理创新

美国采取制定隔断时间和学分之间联系的规章制度②。把计算学分时间(Credit Hours)转到学分单位(Credit Unit),把评价学分生产的过程从时间转移到内容,而不是要彻底消除时间和学习之间的关系。这种变革建立在单个学院学分价值(Credit-worthiness)的基础上③,认证机构需要把认证的标准建立在单位学分价值上,而不是时间上评价学习成果。

其次,把评价从毕业率转移到获得学位时间(Time to Degree)④。用学分到学位的时间衡量大学的教育教学效益可能更加有效。问责报告联合委员会(The Joint Commission on Accountability Reporting)、美国州立学院和大学(The American Association of State Colleges and Universities)、全美州立大学和赠地学院联合会(The National Association of State Universities and Land grant Colleges)都在努力采取从毕业率转移到获得学位的时间评价大学的教育教学效益。

(二) 欧洲学分制管理创新

欧洲学分互认和转换系统建立了以学习成果为主,学习工作量即学习时间为辅的学分互认和转换制度。根据欧洲资格框架标准,把所有欧洲资格分为八个不同级别的学分层次,衡量学生的学习成果主要采用资格描述词的方式对学习者的知识、技能和能力(责任)等描述,建立了较为一致的欧洲学分互认和转换系统。一般一个欧洲学分约等于25—30个小时的学习工作时间,包括师生课堂接触时间也包括课堂之外的其他学习时间。要求大学生每年必须全职学习60个学分,也就是1500—1800个小时的学习工作量。根据学制不同,学士学位需要180—240个学分才可以获得。

(三) 欧美学分互换

一般来讲欧洲学分(Semester Credits)是全职学生每年60个学分,美国是

---

① 杨德广等.中国学分制[M].上海:上海科学技术文献出版社,1996:20.
② Jane Wellman. The Student Credit Hour[J]. Change,2005,37(4):18-23.
③ Jane Wellman. The Student Credit Hour[J]. Change,2005,37(4):18-23.
④ Jane Wellman. The Student Credit Hour[J]. Change,2005,37(4):18-23.

每年30个学分。因此,美国大学对欧洲大学的学分采取一个欧洲学分等于0.5个美国学分。如一门5学分的欧洲学分课程将被授予2.5个美国学期学分①。为促进欧洲学分和美国学分的互认和转换,二者建立了"亚特兰蒂斯计划"(Atlantis Programme)②开展联合办学,取得较好效果。

六、学分互认和转换

学分互认和转换的精髓和核心是学习自由,是学分互认和转换的重要条件和理论基础。学分互认和转换打破了教育领域原来固有的封闭状态,学分转迁背后,是学生流动和资源重新配置与整合。学分互认和转换有利于教育资源优势互补,同时也是高等教育大众化和普及化阶段,更加重视学生学习个性化发展需要的重要制度建设。

(一)学分互认和转换的意义

1. 提升国家高等教育竞争力

首先,学分互认和转换有利于扩大我国学术影响力和竞争力。一方面,我国学生对外交流过程中,学习成果被国际上知名高校或国外高校的认可,则证明我国高校的学术质量得到国际学术界承认和认可;另一方面,我国可以用招生留学生的方式提升我国在国际教育服务贸易中的竞争力。这种学分互认和转换的双向交流有助于提升我国高等教育的整体竞争力。其次,国内高校学分互认和转换能够促进国内高等教育市场形成,有助于通过竞争淘汰质量较差的项目,节约高等教育资源,同时有助于高校之间优化资源、实现优势互补,提升人才培养质量。实施学分互认和转换制度,学生可在不同层次高校间顺畅流动,促进高等教育机会公平,提高学生在就业市场竞争力;有利于增强高校间的竞争,提高教学水平、促进学科建设。经过学分互换这杆秤的衡量,学校课程优势一目了然。学校要想在市场中处于有利地位,一方面必须采取有力措施来提高自己教学水平,另一方面推动学校发展优势学科调整劣势学科,从而实现区域内高等教育资源的优化配置和学校、专业之间的有序分层,避免

---

① Steven D. Roper. European Education Reform and Its Impact on Curriculum and Admissions: Implications of the Bologna Process on United States Education[J]. *Journal of Political Science Education*, 2007(3): 51-60.

② 孔令帅等.美国和欧盟高校学分互认的挑战、举措与启示[J].高教探索,2015(9):51-55.

专科层次高校盲目升格本科,本科盲目升格硕士学位授予权等学术漂移和贪大求全现象发生,建立良好的高等教育生态环境。

2. 有利于学习型社会建设

学分互认和转换可以搭建一个终身教育立交桥,有利于正式教育与非正式教育的互联互通,推动课程标准化建设,建立不同类型教育、不同工作经验的互认和交流,形成资格证书获取的灵活性和终身性,推动学习型社会和终身教育发展。欧洲学分互认和转换系统就是在欧盟委员会的主导下推动欧洲高等教育一体化和建设欧洲终身学习社会建立的一个学分互认和转换系统,让所有年龄的人都能规划合理的个人学习项目。

(二) 学分互认和转换价值取向

学分互认和转换已经在一些发达国家有悠久历史和成熟经验。在世界上主要有三种价值取向的学分互认和转换系统[1]。

1. 转移取向

欧洲学分代表的转移取向(Transfer-oriented Credit Systems)的学分互认和转换系统。欧洲学分互认和转换系统(The European Credit Transfer System)是伊拉斯谟项目的一个主要项目,目的是促进流动学生学习经验认可。现已经成为欧盟高等教育一体化中心工具。学分系统主要功能是转移学生在国外获得的学分,回国后能够被所在学校认可,这种学分系统后来逐渐发展到能够积累学分并获得资格证书或毕业证书的功能,但其主要功能仍然是学分互认。

2. 累积取向

第二种是美国学分互认和转换为代表的累积取向(Accumulation-oriented Credit Systems)的学分系统。在美国,学分互认和转换更多地体现在社区学院与四年制大学之间的学分互认衔接协议。衔接(Articulation)协议是指不同高校之间的合作确保学生转学和学分转移。美国学分系统更加发达,不仅有院校之间的自愿衔接协议,也有州内统一的学分互认和转换衔接协议,当然也有跨区域的学分互认和转换,但在美国主要解决的是社区学院转学到四年制学院获得学士学位的学分积累问题,以便社区学院获得的学分能够不受损失转

---

[1] Jonathan Winterton. From Bologna to Copenhagen: Progress Towards a European Credit Transfer System for VET[J]. *International Journal of Training Research*, 2005 (December):64-82.

学到四年制大学,并可累积为学士学位学分。

3. 综合取向

第三种是综合取向,兼顾学分转换和累积的学分互认和转换系统。英国学分累积和转移系统(The UK Credit Accumulation and Transfer System)建立了跨越普通教育和职业教育的系统,目的是建立共同的学习型社会和终身教育系统,既强调不同系统学分互认和转换,也强调学分不断累积获得相应资格,而不考虑是否普通高校还是成人高校,抑或是继续教育和职业教育。只要获得足够学分都可以互相认可,并可累积学分为一定资格。

学分互认和转换在上述任何一个系统都不会自动发生。首先,学习者要申请相关项目、课程的学习,而且与自己所学项目、课程具有一定的关联性;其次,高校之间需要签署合作协议或者建立某种学分互认和转换标准;最后,获得的学分需要所在学校的认可,即高校的自由裁量权决定认可多少学分、认可哪些学分,并确认哪些学分可以积累到学位资格,哪些只能作为选修课程学分看待。

(三)学分互认和转换理论基础

1. 学习自由理论

在价值取向上,学分互认和转换体现的是一种以学习自由为核心的大学理念。学习自由是人在拥有学习权利的基础上,不断经由"真的探求""善的确立"和"美的体验",达至"学习通达自由"的存在状态[1]。德国柏林大学创始人威廉·洪堡(Willianm Von Humboldt)提出"孤独和自由是大学的原则",[2]把学生学习自由与教师的教学自由确定为现代大学的两个基本原则。布鲁贝克在其《高等教育哲学》中写道,学习自由包括选择学什么(选修课程)的自由,决定什么时间学和怎样学的自由,以及形成自己思想的自由[3]。石中英教授界定了10种学习自由原则,全面概括了学习自由的内涵和外延。[4]

2. 经济学理论

经济学理论的角度审视学分互认和转换是把一个国家或者一个区域如欧

---

[1] 费坚.学分互换:价值探寻、实践反思与改进策略[J].教育发展研究,2014(21):30-35.
[2] 邓澳利.学分银行制度研究[D].湖南大学,2007:67.
[3] 徐跃.学分互换研究——以湖南省高校为例[D].湖南大学,2009:89.
[4] 邓澳利.学分银行制度研究[D].湖南大学,2007:86.

盟等高等教育系统看成一个统一的高等教育市场。学分成为学生在高等教育机构之间流动的通货,是不同高校提供的教育服务产品,每一所高校根据自己在市场中的社会声誉和学术威望建立不同层次的学分体系,学分互认和转换就是高等教育资源在不同机构之间的、不同学科之间、不同国家之间的配置。欧洲学分互认和转换系统建立的初衷是适应统一的欧洲劳动力市场和就业环境要求,制定共同的高等教育质量标准,实现大学生流动和就业。同时,欧洲学分互认和转换系统成立的第二个目的是提高欧洲高等教育的区域竞争力。因为欧盟教育部长会议发现全世界的国际留学生包括欧盟内部的研究生教育都在流向以美国为首的英联邦国家而采取的一种高等教育发展战略。三是世界贸易组织把教育作为服务贸易进行界定。从国际组织的角度认为高等教育可以用经济学的角度审视学分互认和转换。

3. 终身教育理论

终身教育理论已经成为很多国家特别是发达国家教育发展的一个战略,目的是在知识、技能迅速变化的世界中保持本国经济、文化以及产业的竞争力和国民素质提升的教育发展战略。这一教育发展战略理论要求社会为每一个人的不同人生发展阶段提供学习机会和平台,学分互认和转换能够把个人不同时期、不同机构的学习成果获得的学分积累成资格证书和文凭证书,提高个体在劳动力市场的竞争力。欧洲学分互认和转换系统、英国学分互认和转换系统就是根据终身教育理论建立的学分互认和转换系统。欧洲学分互认和转换系统要把欧洲高等教育区域建设成为兼顾正式教育与非正式教育、普通教育与成人教育、正规教育与社会教育、职业教育与普通教育互相连接沟通融合的高等教育体系,促进学生学习成果流动的便利性、透明性,并可以累积成一定的资格和学位,进而推动学生终身学习。

4. 心理学理论

(1) 人本主义教育思想。

人本主义心理学肯定尊重人的价值和尊严。应用在教育领域就是充分尊重学生的学习自由,关注学生的自我实现目标,充分挖掘人的潜能,促进人发展的一种心理学理论。学分互认和转换充分尊重学生自主学习和课程选择权,以学生为本,促进学生知识技能、能力以及个性的全面发展,体现了人本主义教育思想。

(2) 转学理论。

美国学生转学过程中的学分互认和转换学生的心理学基础主要有三种理论,一种是施洛斯伯格的4S策略,一种是克拉克的冷却理论,第三种是转学冲击理论,来解释转学学生到四年制大学经历的多种不适应。

首先,施洛斯伯格(Schlossberg)[①]提出了4S方法,包括处境、自我、支持和战略(Situation, Self, Support, and Strategies),解释高等教育中转学决定的学生,并从背景的视角(Contextual Perspectives)讨论了转学个体决定是建立在环境因素的相关性如家庭和生活史的基础上。第二个视角发展的视角建立在年龄基础上,在个体成长的过程必须做出一系列的决定,形成个体的道德和伦理身份认同。

他用生命期观点(The lifespan Perspective)关注个体生活的变化和路径。施洛斯伯格理论由三个部分组成:个人生活中转学身份认同;通过4S模式理解处理转学资源;控制转学过程。确认转学对个人转学计划产生不可预期影响。反应建立在一个人转进、转的过程或转出的过程。进入一个环境要求一个人熟悉新环境,当一个人适应新环境后,进入到转的过程阶段。在转的过程阶段(In the moving-through Stage),个人可能经历长期的过程,因此可能需要一个向前转的承诺支持。转出阶段(The moving-out Stage)标志着一个转移阶段的结束和下一个阶段的准备。这个模式认为转学是一个持续的过程,没有结果,作为个体经历不同的阶段他们持续地对环境做出反应,因此,必须确认一个机制成功应付变革。应付这种转学的方法个人需要经历四种方法、处境、自我、支持和战略,用这四种方式确定转变过程资源。4S的转学理论关注转学的环境、应付这种转学的自我力量、当转学开始的时候有力的支持;采取战略克服转移的障碍。

其次,社区学院初期的学生有2/3或3/4的学生不能完成转学过程。伯顿·克拉克(Burden Clark)认为转学不成功的学生有一个冷却阶段(A Cooling-out Phase)[②]。处于冷却阶段的学生很可能是学士学位完成率低的一

---

① Shasta Porchia Buchanan. A Qualitative Case Study on Transition Preparation for Community College Students[D]. Grand Canyon University, Phoenix, Arizona, 2017:13.

② Shasta Porchia Buchanan. A Qualitative Case Study on Transition Preparation for Community College Students[D]. Grand Canyon University, Phoenix, Arizona, 2017:32-33.

个原因,降低了他们的目标,没有保持对初期转学教育雄心持久的追求。

最后,奥尔巴(Alba)、希尔斯(Hills)等人的研究没有发现在社区学院存在冷却阶段,但是他们的研究却发现转学学生转学学生在定量研究科目上的学术表现,如数学、科学,要低于那些一开始就在大学就读的学生,认为转学学生转到4年制学院之后经历一个转学冲击(Transfer Shock)[1]。转学冲击是指社区学院转学学生在某些课程和学科与四年制大学本校学生相比在转学之后不久会出现平均绩点下降现象。转学冲击可能由多重因素引起,如不同的教学方法,缺乏熟悉的资源、人员,社会和学术压力等也可以影响学生成绩。

转学学生在转学到高年级的时候没有确定主修专业,或者他们来自少数民族人口,分数低于那些一开始就在大学学习的同辈。这种大学和社区学院学习的不同,可能有助于形成转学冲击。其次,学生在转学的过程中对转学耻辱(Transfer Stigma)的现实和影响保持敏感[2],认为这些转学学生天生缺乏准备或不值得招生。为避免这种耻辱,他们不想因为他们的转学地位被单独挑出来。学院或项目应该提供资源帮助学生适应新的学习环境,同时注意不要刺激或保持这种现存的耻辱。三是帮助学生发现形成一种转学接受性(Transfer Receptivity)或者大学承诺为转学需要的学生提供帮助,以便他们能够成功。我们提到的耻辱、转学接受性的概念是承认一些转学学生面临的挑战如接收学院文化的、资源的挑战,也有转学学生背景、性格或行动的影响。转学冲击还表现在学士学位获得的可能性降低。转学学生的移动路径差别很大,很多转学的学生在转学到密歇根大学的时候需要适应较大的班级规模、相对非人格化的师生关系,很多转学的学生对教授、讲师、研究生讲师的教学角色以及课程分数批改者角色感到迷惑不解。

5. 管理学理论

首先,学分互认和转换涉及管理学的组织行为学理论——组织间合作理论(Inter-organizational Collaborations)。根据新行为期望和组织成员的具体角

---

[1] Stephen S. Ditchkoff, David N. Laband and Kent Hanby. Academic Performance of Transfer versus "Native" Students in a Wildlife Bachelor of Science Program[J]. *Wildlife Society Bulletin (1973-2006)*, 2003,31(4): 1021-1026.

[2] Anne Ruggles Gere, Lizzie Hutton, Benjamin Keating. Mutual Adjustments: Learning from and Responding to Transfer Student Writers[J]. *College English*, 2017,79(4): 333-358.

色设计出组织间合作的路线图。组织间的合作仍然需要保留单个组织的期望和行为。在教育组织内部也存在一个松散的合作组织,认为高等教育机构之间复杂的组织合作是学分互认和转换的基础。学者丁托(Vincent Tinto)用学生坚持和融合理论(Theory of Student Persistence and Integration)[1]探索社区学院转学。学生在社区学院带着他们的理想、个人背景、以前的学术经历开始大学生活,这些影响他们与学院的互动,学生越是与学院互动和融合,越是有可能留在这个学院。丁托的坚持和融合理论认为学生的行动能够使学生继续在这个机构学习。学生行动与社区学习环境、教师参与或者其他学习项目保持一致,增加了学生保持率。这种参与又进一步降低了学院学生的流失率,为提高美国社区学院转学工作提供了理论基础。

其次,高等教育战略联盟理论。高等教育战略联盟(Higher Education Consortia)是一个在两个或更多的高校自愿的基础上签署的旨在共享资源、达到共同目标,建立的具有专业职员进行管理,促进各自高校教育质量的提升和竞争力,而设计的具有正式合作协议的松散组织。高校战略联盟是能够保护两个或更多高校机构各自的使命和组织认同,同时加强它们各自的优势,以便获得市场机会。联盟的运行通常由联盟成员提供财政支持。联盟雇佣的专业人员的唯一职责就是鼓励和促进成员双边和多边的合作活动以及联盟集体与其他组织的合作[2]。

最后,州政府转学衔接政策。学者简·韦尔曼(Jane Wellman)确认了两种类型的全州范围的转学衔接政策,协调高校组织建立政府、高校、学生在学分互认和转换过程中的功能。

一是结构政策(The Structural Policies),主要关注高等教育相关协调和治理事务,在影响学生学分互认和转换的时候并不仅仅关注转学事务(Transfer Issues)。结构政策决定治理、学院或部门的使命以及不同机构的差异,涉及全州范围的信息系统、能力、基金、规划、问责战略等,有七种结构政策领域[3]:

---

[1] Shasta Porchia Buchanan. A Qualitative Case Study on Transition Preparation for Community College Students[D]. Grand Canyon University, Phoenix, Arizona, 2017:39-40.

[2] Dixon, Michael F.. A Descriptive Study of Selected Community Education Consortia in Michigan[D]. Western Michigan University, 1977: 23-25.

[3] Holly Winthrop Carpenter. The Development if Conceptual Framework to Understand Statewide Articulation System Design[D]. Arizona State University, 2008:39.

(1) 学院使命和角色以及与分校之间的关系；

(2) 在系统、学院和部门之间建立治理和协调结构；

(3) 开发分析和收集数据的能力,特别是学生转学方面的信息,包括转学的追踪、监督、设计转学学生绩效指标(Performance Indicators of Student Transfer)等；

(4) 问责报告程序(Accountability Reporting),在单个高校和系统层面开发测量、收集数据、分析报告卡片(Report Cards)；

(5) 开发有关学生注册的战略规划包括能力、接近机会以及制定转学目标；

(6) 开发有关基金、学费和财务资助的战略；

(7) 制定学院绩效目标(Institutional Performance Goals)和惩罚与激励条款(Provision of Penalties and Incentives)。

二是学术政策(Academic Polices),更加紧密地关注衔接。学术政策影响学院和大学内部事务,以及大学和学院之间的一致性政策,包括学生、项目、课程等。学术政策关注招生标准、课程要求、衔接、可转移学分等,包括以下领域①：

(1) 为四年制学院开发招生政策(Admission Policies),包括双重招生、保证录取转学学生、招生测验和补习相关的政策；

(2) 开发全州系统的学院分类政策,如学生评价、课程审查等；

(3) 开发全州范围内的核心课程和一系列的衔接协议；

(4) 建立学分转移政策,包括一般政策、全州接受核心课程的特殊政策和接受协士学位的政策；

(5) 建立共同的课程编码协议(Common Course Numbering Agreements)；

(6) 在高校间建立共同的学术校历(Common Academic Calendar)；

(7) 开发自愿协议和跨部门合作(Voluntary Agreements and Cross-sector Collaboration)的支持条款。

(四) 学分互认和转换标准

学分互认和转换本质是高校之间学术成果的互认和转换,确定学分互认

---

① Holly Winthrop Carpenter. The Development if Conceptual Framework to Understand Statewide Articulation System Design[D]. Arizona State University,2008:41.

和转换标准尤为重要。学分互认和转换主要有六种标准,一是个人取向的学分互认和转换标准,二是资格框架取向的学分互认和转换标准,三是机构取向的学分互认和转换标准,四是方案取向或项目取向的学分互认和转换标准,五是标准化课程学分互认和转换标准,六是学分银行取向的学分互认和转换标准。

1. 个人取向互认和转换标准

个人取向的学分互认和转换标准①(Individual-based Approaches to Validation),主要针对个人生活经验和工作经验等非正式学习经验认定,因为很难制定公认的标准,一般对此类学分认定存在一定困难。通常采取能力为基础的标准进行认证,一般有工作场所技能、公认的考试成绩、个人学习工作生活档案等,主要有欧洲的能力模式、美国的逐案转学、学分银行等,这些都是基于个人取向的学生标准。

2. 资格框架取向学分互认和转换标准

资格框架类标准主要是学习工作量、学习领域(知识、技能、能力、自治和责任)以及学习层次建立不同等级的资格,通过资格等级实现资格学习成果的积累和转换。资格框架类标准一般适用于不同教育标准的学校、地区、国家之间开展学分互认,如欧洲高等教育区域资格框架、澳大利亚终身教育资格框架、英国高等教育资格框架等②。资格框架标准的模式要成立专门组织机构,保证制度顺利实施。建立国家资格框架,有效整合各类教育资源。基于资格框架类的学分互认比较系统化,但是推广中不容易被学术团队接受;需要建立健全资格认证体系,保证制度运行的公信力。

3. 标准化课程取向学分互认和转换标准

标准化课程互认和转换标准③一般用于具有统一课程标准的国家或者地区,或者用于小范围内的校际互认。欧洲学分互认和转换系统的优化项目、美国的共同课程编码、核心课程编码、模块转学等都属于专业或课程类互认和转换标准。基于课程或者专业标准的学分互认,其标准本身就是由学术团队制定,因此推广起来更容易。

---

① 张相锋.英国高校实施学分累计与互认制度研究[D].华东师范大学,2007:35.
② 殷双绪.学分互认的国际比较研究及启示[J].湖北广播电视大学学报,2015,35(3):3-8.
③ 殷双绪.学分互认的国际比较研究及启示[J].湖北广播电视大学学报,2015,35(3):3-8.

4. 方案中心取向学分互认和转换标准

方案中心取向①的学分互认和转换,采取对项目课程方案或某个阶段的教育,作为整体认证标准,而不考虑太多的课程、个人能力等。方案取向的学分互认和转换通常采取模块转学的方式实施,如2+2模式、双重招生模式、1+3模式等方式进行。

5. 机构取向学分互认和转换标准

面向机构的学分互认标准,②是指学分互认和转换是由机构开始操作,满足标准的机构才有资格与其他教育机构开展学分互认。例如,美国、加拿大、英国以及我国高校学分互认联盟,武汉七校联合办学,北京学院路教学共同体,上海东北片和西南片的双学位项目等。

6. 学分银行取向学分互认和转换标准

学分银行结合正规教育学历证明与其他经验学习或短期训练证明的一种学分积累和转换模式,允许任何人在完成学位之前等一等,或者在其他地方完成学位,学分银行允许学生把各种成绩单以及之前的学习评价集合在一起存入学分银行中,积累到一定资格可以颁发资格证书,是终身教育理念指导下的一种学分互认和转换标准。

---

① 张相锋.英国高校实施学分累计与互认制度研究[D].华东师范大学,2007:67.
② 殷双绪.学分互认的国际比较研究及启示[J].湖北广播电视大学学报,2015,35(3):3-8.

第三章
欧洲学分互认和转换系统资格框架

欧洲学分互认和转换系统认为学分数量转移模式存在对学习成果关注不高的问题,设计出欧洲资格框架,同时确立与欧洲资格框架基本一致的欧洲高等教育资格框架(Framework of Qualifications for the European Higher Education Area)[1],为学分的累积成为某种资格奠定可操作性的技术基础。因此,欧洲学分互认和转换系统是成果为基础的资格框架(Outcomes-based Qualifications Frameworks),使欧洲学分累积系统的项目和资格更加透明,由此建立了欧洲国家间高等教育资格框架的连接机制,实现重要资格的认可和资格的可移动性(Portability of Qualifications),进而促进和加强欧洲公民的流动性(The Mobility of European Citizens)。

一、欧洲资格框架

博洛尼亚宣言(The Bologna Declaration)明确宣布在尊重高等教育机构能力、大学自治、国家教育系统、文化、语言的多样性基础上,吸收欧洲学分和欧洲职业教育和培训学分经验基础上制定欧洲资格框架,并鼓励成员国开发本国国家资格框架。

(一)欧洲资格框架概况

欧洲高等教育有两个框架:一个是欧洲高等教育区域资格框架(The

---

[1] Arthur M. Cohen. Degree Achievement by Minorities in Community Colleges[J]. *The Review of Higher Education Summer*, 1988, 11(4):383-402.

Framework for Qualifications of the European Higher Education Area),一个是欧洲终身学习资格框架(The European Qualifications Framework for Lifelong Learning of the EU,EQFLLL)。前者是正规的普通高等教育资格框架,后者是成人教育、非正式社会教育资格框架,都采用学习成果描述资格,前者是4个层次,分别相当于后者的5、6、7、8层次的资格,后者是8个层次的资格,描述不同层次所具有的知识、技能和能力、责任和态度,二者统一于终身学习资格框架。

(二)欧洲资格框架构成

欧洲资格框架认为资格就是一个有能力的机构(The Competent Body),正式决定一个个体已经获得了给定学习标准的学习成果,是该机构对学习者的知识、技能和能力的评价。他们的能力包括三个组成部分,但是术语不一样,在欧洲资格框架中没有态度(Attitude)这一提法。在资格框架中,能力包括两个部分:一个与职业相关的专业知识技术能力,另外一个终身学习、雇佣、社会包容性和个人履职的关键能力(Key Competences)。态度标准的消失代表着欧洲资格框架向能力的理性模式漂移,放弃了价值基础的方法。欧洲资格框架的优势在于使用终身学习的视角,促进正规教育和非正规教育的有效性。欧洲资格框架建立了欧洲的元框架(The European Metaframework)——区块(Block)。一个区块是建立在学习层次基础上的学习成果、能力、学位;另一个区块是所有国家共同的衡量学习成果的学分系统。学分系统建立在学生完成一定的学习成果,承担一定学习工作量的基础上。最后,就是描述学习目标的职业档案。在欧洲资格框架中学习成果是最主要的原则。

欧洲终身学习资格框架(The European Qualifications Framework for Lifelong Learning)目的是提供一个透明的、可比较的和便携的资格,作为在不同资格系统和不同层次学习成果之间的转换工具,为学习者、工人、雇主、贸易联盟、教育和培训提供者、资格认可机构、政府权威部门和国际组织提供参考标准。

欧洲资格框架把欧洲资格分成8个等级,每一个等级都从采用知识(Knowledge)、技能(Skills)和责任与自主权(Responsibility and Autonomy)三大指标来描述各级别预期学习成果。学习成果意味着能够掌握具体的资格综合,包括理论知识、实践和技术技能以及社会能力(责任和自主权)。根据资格规则,一个人的学习成果满足了一定资格的标准,就可以获得一定的资格证书。

所有的资格：

（1）使用单一的标准描述（Described in Terms of A Single Set of Criteria）；

（2）用单一等级层次排名（Ranked on A Single Hierarchy of Levels）；

（3）用单一的职业领域分类（Classified in Terms of A Single Set of Occupational Fields）；

（4）用学习成果描述（Described in Terms of Learning Outcome）；

（5）使用成分界定（Defined in Terms of Elements）；

（6）用学分来表示理论学习时间（Ascribed A Volume in Terms of Credit Expressed as Notional Learning Hours）①。

并不是所有的国家资格框架都是这个原则，国家资格框架允许：

（1）通过时间积累获得（学分积累和转换）；

（2）可以转移（资格的单元可以用于其他资格）；

（3）透明性——学习者精确地知道他们需要展示的学习成果②。

表 3-1 欧洲资格框架 8 个级别描述③

8 个级别的每一个等级都通过展示与这一级别一致的学习成果来确定		
知识（Knowledge）	技能（Skills）	责任和自治（Responsibility and Autonomy）
在欧洲资格框架中，知识是指理论和实践知识	在欧洲资格框架中，技能是指认知技能（涉及使用逻辑、直觉和创造性思维）和实践技能（包括灵巧的手工、使用方法、材料、工具的技能）	在欧洲资格框架中，责任和自治是指学习者能够自动和负责任地应用知识和技能的能力

---

① Michael Young. Towards a European Qualifications Framework: Some Cautionary Observations[J]. Journal of European Industrial Training, 2008, 32(2/3): 127-137.

② Michael Young. Towards a European Qualifications Framework: Some Cautionary Observations[J]. Journal of European Industrial Training, 2008, 32(2/3): 127-137.

③ European credit transfer and accumulation system[EB/OL]. https://ec.europa.eu/education/study-in-europe/planning-studies/european-higher-education_en, 2020-2-12

续表

	知识(Knowledge)	技能(Skills)	责任和自治(Responsibility and Autonomy)
第一级资格学习成果描述	基本通用知识	要求执行简单任务的基本技能	在结构化环境中，在直接监督下工作或学习
第二级资格学习成果描述	学习或工作领域基本事实性知识	利用简单规则和工具的相关信息，执行任务和解决通常问题所需要的基本认知和实践技能	在监督下工作或学习并拥有一定的自治权
第三级资格学习成果描述	在一个工作领域或学习领域的事实性知识、原则性知识、程序性知识和通用概念知识	通过选择和应用基本方法、基本工具、基本材料和基本信息，完成任务和解决问题所要求的一定范围的认知和实践技能	承担完成工作和学习任务的责任，使行为适应解决问题的环境
第四级资格学习成果描述	在学习或工作领域内，广泛背景中的事实性知识和理论性知识	在工作或学习领域中，掌握通用的解决具体问题所要求的一定范围的认知和实践技能	在可预测的学习或工作环境中，进行自我管理，但随时可以更改；指导工作中的其他人，对评价和提高工作或学习活动承担一定责任
第五级资格学习成果描述	在一定的工作或学习领域内，综合的、具体的、事实性的和理论性的知识，并认识到知识的边界	开发创造性解决抽象问题所需要的综合的认知和实践技能	在不可预测的变革环境中的学习或工作活动中执行管理和监督，评价和开发自己和其他人的绩效表现

续表

	知识(Knowledge)	技能(Skills)	责任和自治(Responsibility and Autonomy)
第六级资格学习成果描述	在一定工作或学习领域的高级知识,涉及批判性的理解理论和原则的知识	在特定的学习或工作领域中,掌握解决复杂和不可预测问题所需要的创新性高级技能	管理复杂技术或专业活动或项目,在不可预测的工作或学习环境中承担决策责任,承担管理个人和小组专业发展的责任
第七级资格学习成果描述	高级专业知识,其中一部分是工作或学习领域前沿知识,这些是原创性思维和研究的基础;具有在一个领域和不同领域交叉前沿知识问题的批判意识	在研究或创新领域,拥有为发展新知识和新程序以及在不同领域综合知识所需要的特殊问题解决技能	管理或改变复杂的、不可预测的工作或学习环境所需要的新的战略方法,承担贡献专业知识和实践,或评价团队战略绩效的责任
第八级资格学习成果描述	学习或工作领域最前沿的知识以及不同领域交叉前沿知识	在研究和创新中,拥有解决关键问题所需要的最高级的专业技能和技术,包括综合评价技能,拓展和再定义现存知识或专业实践的高级专门技能	在前沿学习或工作环境中,拥有包括科学研究中展示出权威的、创新性的、自治的、学者的和专业诚信,以及可持续发展的新想法或程序的承诺

说明:该资格框架与欧洲高等教育区域资格框架具有可比性。在2005年5月,在挪威比尔根(Bergen)欧盟教育部长会议上,确定了欧洲高等教育区域资格框架,提供了三个周期的描述,每一个周期都提供与完成这一周期相关资格所期望的成绩和能力描述。1. 在欧洲高等教育区域框架中的短周期的学习成果与第五级相对应;2. 第一周期的描述与欧洲资格框架的第六级对应;3. 第二周期描述与欧洲资格框架的第七级相对应;4. 第三周期的描述与欧洲资格框架的第八级对应。

(三)欧洲资格框架层次

欧洲资格框架分为三个层次:

第一个层次是欧洲资格框架和欧洲高等教育区域框架(The Transnational

Framework for Qualifications of the European Higher Education Area)。协议签署国要求坚持逐步提高基准的原则。主要从以下几个方面进行提高,包括知识和理解的参照点,应用知识和理解的背景和模式,流畅使用复杂数据和信息的能力,广泛深刻的主题交流以及一定范围的观众交流①。

第二个层次是国家资格框架。国家资格框架是建立在欧洲资格框架和高等教育区域资格框架的基础上,按照欧洲资格框架和高等教育区域质量保障标准和指导纲要对资格框架的质量进行编制。该标准界定了不同层次质量的共同框架②,要求每一个国家都要制定本国的国家资格框架(National Qualifications Framework),每一个项目在国家资格框架内都需要使其学习成果与所在的主要领域(社会科学、商业和管理课程、工程、医学等)相匹配。

现在欧洲有35个国家参与了欧洲资格框架,并以此开发本国的终身学习国家资格框架,2016年有爱尔兰、德国、瑞典等17个国家展示了他们的国家资格框架③。

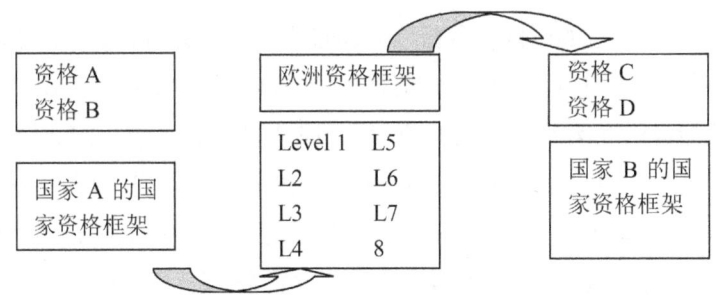

图3-1 欧洲资格框架与国家资格框架链接图

第三个层次是学科框架。欧洲建立优化项目(The Tuning Project),主要是帮助各学科建立衔接纲要和课程知识、技能、能力标准,以及每一个资格完成之后所期望的普通技能和能力。这一计划有18个国家的182所大学,以及

---

① Clifford Adelman. The Bologna Process for U. S. Eyes:Re-learning Higher Education in the Age of Convergence[R]. The Lumina Foundation for Education to the Global Performance Initiative of the Institute for Higher Education Policy,2009, Xvii.

② Aydin Ulucan,etc.. Benchmarking in Higher Education Using Data Envelopment Analysis and the Bologna Process Data[J]. *Croatian Operational Research Review*, 2018(9):301-316.

③ Education, Audiovisual and Culture Executive Agency. The European Higher Education Area in 2018:Bologna Process Implementation Report[R]. 2018,121.

拉丁美洲12个学科参与①。优化项目的方法是咨询最近的毕业生和雇主,为教师创造一个参照点,提供一个参考的学科共同的学习成果和能力的书面标准。采用学科知识共同语言和普通能力或共同语言,运用独特的工具(认知的、方法的、技术的和语言的),对个人之间以及个人与系统之间的关系进行描述,在这些描述中逐步开发某一个学科在某一个级别资格的学习成果资格框架。

(四)欧洲高等教育资格框架周期

欧洲高等教育资格框架的第一个特点就是学生完成一定层次的学位必须展示学习成果和能力的陈述,而不是陈述学位的目标和目的,是确保大学符合某一个资格框架,学生们就必须展示获得这种需要的能力和学习成果。资格框架并不能展示学习是怎样发生的,但是确实能够构建学生学习成果的组成部分和结构。

资格框架的第二个特点是详细描述一个学位的学习成果,表明这种学位与高一级和低一级学位的区别。资格框架通过逐步提高标准,表示不同等级的学位资格区别。在欧洲高等教育区域资格框架中,短期资格通常包括120个欧洲学分,与欧洲资格框架的第五级对应;第一周期资格通常包括180或240个学分,与第六级对应;第二周期通常包括90或120个欧洲学分,与第七级对应;第三周期资格没有具体要求,与欧洲资格第八级对应②。欧洲学分互认和转换系统允许分配学分给每一个周期资格,而且可以在高校之间累积和转移。

1. 欧洲高等教育区域资格框架资格周期

欧洲高等教育区域资格框架学位周期分为短周期、第一周期、第二周期和第三周期。

短周期学位授予(Short Cycle):展示建立在中等教育基础上的知识和理解研究领域,通常是由高级教科书提供,展示工作领域或职业领域的知识、个人发展知识以及进一步学习可以完成第一学位周期(学士学位)的知识;在职

---

① Clifford Adelman. The Bologna Process for U. S. Eyes: Re-learning Higher Education in the Age of Convergence[R]. the Lumina Foundation for Education to the Global Performance Initiative of the Institute for Higher Education Policy,2009, 13.

② The European Credit Transfer and Accumulation System users guide[EB/OL]. https://www.mruni.eu/en/ects/ects_european_credit_transfer_system/,2020-1-20,23.

业背景中应用和理解知识;有能力对界定的抽象问题进行确认,使用数据做出反应;能与同事、监督者和顾客交流他们的认识、技能和活动;拥有某种程度的自主学习技能,能够进一步进行研究学习①。

第一周期的资格框架,学生获得学士学位,应该能够展示和理解建立在中等教育基础上的学习领域知识,在这一层次通常有高级教材支持这些知识,包括学习领域的前沿知识的某些方面信息;能够理解和运用掌握的知识,以一种专业的方法应用到他们的工作或职业中,在选择的学习领域中,通过设计和持续的讨论以及解决问题的方式,展示已经拥有工作领域的能力;能够收集和解释相关数据,对社会的、科学的和道德的问题作出判断;能够与专家和非专家公众交流信息、想法、问题及其相关的解决方法;能够发展必要的学习技能以便他们能够继续更加自主的学习。

第二学位周期(硕士学位)的学生应该能够展示建立在学士学位基础上或扩展或加强学士学位层次的知识和理解,在研究背景中奠定和提供开发原创性想法的基础和机会;在陌生的专业领域中理解应用知识,展示解决问题的能力;在不完全或有限的信息环境中,承担综合运用知识技能,形成判断的责任,包括应用知识和判断的社会和道德责任;能够清晰无误地与专家或非专业人员交流他们的结论、知识以及理论基础;拥有自我指导或持续学习的技能②。

第三学位周期(博士学位),没有具体的要求,表现出创新性的推动知识进步或重新界定现有知识或创新高级专门技能。

二、英国国家资格框架

英格兰、威尔士和北爱尔兰高等教育资格框架(The Framework for Higher Education Qualifications in England, Wales and Northern Ireland)在世界发达国家有一定的代表性。框架在欧盟、北美、澳大利亚和南非都有应用。

首先,2001年,英国高等教育质量保障局(The Quality Assurance Agency

---

① Clifford Adelman. The Bologna Process for U. S. Eyes: Re-learning Higher Education in the Age of Convergence[R]. the Lumina Foundation for Education to the Global Performance Initiative of the Institute for Higher Education Policy, 2009, 28.

② Clifford Adelman. The Bologna Process for U. S. Eyes: Re-learning Higher Education in the Age of Convergence[R]. The Lumina Foundation for Education to the Global Performance Initiative of the Institute for Higher Education Policy, 2009, 28.

for Higher Education)在1997年发布的《迪尔英报告》(The Dearing report)的基础上,经过广泛讨论,咨询高等教育部门和利益相关者,制定了英国国家高等教育资格框架①,当时苏格兰地区也制定了苏格兰高等教育资格框架。这两个资格框架有很多共同特征。在研究生阶段,两个资格框架系统有着相同的结构、资格名称和资格描述词;在研究生之后的苏格兰荣誉学位和英格兰的高等教育资格框架水平6有广泛的一致性,资格框架6以下水平反映了不同的教育结构和背景。

英国高等教育资格框架与欧洲高等教育资格框架和欧洲终身学习资格框架(A European Qualifications Framework for Lifelong Learning)的短期周期、第一周期、第二周期、第三周期衔接,具有较为广泛的融合性。

在英国,学士学位通常是三年,硕士学位通常是一年,这就产生一个问题,是否纯粹的工作量或时间为基础的方法(A Purely Workload or Time-based Approach)使得英国的学位与欧洲其他国家5年制的硕士学位具有可比性。因此,英国人认为学分和资格应该根据达到的学习成果为基础授予,而不是花费学习的时间。这种方式在欧洲逐渐得到认可,现在欧洲学分互认与转换系统正在努力依据学习成果和时间,作为学分授予的基础。

其次,在职业资格方面。2003年,英国国家资格与考试中心(Office of Qualifications and Examinations Regulation)颁布实施资格与学分框架(Qualification and Credit Framework),要求英格兰、威尔士和北爱尔兰采用统一的职业资格框架,积累一定的学分才能授予一定的资格,建立资格与学分框架的联系,使英国职业资格体系更加灵活高效,更能满足学习者和雇主的需求。

为了开发全国性的职业资格框架,英国创建一个学分积累和转移系统,学分的积累是指一段时间内积累的学分或独立资格。学分转移就是在一定资格中进行学分的互认和转换,实现资格的互认和转换。在英国,大部分高中生经过2年的学习,通过高级考试,才能满足大学入学要求。一些学生可以用全英国的职业资格考试代替高中的高级考试,作为大学入学标准。

资格与学分框架(QCF)采用单元模块,并为每个单元都赋予了一定的学

---

① The Report of the FHEQ Advisory Group. The Framework for Higher Education Qualifications in England, Wales and Northern Ireland[R]. The Quality Assurance Agency for Higher Education, 2008(8):5.

分(Credit),学习者完成这一单元规定的学习任务,经过考核就可以获得相应的学分[①]。

(一) 英国概念学分时间

英格兰、苏格兰、威尔士三个地方的学分基本上都是以时间为基础授予的。英国的学分不是按照欧洲学分互认和转换系统确定的25—30小时一学分,而是根据概念学习时间(Notional Learning Time)决定。英国学分值＝概念学习时间/10,即一个学分等于10个小时的概念学习时间[②]。所谓概念学习时间,指的是正常智力水平的学生为了获得某个具体的学习成果所花费的平均学习时间,包括正式的输入(Formal Inputs)如上课,额外的活动(Additional Activities),如反思、实践、实验、个人学习、工作以及评价时间(Assessment Time),而不是某一个学习者获得学习成果所需要的实际学习时间。实际学习时间根据个人能力不同、先前经验程度以及学习模式而有所不同。

苏格兰资格框架描述学分作为测量平均学习者完成一个模块要求的时间。威尔士学分值必须建立在一个学分授予10小时学习时间完成的学习成果,学习时间是由某个具体学习水平的学习者根据评价标准平均完成一个单元学习成果所用的时间;学分值是恒定不变的,而不考虑使用的方法。最低的学分值是一个单元就是一个学分(A unit is One),学分值的授予必须是整数。

其公式为,学分值 $= \dfrac{学习时间(小时数)}{10}$ @ 某个资格级别

例如,第二级(Credit Level 2)为 $\dfrac{40 小时学习}{10}$,学分级别 = 4 学分,在第二级[③]。

在英国标准化的模块课程中,每一个课程模块的教学或学生接触时间可能是不同的,但是概念学习时间不会发生变化,是恒定的。在估计概念学习时间的时候应该考虑所有与学习成果相关的学习,同时,还应该考虑学习的等级和水平。另外,任何学习者先前获得的知识和技能,都不应该包括进概念学习时间。

---

① 王东平. 英国资格与学分框架质量保障体系探析[D]. 东北师范大学,2015:56.

② Manuel Souto-Otero. Review of Credit Accumulation and Transfer Policy and Practice in UK Higher Education[R]. South East England Consortium for Credit Accumulation and Transfer,2012:13-14.

③ Credit and Qualifications Framework for Wales. Content Aimed at Those Working Within the Education/Training and Advice and Guidance Sectors[R]. September 2018:13.

(二) 英国学分资格框架构成

2001年,英国建立了四个学分机构——威尔斯学分和资格框架(The Credit and Qualifications Framework for Wales, CQFW)、北爱尔兰学分积累和转学系统(The Northern Ireland Credit Accumulation and Transfer System, NICATS)、北方大学学分积累和转学联盟(The Northern Universities Consortium for Credit Accumulation and Transfer)、英格兰南部学分积累和转学联盟(The Southern England Consortium for Credit Accumulation and Transfer),共同出版了高等教育资格——英格兰、威尔士和北爱尔兰高等教育资格学分指导纲要(Credit and HE Qualifications: Credit Guidelines for HE Qualifications in England, Wales and Northern Ireland),以资格、标准和证书的形式,建立普通教育与职业教育体系课程学分互认基本平台①。英国的资格与学分框架以职业岗位需要的能力为基础,其核心指标是衡量一个人能做什么,其根本目标是促进学习者的学分转换和流动以及对先前学习的认可。英国通过确立职教的职业资格和普教的文凭等值与学业认可制度来确保职普沟通和课程互认。

首先,资格框架的目的是建立较为一致的学习成果评价标准。在英格兰、威尔士和北爱尔兰高等教育资格学分指导纲要中指出建立英国学分框架(A Credit Framework),该框架是一套评估、衡量、描述和比较学习成绩的规范。学分框架提供一个学生学习进步的路线图,展示学生学习成绩,学分数以及在哪一个学术层级上,包括从广泛环境中发生的学习,既包括校园内的学习,也包括校园外的学习,以便更加容易地确定个人学习路径,建立信心和鼓励进一步的学习;能够使学生更加容易地在高校之间和高校内部中断学习或转学,同时保留经过认证的学习成绩;在高等教育机构之间和内部提供一个共同的支持课程开发的语言;支持不同学科项目之间,学生工作量的一致性;鼓励和促进不同高校之间建立合作关系;国家学分资格框架能够被认可为转学的护照,促进学生更加容易地进入国际教育领域②。

---

① Credit Issues Development Group. Higher Education Credit Framework for England: Guidance on Academic Credit Arrangements in Higher Education in England[R]. The Quality Assurance Agency for Higher Education, 2008(8): 10.

② Credit Issues Development Group. Higher Education Credit Framework for England: Guidance on Academic Credit Arrangements in Higher Education in England[R]. The Quality Assurance Agency for Higher Education, 2008(8): 10.

其次,为什么需要学分框架?现在的学习环境比传统的学院制、说教的以及正式的课程环境广泛得多。在这种发展趋势下,一方面,政府鼓励建立与工作场所密切联系的终身学习文化;另一方面,很多教育并不是在校园内发生如网络在线教育,人们希望认证这种形式的学习。同时,在专业领域和工作场所对高等教育资格的需求不断增加。所有这些都增加了学习经验的多样性,对认可广泛学习的需求也在不断增加。在这种情况下,使用共同的学分语言(A Common Language of Credit)描述学习成绩非常必要。通过确认学习量和基本需求的参数,参考提供学习内容和成绩细节的明确声明,学分框架提供了不同项目之间可以比较的标准,大幅度提高先前学习和当下学习相关性的判断。对于学习者来说,学分框架能够把学习者放在整个学习的过程中,获得学术学习成绩学分,而不考虑他们学习的层次和持续时间以及整体的学习量和学习的地点。随着学习的进步,学习者可以通过这种学习累积认可为资格得到鼓励,同时学习目标也会更有效地完成,而不需要重复学习。学分框架提供一个使学生从一个项目转学到另一个项目,从一个学院转学到另一个学院认可他们先前的学习成果的机制,提升学习的积极性和灵活性,实现人人成才的目的。

1. 资格框架相关概念

学分和资格层级(Credit and Levels)主要是作为评价学习等值的工具,他们不会对学习的本质和学习的内容产生影响,因此学分框架仅仅提供了学习成绩的标准方式,使不同项目和资格的学习要求之间能够互相比较,促进建立学习者学分和在不同项目和学院之间的转学和流动。

学分水平和水平描述词(Credit Levels and Level)。学分水平(Credit Level)是学习深度、复杂性、学习要求以及学习者自治的相关指标。学分水平确认学习者学习一个模块或单元的学习要求。水平描述词是针对每一个学分水平应该具有的知识、技能和能力进行精确描述,展示相关学习成果。

资格层次和学分值(Levels and Credit Values)不能被认为是学术标准,因此需要在学术层次中对课程背景做进一步的界定。为此,需要确认一系列模块正式的学习成果和与之有关的评价标准。学分框架通过学分和资格层次界定最低学分要求,为互相联系的资格提供了一个合适的结构。因为学生获得的学分是建立在一定层次的学习成绩的基础上,所以,资格层次和学分值提供了表明相关资格的学术标准①。

2. 资格框架基本原则

考虑到学术标准和质量的决策过程,大学应该保持合适的和完全的自治责任;所有的学习可能用学分表达,并不是所有的学分都能够或必须在一定项目积累。每一所高校将决定什么学分可以积累或转移;任何学分指导纲要都要保持每一个学院决定的自由裁量权。

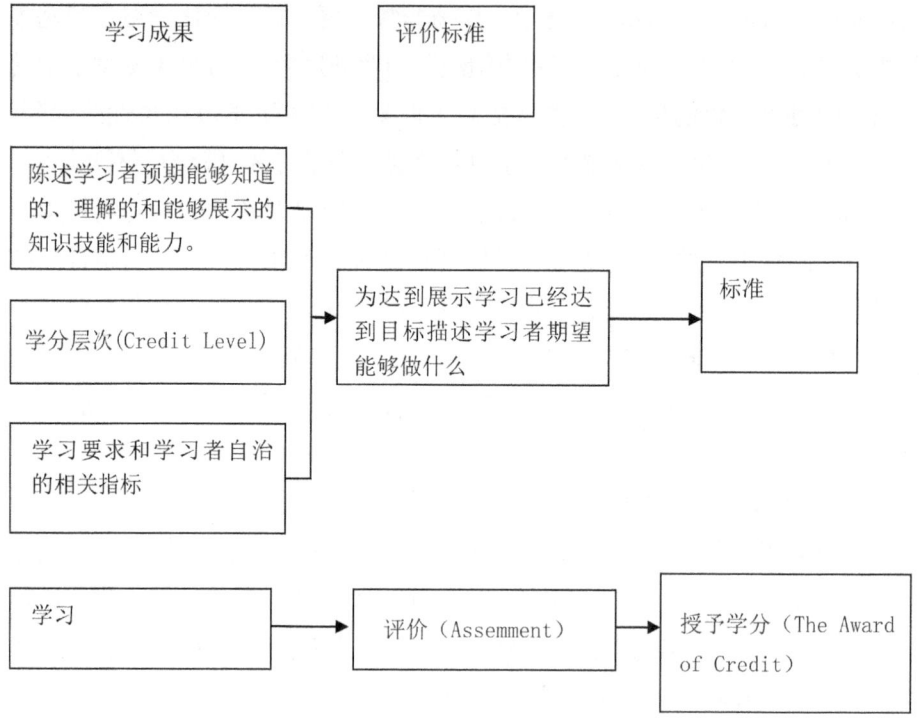

图 3-2　学分界定标准的角色②

---

① Credits and Qualifications Framework for Wales Project. Northern Ireland Credit Accumulation and Transfer System, Northern Universities Consortium for Credit Accumulation and Transfer, Southern England Consortium for Credit Accumulation and Transfer [R]. Credit Guidelines for HE Qualifications in England, Wales and Northern Ireland, November 2001, 2-3.

② Credits and Qualifications Framework for Wales Project. Northern Ireland Credit Accumulation and Transfer System, Northern Universities Consortium for Credit Accumulation and Transfer, Southern England Consortium for Credit Accumulation and Transfer [R]. Credit Guidelines for HE Qualifications in England, Wales and Northern Ireland, November 2001, 2-3.

(三) 威尔士学分和资格框架案例

威尔士学分和资格框架指出展示学习获得,掌握了多少,达到哪一个学术水平,这一设计包括了广泛的学习背景,涵盖在校的和不在校的学习时间。经验和学分水平指标是学习的普遍特点而不是具体的学科知识内容。职业资格框架(National Vocational Qualifications)关注的是行为方面的一致标准,学分框架解决的学习身份(The Identification of Learning),为学习者提供一个职业进步的机会。这种能力不仅可以适应背景化的(实践的)和非背景化的(理论的)(Contextualised/Practical and Decontextualised/Theoretical)学习[1],也意味着高等教育学分框架不仅仅是一种职业能力,还能促进大学之外的转型学习(Transformational Learning)。这一资格框架囊括所有的高等教育学习成绩从本科到博士阶段。通过提供标准化有代表性的学习成绩,学分表明大学之内与大学之外的学习是等值的,帮助确认学生在工作场所学习的身份和结构。

资格可移植性(Portability of Qualifications)是威尔士资格框架的最主要的部分,以便他们在渴望学习和工作需要的时候,都能够获得资格。

(四) 苏格兰学分与资格框架

苏格兰学分与资格框架(The Scottish Credit and Qualifications Framework)与英格兰的资格和学分框架(The Qualifications and Credit Framework in England)相比,是在多样性的授予机构以及多样性的学分提供者背景下设计了一个监管型框架(A Regulatory Framework)[2],设计的目的是提高教育系统的连贯性,使学习者能够灵活的在学分提供者和学分授予者之间更加灵活地移动,便于雇主、学习者和一般公众理解全部的苏格兰资格,以及他们之间的关系。

2007年,苏格兰政府制定终身学习政策,最主要的一点是给予人们各种不同的学习经历相等的价值,促进学习成果转移,以前的学习背景和实践背景都被确认和认可。例如,苏格兰学分和资格框架为社会工作者开发了一种四

---

[1] Anita Walsh. Engendering Debate: Credit Recognition of Project-based Workplace Research [J]. *Journal of Workplace Learning*, 2007, 19(8): 497-510.

[2] Cathy Howieson & David Raffe. The Paradox of Scotland: Limited Credit Transfer in A Credit-based Lifelong Learning System [J]. *Oxford Review of Education*, 2013, 39(3): 366-384.

年制社会工作的荣誉学位,需要获得480学分才能授予①,作为一个新学位规则,苏格兰允许社会工作者正式的和非正式的学习皆可接纳为学分。先前的学习应该被苏格兰执行委员会(The Scottish Executive)确认,以便发展社会服务劳动力,结果大部分苏格兰大学社会服务工作教育都接受以前的学习。最常见就是授予学位、健康和看护高等教育资格[Higher National Certificates (HNCs) in Health and Social Care]以及相关学科或者苏格兰社会看护职业教育资格[Scottish Vocational Qualifications (SVQs) in Social Care]以及其他的奖励。苏格兰社会服务委员会调查社会工作学位项目,主要认可学生的学习经验,然后授予专业学位。获得120个学分授予本科项目,获得社会服务工作荣誉学位的学生则需要480个学分。

三、英国国家资格框架资格描述词

(一)学分级别描述词

学分级别描述词(Credit Level Descriptor)是描述学习者在每一个学分级别上达到学习要求的特点陈述。级别描述词是一个发展的连续体,在这个连续体中,前面的学习级别,必然包含在后面的学习级别中。因此,级别描述词是一个学习者和课程设计者的指南,指导每一个指定级别上,对学习者提出何种要求,才是合适的标准。因此他们本质上是通用的,可以跨学科和跨学习模式使用。

在高等教育环境中,他们将主要被课程设计者使用,开发学习成果,制定每一个模块层次的评价标准。其基本原则是:学分级别涵盖所有授予学分层次中提供的所有形式的学习,无论何种方式和在何种环境下进行的学习;学分级别不同于具体的学习成果和相关的学习评价标准,表明任何具体学习经验授予学分的最低标准要求;学分级别并不是天然的与全职学习时间或之前学习获得或者学习者的学习经验相关。

人们获得学士学位之后承担的课程模块和单元的学习并不是必须授予研究生学分级别。任何学分级别上都有工作经验单元。学分级别相关的学习单

---

① Jean Gordon, Christina Miller, Sue Dumbleton, Timothy B. Kelly & Jane Aldgate. A Smooth Transition? Students' Experiences of Credit Transfer into a Social Work Degree in Scotland[J]. *Social Work Education*, 2011,30(1):55-69.

元和模块学分,按照模块和单元授予学分而不是授予整个学分,任何一个给定的模块或学习单元只能赋予一个学分。因此,出现授予的学分或资格,可能由不同学分级别的模块和单元组成;在任何学分级别上,学生先前的学习和当下的学习都能够获得学分①。

学分级别与描述词与更加详细的副本构成了学分指导纲要,用模板的形式表达出来,包括课程模块、课程单元和他们界定的学习成果。目的是:建立跨学科等值标准;根据一般描述标准,帮助课程开发者设计课程和模块;通过一系列范围的高等教育资格衔接,可视化可转移技能的开发和设计,帮助评价先前学习成果的学分申请②。

（二）学分资格描述词

首先,完全工作量或时间为基础的方法导致人们质疑英国学位是否与欧洲引入的5年制硕士项目具有可比性。因此,英国从2007年将学分授予建立在学习成果的基础上,而不是学习时间。学习成果是指陈述学习者在完成学习过程之后期望知道的知识、理解和展示能力。学习成果与学习目标明显不同,学习成果关注学习者成绩而不是教师的整个教学目标。学习成果体现出来的学习经验必须能够评价,通常用学习成果的知识和技能,对一个课程模块和单元进行评价;学习成果必须有合适的评价标准,用来判断具体的学习成果是否已经达到标准要求;学习成果和相关的评价标准一起规定了授予学分的最低要求;学分数建立在高于或低于最低授予学分要求的基础上。各种能力的陈述用来描述等值的学习成果。

其次,一个资格的指标包括预期学习成果的陈述、评价成绩和学生获得资格展示的能力。资格描述词(A Qualification Descriptor)总结了全部学习成果,列出了授予个别资格所期望的一般结果和属性。资格描述词描述了授予资格

---

① Credits and Qualifications Framework for Wales Project. Northern Ireland Credit Accumulation and Transfer System, Northern Universities Consortium for Credit Accumulation and Transfer, Southern England Consortium for Credit Accumulation and Transfer[R]. Credit Guidelines for HE Qualifications in England, Wales and Northern Ireland, November 2001, 6.

② Credits and Qualifications Framework for Wales Project. Northern Ireland Credit Accumulation and Transfer System, Northern Universities Consortium for Credit Accumulation and Transfer, Southern England Consortium for Credit Accumulation and Transfer[R]. Credit Guidelines for HE Qualifications in England, Wales and Northern Ireland, November 2001, 6.

预期的学习成果和属性。这些成果来自指定的、一致的项目学习经验。获得资格的毕业生形成了更高层次分析技能和能力，因此有别于培训或仅获得更高层次的技能。

资格框架的资格描述词分为两部分：一部分是陈述经过评价的学生能够获得资格需要展示的成果和成绩，与高等教育提供者在设计、批准、评价学术项目密切相关。他们需要对任何项目、课程和所有学生的学习成绩和展示预期学习成果进行评价。第二部分陈述期望学生广泛发展的能力，帮助高等教育提供者与雇主、其他对在高教育资格获得者的一般能力感兴趣的人进行讨论。每一个学习级别描述词是典型的学习级别成果，在6、7、8层次上的资格就是学士学位、硕士学位和博士学位①。英国质量保障局将持续对任何描述词评估或修改。

资格描述词是一个预期学习成果的一般陈述。很多项目的目标是开发一般和特殊技能，资格描述词不能明确地对特定的学科或专业需要开发很多技能进行陈述，因此资格描述更适合学科基准陈述和单个项目特殊规范描述。某一具体学科预期学习成果的详细描述词将会在学科基准陈述中显示出来。这些描述已经在荣誉学士学位的入门标准以及其他层次的学科教学条款中显示出来。一个资格的标准陈述可以在学位资格的参照点中显示出来。其他单个项目的预期成果都已经在大学或学院的项目规格（Programme Specifications）中明确提出。

（三）资格级别及其资格证书授予

为显示学习所达到的深度和复杂程度，框架引入了学分等级概念，即用9个等级（Level 0—Level 8）表示学习层次的差异，其中第3到第8等级是高等教育阶段相对应。在学分值和等级确定之后，详细规定了各种学位、职业资格证书所需要的学分标准，即学分兑换标准。

入门级别（Entry Level）。在一个狭窄的领域回忆和展示基本理解能力，在高度结构化的背景中练习基本技能，在密切指导下执行活动。授予入门级证书、入门级技能。

---

① The Report of the FHEQ Advisory Group. The Framework for Higher Education Qualifications in England, Wales and Northern Ireland[R]. The Quality Assurance Agency for Higher Education, 2008(8): 14.

第一级(Level 1)。在有限的可预测的结构化的背景中,在狭窄范围内应用知识、技能和基本能力,包括在直接指导下与其他人一起工作,在可能的预测活动中有非常有限的自由裁量权和判断。这一级别授予普通中等教育成绩 D-G 证书、1 级国家职业资格证书、1 级关键技能、生活技能、基础文凭。

第二级(Level 2)。在多个领域用基本理解应用知识,在多个背景下应用一系列技能,这些技能可能不是一般技能。在时间限制的情况下,有一定的独立自主承担指导活动的能力。这一级别授予普通中等教育成绩证书 A-C、2 级国家职业资格证书、2 级国家职业资格、2 级关键技能。

第三级(Level 3)。在复杂的活动中应用知识和技能,展示理解相关理论;独立接近和分析信息,在熟悉和不熟悉的背景中做出合理判断,从相当多程序中做出选择,指导自己的活动,并对别人的产出负责。这一级别授予中学高级层次证书、3 级国家职业资格证书、3 级关键技能、高级文凭。

第四级(Level 4)。开发严格方法,获得广泛基础知识,应用一定范围的特殊技能;评价信息,利用信息规划和开发调查战略,决定一系列不可预测问题的解决办法;在各种不同背景中进行一系列操作,对产出质量和本质负责。这一级别授予高等教育证书、4 级国家职业资格证书、4 级关键技能。

第五级(Level 5)。在抽象层面上通过分析概念,产生新想法,拥有要求的特殊技能,对很好界定的抽象问题做出反应;分析和评价信息;在广泛功能中做出重要判断;承担决定和获得个人和小组成果的责任。这一级别授予中级(高等教育和继续教育文凭,基础学位和高级国家文凭)

第六级(Level 6)。利用特殊跨学习领域技能,批判性评价、巩固和拓展系统和连贯的知识体系;从一些资源中批判性的评价新概念和证据;在一系列环境中转移和应用诊断性和创新性技能做出重要判断;对个人和小组成果的决定和成绩承担责任。授予学士学位。

第七级(Level 7)。展示掌握复杂和专业领域的知识和技能,应用高级技能执行研究或高级技术的和专业的活动中,进行研究,包括使用监督在内的相关决定决策,并承担责任。授予硕士学位。

第八级(Level 8)。对一个专业领域做出重大、原创性贡献,展示对方法论问题掌控能力以及与同行进行批判性对话的能力;承担和接受对结果的全面责任。授予博士学位①。

(四) 英国高等教育资格学分数

在英国,每年学分是120个学分,学分数与项目长短有关,最低要达到80个学分,教育研究生文凭通常需要60个学分,每一个项目具体要求通常由学院的项目要求中体现出来。学院根据学分层次设计项目,以便帮助分配模块和进行接下来的资格描述。在某个层次的资格和学分层次也可以帮助项目设计者开发项目相关的学习成果。学分层次能够确认学习者不同学习项目阶段,学习进步的路径。一般来讲,学士学位项目和荣誉学士学位通常需要3年时间,完成360个学分②。

尽管学分被英格兰、威尔士、北爱尔兰很多高校使用,但英国高等教育资格框架主要是建立在资格名称的代表性成果基础上,而不是一个学分框架和学分使用基础上。资格成果应该用一种整体方式来理解,然而在同一层次,不同资格会有不同的学习量,导致不同的学习成果。如学位授予仅仅在当相关的资格描述词的期望得以实现或超过这一期望才能授予。获得学位预期学习成果最少1年。文凭通常表明比学位学习的工作量低一些,但是比证书学习量要高一些。高等教育机构提供广泛文凭和证书。如果在学习等级7,那么这些证书或文凭称为研究生文凭或研究生证书;如果在学习等级6上会被命名为毕业生文凭或证书,其他的证书和文凭通常在学习层次4、5两个等级上③。

---

① Credits and Qualifications Framework for Wales Project. Northern Ireland Credit Accumulation and Transfer System, Northern Universities Consortium for Credit Accumulation and Transfer, Southern England Consortium for Credit Accumulation and Transfer[R]. Credit Guidelines for HE Qualifications in England, Wales and Northern Ireland, 2001(November):7.

② Credit Issues Development Group. Higher Education Credit Framework for England:Guidance on Academic Credit Arrangements in Higher Education in England[R]. The Quality Assurance Agency for Higher Education, 2008(8):12.

③ The Report of the FHEQ Advisory Group. The Framework for Higher Education Qualifications in England, Wales and Northern Ireland[R]. The Quality Assurance Agency for Higher Education, 2008(8):27.

表 3-2 英格兰主要高等教育资格项目学分数①

高等教育资格	高等教育资格层次	最低学分	每一个资格层次最低学分	欧洲学分
哲学博士	8	没有典型的学分要求		没有典型的学分要求
专业博士		540	360	
研究型硕士(Research Master's Degrees)	7	没有典型的学分要求		最低 60 个欧洲学分,通常为 90—120 个学分
教学硕士(Taught Master's Degrees)		180	150	
综合硕士(Integrated Master's Degrees)		480	120	
荣誉学士学位(Bachelor's Degrees with Honours)	6	360	90	180—240 个欧洲学分
学士学位 Bachelor's degrees		300	60	
基础学位(Foundation Degrees)	5	240	90	120 个欧洲学分
高等教育文凭(Diplomas of Higher Education)		240	90	
高级国家文凭(Higher National Diplomas)		240	90	
高级国家文凭(Higher National Certificates)	4	150	120	
高等教育文凭(Certificates of Higher Education)		120	90	

(五)英国学分指导框架特点

一是这一指导框架是广泛统领性的和建议性的,允许学院根据各自需求和情况使用,包括大学可以自主设计他们的高等教育资格学分,以及与一定资格相连的最低限度学分数。指导框架想表明,主要的高等教育资格需要多少学分的学习工作量。

二是大学和学院在使用学分设计他们项目需要完成多少学习工作量方面

---

① Credit Issues Development Group. Higher Education Credit Framework for England:Guidance on Academic Credit Arrangements in Higher Education in England[R]. The Quality Assurance Agency for Higher Education,2008(8):14.

需要考虑项目设计的灵活性,大学和学院自己决定每一个高等教育层次的模块规模范围。

三是框架建立在预期学习成果的概念前提下,高校自主评价单个模块、整个项目的学习成果。

四是每一个模块或单元学分是建立在学生期望完成学习成果花费的时间基础上。在英格兰,大学协议中一个学分代表 10 个小时概念学习时间,不仅包括正式接触小时数,还包括学习准备时间、独立阅读和研究时间以及完成正式评价任务和复习时间。学分相关的主要资格建立在这一假设基础上。学分级别通常与高等教育机构的学习级别相对应,从第四级到第八级被认为是高等教育,高等教育提供者使用学分级别描述(Credit Level Descriptors)帮助决定某一个级别的项目每一个单个模块或单元学分。通常情况下,项目往往导致高等教育资格。从一个级别到另一个级别通常需要几年时间;学分级别描述引导确认每一个级别和不同级别之间学习复杂性、智力挑战和学习深度以及学习者的自治能力,反映的是对知识复杂性和深度的理解,与学术的、职业的或专业的实践相关程度,要求的综合型、独立性和创造性程度,应用实践的范围和复杂性程度,与其他人执行任务时候的角色[The Role(s) Taken in Relation to Other Learners/Workers in Carrying Out Tasks]等相关。这些是特定等级的高等教育学习的一般描述,并不是某个单元或模块的具体要求。总之,这一标准由四部分组成:总学分值、学分级别范围、在最高学分级别上的最少学分值以及在最低级别上最多学分值。

(六) 英国国家资格框架目的

英格兰、威尔士和北爱尔兰高等教育资格框架的目的是为高等教育提供者和他们的外部评价者提供一个重要的学术评价标准和学术环境参照点;帮助学习者在终身教育背景下确认进步路径;通过高等教育不同部门使用一致的资格名称使高等教育提供者能够与雇主、学校、父母、未来学生(Prospective Students)、专业人员、立法和规范机构建立与资格相关的共同期望和认知;以及使用学分级别描述词决定某个特定级别的学习成果及其相关要求、复杂性、学习深度和学习自主权的等资格相关的补充机制①。

（七）英国模块课程建设

英国为促进学生学分和资格转移，在资格框架内建立了标准模块课程。英国大部分高校已经放弃了3—4年单一学科学位课程而采取模块化框架（Modular Frameworks），模块化框架是高等教育的课程使用一定数量的独立常规单元（Free-standing Units）评价学习成果。现在资格框架中已经有38000多个单元模块，是构成英国资格框架的核心要素。

模块（Module）是一种独立、正式结构的学习经验，具有明显的连贯性和一套学习成果评价标准②。一个模块是指学习者经验的课程，除了题目之外，还包括学习成果、级别、学分值、评价标准。模块还包括正式大纲、学习模式、评价战略和评价模式。模块学分值由设计模块的机构负责赋值。框架强调模块化，以便提高注册人数和促进学分转移，鼓励学习者广泛学习和方便进行学习选择。综合模块分数（Aggregating Module Score）是合并一系列课程模块分数或根据学分数进行学位分类，并入到一个最终的独特学位类别。这样能够在不降低标准情况下达到课程连贯性。模块课程用广度荣誉代替了深度荣誉（"Honours in Depth" by "Honours in Breadth"）③，具有多样性特点，能充分调动学习者学习兴趣，有利于成人继续教育和终身教育体制的形成。

当然模块化课程也有不足。模块化课程不受限制的自由选择将对课程连续性和学习成果的一致性产生不良影响。在英国所有课程都是模块课程，人们有理由怀疑是否模块课程目标、课程结构、课程内容足够清晰，是否所有模块课程开发都经过必要的、系统的认真审查。因此，模块化课程在积累学位学分的时候，很可能会产生不连续和不相干的课程学分。需要认真思考学位项目和资格获取方面需要什么样的模块课程，用什么检验、怎样检验以及模块学

---

① The Quality Assurance Agency for Higher Education. The Framework for Higher Education Qualifications in England, Wales and Northern Ireland[R]. 2008 (August): 8.

② Credit Guidelines for HE Qualifications in England, Wales and Northern Ireland. Credits and Qualifications Framework for Wales Project, Northern Ireland Credit Accumulation and Transfer System, Northern Universities Consortium for Credit Accumulation and Transfer, Southern England Consortium for Credit Accumulation and Transfer [R]. 2001:10.

③ Hugh Morrison. The Impact of Modular Aggregation on the Reliability of Final Degrees and The Transparency of European Credit Transfer [J]. *Assessment and Evaluation in Higher Education*, 1997, 22(4):405-417.

分与系统评价模块相关性等。

四、英国资格框架与欧洲资格框架比较

欧洲高等教育资格框架使用三个周期(Cycle)描述学习层次,第一周期包括短周期资格、第二周期和第三周期,涵盖了所有的欧洲高等教育资格。在广泛意义上说,第一周期对应学士学位获得者,第二周期和第三周期是研究生层次,分别代表硕士学位和博士学位。欧洲高等教育资格框架每一个学习周期都有通用资格描述词(Generic Qualification Descriptors),被称为都柏林描述词(The Dublin Descriptors)。

表3-3 英国高等教育资格框架与欧洲高等教育资格框架比较

学习层次典型的高等教育资格	英格兰、威尔士、北爱尔兰高等教育资格框架	欧洲资格框架
博士学位(哲学博士学位、专业博士、教育博士、临床心理学博士)	8	第三周期资格
硕士学位(哲学硕士、艺术硕士、科学硕士等)	7	第二周期资格
综合硕士(英文硕士、化学硕士、物理学硕士、药学硕士等)		
研究生文凭(Postgraduate Diplomas)		
教育研究生证书(Postgraduate Certificate in Education)		
研究生证书(Postgraduate Certificates)		
荣誉学士学位(艺术荣誉学士学位、科学荣誉学士学位)(Bachelor's Degrees with Honours)	6	第一周期资格
学士学位(Bachelor's Degrees)		
教育专业研究生证书(Professional Graduate Certificate in Education)		
研究生文凭(Graduate Diplomas)		
研究生证书(Graduate Certificates)		
基础学位(Foundation Degrees)	5	短周期资格包括或与第一周期相关资格
高等教育文凭(Diplomas of Higher Education)		
高等国家文凭(Higher National Diplomas)		

续表

学习层次典型的高等教育资格	英格兰、威尔士、北爱尔兰高等教育资格框架	欧洲资格框架
高等国家证书（Higher National Certificates）	4	
高等教育证书（Certificates of Higher Education）		

从表中可以看出，英国高等教育资格框架与欧洲高等教育资格框架具有较为广泛的一致性、互通性，保证了即使英国脱欧之后，也能促进英国高等教育资格与欧洲高等教育资格框架之间的学分互认和转换以及资格的累积和转换，从而更大程度地推动欧洲人员的自由流动。

第四章
欧洲学分互认和转换系统学习成果

学习成果(Learning Outcomes)术语与历史上的课程开发领域——教学和学习目标密切相关。实际上它们互相使用以至于很难分开。学习成果在描述和资格认证方面,是连接欧洲学分互认和转换系统与欧洲职业教育和培训学分系统的最有力的工具,几乎所有的学习成果项目,其目标就是促进二者的联系和融合。学习成果的方法能够达到学习者流动、认可先前学习、在不同国家比较类似的资格,特别是当这些同样的成果可以用来评价教学和学习,以及质量保障方面目的的时候更是如此。

一、学习成果概念

在欧洲学分互认和转换系统主要有三种不同的学习成果概念。

首先,学习成果是描述学习者在成功完成学习过程后,需要期望知道什么、理解什么和能够做什么(What A Learner is Expected to Know, Understand and Be Able to Do)。如安道尔、阿塞拜疆、比利时法语区、波斯尼亚和黑塞哥维那、塞浦路斯、芬兰、马耳他、土耳其和英国这些国家使用这个定义[①]。

其次,来自欧洲资格框架的知识(Knowledge)、技能(Skills)和能力(Competences),如丹麦、拉脱维亚、黑山、挪威和斯洛文尼亚,还有一些国家对学习

[①] Androulla Vassiliou. The European Higher Education Area in 2012: Bologna Process Implementation Report, the Education[R]. Audiovisual and Culture Executive Agency,2012:50.

成果还没有一个统一可以接受的定义,如德国、列支敦士登、荷兰、瑞士①。

三是一种综合两种典型定义的新定义,即学习成果就是清晰地表达知识、技能和其他能力,如捷克共和国;知识、技能和态度(Attitudes),如爱沙尼亚和塞尔维亚(Estonia and Serbia);学习成果是知识、技能和相应的自治和责任感(Corresponding Autonomy and Responsibility),如克罗地亚;学生期望获得的技能,如瑞典;苏格兰是知识、技能和能力倾向(Aptitudes);技能和能力,如罗马教廷(The Holy See)②。

因此,学习成果和能力(competences)在不同框架中有不同意义,所有这些学习都是建立在学习者中心理念基础上。学习成果是一个等级结构,对应相应的资格等级学习领域,为每一个资格等级提供详细的学习成果信息,成为评价各自项目是否成功的工具。学科内容学习成果由专家和教师制定。因此,学习成果隶属于学者(The Academician)。

相反,能力隶属于学生而不是学者,是掌握一定的知识技能后称为能力(Competency)。能力是学生能够展示的界定的知识和技能组合,证明学生获得了这种知识和技能组合(The knowledge/Skill Set),是关于怎样证明的问题。相反,学习成果描述是证明什么的(The 'What' Proof)问题。学习成果是在一定时间段的教学之后学生应该获得的知识和技能,必须包括学习者可以获得的、可以观察的、具体的、书面的清晰的可以测量的术语。简而言之,学习成果的目标是作为教育者我们想要学生知道什么,能力是作为教育者我们如何能够验证他们知道了什么③。

2015年,塞浦路斯要求在一定时间内所有高等教育都需要接受学习成果的方法,学习成果也作为国家资格框架一部分进行立法。学习成果作为明显的授予一定的资格的国家有克罗地亚、法国、匈牙利、冰岛、马耳他、黑山、列支敦士登。

高等教育项目认证规则或质量保障标准和指导纲要求学习成果作为项

---

① Androulla Vassiliou. The European Higher Education Area in 2012:Bologna Process Implementation Report,the Education[R]. Audiovisual and Culture Executive Agency,2012:50.

② Androulla Vassiliou. The European Higher Education Area in 2012:Bologna Process Implementation Report,the Education[R]. Audiovisual and Culture Executive Agency,2012:50.

③ Blaine T. Garfolo,Barbara L'Huillier. Competency Based Education (CBE):Baby Steps for the United States[J]. *Academy of Business Research Journal*,2016(1):97-113.

目描述的国家有葡萄牙、英国苏格兰。

在哈萨克斯坦、俄罗斯、乌克兰国家高等教育资格标准提供了一个界定学习成果作为项目或项目成分的标准。阿尔巴尼亚是唯一一个没有任何指导的国家。

从高校系统角度来看,国家颁布政策,指导高校在课程开发和学生评价中使用学习成果,有全国性的政策国家有25个高等教育系统,21个高等教育系统鼓励学习成果作为指导纲要或建议。斯洛文尼亚是根本没有全国性的学习成果政策,克罗地亚和捷克共和国报告他们正在准备全国性的政策。

二、学习成果功能

学习成果有三个功能:质量保障、教学和学习、学分转移。

(一) 质量保障功能

在质量保障方面,有142个国家和地区的高等教育系统展示他们的质量框架建立在学习成果的基础上[①],学习成果的质量保障方面包括评价方法、资格标准和资格框架。国家资格框架一个目的是降低教育和培训之间的障碍,促进教育和培训入学,以及学习成果转移和积累。国家资格框架应建立全国标准和学习成果(能力)指南,建立各种资格之间互相关系以及追求一个具有渗透性的资格系统,促进广泛学习和学习转移和进步;支持对非正式和非正规的、高质量的教育、培训和学习的验证。国家资格框架共同目的是使个人能够在学习成果和学习能力的基础上,而不是在特定学习项目和学习时间基础上,推动学习职业进步。欧洲资格框架和国家资格框架都是用学习成果的方法作为标准。这就意味着不论是内容还是资格层次,都反映了资格持有者需要知道什么、理解什么和能够做什么。在欧洲,有32个高等教育系统立法规定以学习成果作为欧洲学分的主要评价方法,现在有41个国家的所有高等教育系统使用学习成果作为项目完成标准[②]。

[①] Dietmar K. Kennepohl. Incorporating Learning Outcomes in Transfer Credit: The Way Forward for Campus Alberta[J]. *Canadian Journal of Higher Education*, 2016, 46(2): 148-164.

[②] Cathal Ryan, Michael Bergin, Sylvia Titze, Wolfgang Ruf, Stefan Kunz, John S. G. Wells. ECVET and ECTS Credit Equivalency in Higher Education—A Bridge too Far[J]. *European Journal of Education*, 2018, 53: 600-610.

（二）学习进步功能

学习成果能够进一步地支持劳动力市场需要的技能与教育培训提供者之间更好地匹配，促进不同背景中的有效学习。通过关注学习者知道什么、能够做什么和能理解什么，学习成果向更广泛的、不同的学习路径和经验的学习者打开了资格的大门。学习成果是学生中心的，关注的是学生的输出（Outputs），但学者们已经在知识工作方面有很好经验，也很满意输入方式（学分），因此不可能放弃输入方式衡量学生学习成果[1]。即使在欧洲博洛尼亚基础的模块学分转移，也没有完全放弃输入的方式。

（三）成果转移功能

学习成果的互认和转换功能主要分为三个阶段[2]：

第一步是确定学习成果的单位（Units of Learning Outcomes），是建立在整体资格基础上，可以评价和验证的连贯性知识、技能和能力的集合[3]。一个学习成果单位可以具体化为单一资格或不同资格的共同部分。对于全部资格来说，需要提供一个可以用数量符号衡量的学习成果单位或学习成果的相对价值。大学可以开发出清晰的课程、项目和大学三个层次的学习成果陈述，然后经过合作高校的教授委员会共同签署学习成果转移协议。可以说，学习成果的转学功能是一种教师领导的学分互认和转换协议。

第二步是建立地方学习成果合作（Incorporating Learning Outcomes Locally）。

第三步是把学习成果转换成学分（Employing Learning Outcomes in Transfer Credit），强调学习成果和证据能作为学分转移成分，满足合作高校学分要求。他们可以被积累到一个资格或者转学到另外一个学习项目或资格，因而免除一部分项目学习或授予对等学分，实现学习成果、学习项目、职业资格的互认和转换。

---

[1] Dietmar K. Kennepohl. Incorporating Learning Outcomes in Transfer Credit: The Way Forward for Campus Alberta[J]. *Canadian Journal of Higher Education*, 2016, 46(2): 148-164.

[2] Dietmar K. Kennepohl. Incorporating Learning Outcomes in Transfer Credit: The Way Forward for Campus Alberta[J]. *Canadian Journal of Higher Education*, 2016, 46(2): 148-164.

[3] Dietmar K. Kennepohl. Incorporating Learning Outcomes in Transfer Credit: The Way Forward for Campus Alberta[J]. *Canadian Journal of Higher Education*, 2016, 46(2): 148-164.

三、学习成果类型

欧洲各国有不同的教育传统,学习成果的模式也各不相同,主要有英国的能力模式、德国的过程模式以及瑞典的综合模式。

(一)学习成果国别类型

首先,英国有通过外部考试,管理本国教育评价传统称为产品控制(Product Control),关注对学习成果的治理,同时让教育系统的其他方面不受影响。

其次,德国传统被称为过程控制(Process Control),通过详细的课程、规范的教师教育对教育进行规范,让教育成果完全由教师控制。

三是瑞典被认为是两种模式的混合模式,与英国的产品控制相比,瑞典的高风险测试主要依赖教师分配分数,如毕业考试或选拔考试;瑞典的特殊之处就是成果为基础的问责主要由教师分配分数①。

(二)学习成果理论类型

学习成果有四个维度:一是内部关注,注重个体素质,还是外部关注,注重个体工作场所功能;二是关注学习成果的过程取向,还是结果取向;三是学习成果的开放性还是封闭性;四是评价侧重有限评价,还是全部评价。据此可以分成四个不同的学习成果理论模式。

一是学习成果的内部关注、过程取向、开放结果和有限评价模式。这一模式强调学习者个人素质的提升,强调学习的过程和能力,对其学习成果的评价强调开放性的有限评价,更加关注继续教育、成人教育、工作场所的学习成果积累一定的资格评价。

二是内部关注、结果取向、全部结果评价的模式。该模式尽管也关注学习者个人素质的提高,但是这一学习成果并不关注学习的过程,更加关注学习成果的应用能力和工作场景中的功能能力以及职业操守或课程结果的成绩,关注对所有学习成果的终结性评价。这一模式更加关注正式的普通教育、职业高等教育的学习成果。

三是外部关注、过程取向、开放结果评价模式。该模式更加关注学习者知

---

① Christian Lundahl,etc.. The Power of Teacher-assigned Grades in Outcome-based Education [J]. *Nordic Journal Of Studies In Educational Policy*,2017,3(1):56-66.

识掌握、技能操作、能力表现以及职业操守方面的外显能力,但是更强调这种外显能力的学习成果的获取过程,对学习成果的评价采取开放性有限评价。

四是外部关注、结果取向、全部结果评价模式。这一模式更加关注外显的知识、能力、技能的掌握,而且倾向于在全部学习结束之后进行的学习成果评价,一般而言,这种模式关注资格证书、学位证书以及荣誉学位等资格的授予。

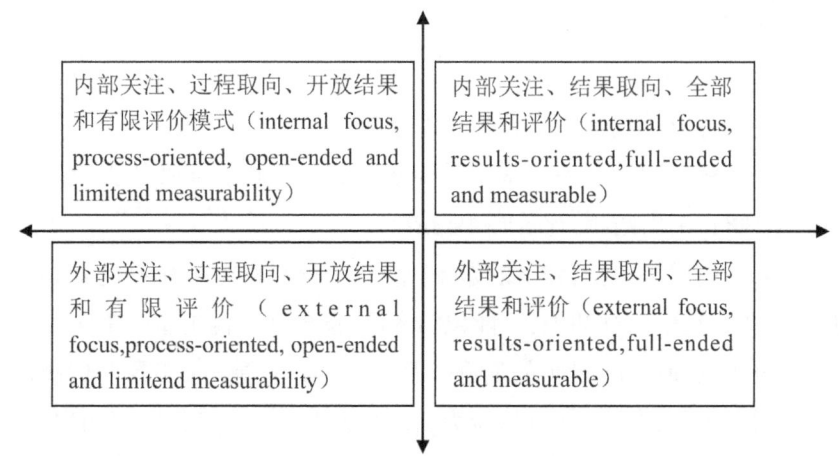

图 4-1 学习成果的概念模式①

四、学习成果内容和结构

（一）学习成果内容

学习成果应该包括以下内容②:

（1）学习成果应充分反映项目内容、项目级别、项目范围和内容;学习成果描述词要能够根据国家资格的不同等级、所学项目的内容和范围对所学课程、项目进行描述。

（2）陈述学习成果应该简洁,不需要细节。

（3）学习成果应该具有一致性。

（4）学习成果应该在项目结束的时候很容易的理解和检验学生实际上获

---

① Anton Havnes, Tine Sophie Prøitz. Why Use Learning Outcomes in Higher Education? Exploring The Grounds for Academic Resistance and Reclaiming The Value of Unexpected Learning[J]. *Educational Assessment, Evaluation and Accountability*, 2016 (28):205-223.

② The European Credit Transfer and Accumulation System Users Guide[EB/OL]. https://www.mruni.eu/en/ects/ects_european_credit_transfer_system/,2020-1-20,23.

得知识和技能。

（5）学习成果一定有具体的工作量。

（6）学习成果必须与合适的学习活动、评价方法和评价标准结合起来。

（7）学习成果没有具体的工作量限制，但是用学分来表示的话，一般在课程层面上学习成果授予 2—4 个学分比较合适，在项目层次上在 10—12 个学分比较合适。

（二）学习成果结构

广泛的学习成果包括三个必要的成分①：

（1）使用积极的动词表达学生需要知道的内容和能够做什么（如毕业生能够描述、执行、引出结论、评价和规划等）。

（2）具体的成果包括目标或技能。根据欧洲资格框架所有的知识，要么是理论的，要么是事实性知识，可能包括术语、概念和其他类型的事实性知识。

技能分为认知技能（逻辑的创造性思维）、实践技能（手工灵巧的技能，使用以前知道的工具、方法、材料的能力）。技能是指促进充分使用知识的一切东西，包括事实性知识和理论性知识，而不考虑使用是否涉及信息过程、决策、身体反应速度和质量，或与其他社会群体相关的行为和关系或者这一系列技能的综合。很明显，技能还包括社会成分包括建立和发展人际关系。

能力意味着证明在工作或学习环境中与职业和个人发展中具有使用个人的、社会的或方法论的知识、技能。在欧洲资格框架中，能力描述为责任和自治。实际上广泛接受的能力概念是德克兰·肯尼迪（Declan Kennedy）和玛丽昂·麦卡锡（Marion McCarthy）两位教授认为的陈述一个学习者在完成学习过程之后需要知道、理解和能够展示的成果②。在资格框架中的知识、技能和能力分类作为一个实用的协议，解决不同种类的能力概念。能力概念是核心，但是并不能用作包罗万象的术语（Overarching）描述所有形式和类型的学习。其次，能力的概念是一个文化和历史结合的概念，用欧洲资格框架解决各种形式的学习，用学习成果代替能力的概念，仍存在一定的困难，因为存在一些不能

---

① The European Credit Transfer and Accumulation System Users Guide[EB/OL]. https://www.mruni.eu/en/ects/ects_european_credit_transfer_system/,2020-1-20,23.

② Howard Davies. Competence-Based Curricula in The Context of Bologna and EU Higher Education Policy[J]. *Pharmacy*, 2017, 5(17):2-12.

涵盖在能力范围内的学习过程。

2005年,欧洲资格框架委员会工作文件中提到了四种类型的能力,包括认知的、功能的、个人的和道德的。至少欧洲资格框架明确确认了关注在伦理道德的领域培训。委员会认为,认知能力(Cognitive Competence)是指使用理论和概念以及经验中形成的默会知识;功能能力(Functional Competence)是指技能或操作技能(Skills or Know-how),当要履行一个给定的工作区域、学习区域和社会活动区域功能的时候,一个人能够完成这些任务。个人能力是指指导在一定的环境下管理自己的能力;伦理道德能力是指拥有一定的个人和专业价值委员会。

2005年7月,欧盟委员会的工作文件中还承认伦理道德能力在雇员和专业人员学习能力的重要性。在2006年的建议中,能力中仅提到专业诚信(Professional Integrity),这一时期欧洲资格框架仅提到学习成果作为开放性的问题。一个完整的专业教育应该包括伦理道德能力如责任、诚信、诚实、勤奋、忠诚、秩序、服务的愿望以及其他①。

现在,欧洲资格框架的指导纲领中不断消失的伦理道德内容,更多地强调技术培训,导致与其他维度不平衡,硬变量(Hard Variables)——知识和技能以及远远超过了软变量(Soft Variables)——能力的表述。

五、学习成果维度

(一)学习成果级别维度

在欧洲资格框架中,学习成果有两个维度一个从级别维度(The Levels)和另一个从学习领域维度(The Learning Domains)表达学习成果②。级别维度反映了学习成果复杂性如何随着资格层次不断提高而更加复杂。在第二级资格的学术自治要比第七级的资格持有者少得多。学习领域维度在知识、技能、自治和责任之间进行区分(Autonomy and Responsibility),允许不同类型的资格在同一层次分类。如在类似的学习成果层次上可以有学术的、职业的或专业

---

① Manuel Guille'n, etc.. The Great Forgotten Issue: Vindicating Ethics in the European Qualifications-Framework (EQF)[J]. *Journal of Business Ethics*, 2007,74:409-423.

② Marianne Thyssen. *The European Qualifications Framework: Supporting Learning, Work and Cross-border Mobility 10th Anniversary* [M]. Luxembourg: Publications Office of the European Union, 2018:10.

的价值取向区分。

除此之外,学习成果还可以做成可比较的能力档案,更容易地实现国际理解。能力档案使用各种方法帮助个人把他们的技能和能力转变为可见的东西。档案包括各种文件包括报告、证书、工作案例等。这种方法是非标准和高度个人化的,因此,建立一个可以比较的能力档案标准非常困难。

(二)学习成果其他维度

欧洲学分互认和转换系统要求学习者必须对学习过程和学习成果进行详细明确的陈述,确定是否符合学分获得或转换的评价标准,以确定学习者是否获得了对知识的理解、应用能力。

学分获得有两种:一种是获得学分最低要求,即学习者能够达到基本条件;另一个则是欧洲学分为学习者提供了可供参考的条件,即能够显示学习者预期学习成果的应具有的层次。这两种方式都要求对学习者的学习成果进行清晰地陈述①。

六、先前学习成果验证

(一)先前学习成果缺乏标准

学习成果中有一个先前学习评价和认可(Prior Learning Assessment and Recognition)即先前学习认可(Recognition of Prior Learning)部分。在这里非正式的和非正规的学习经验将通过评价,转化为可以转学的学分。这种转学的学分类似正规的学习,可以按照课程到课程、项目到项目或更大的整体,进行评价。无论是哪一种情况,都必须使用学习成果,因为在这种情况下,一般的使用的输入学习工具,如文本、课程大纲、学习合同时间,都是不能正常使用的。非正规和非正式学习成果系统就是在正规的学校和培训机构之外获得可以看得见的学习成果如工作、自愿活动、闲暇时间。很多国家坚持这些学习成果应该像正规的学习成果一样获得同样价值,如授予资格。先前学习验证步骤可以使这些非正规学习获得相关资格或学位的学分。

先前学习成果评价缺乏通常意义上输入评价标准,使得先前学习认可成

---

① 叶正茂.终身教育学分银行:继续教育学习成果的认证及转换[M].绵阳:电子科技大学出版社,2016:56.

为一种被认为是降低高等教育质量的工具。先前学习经验认可不关注在哪里学习和怎样学习的,而是关注学习的成果。在实践中学生不仅要清晰地陈述学习成果,而且还要提供证据,证明学生满足了学分转移的要求;还需要不断地对不同学习形式持开放态度,严格证明学习成果确实发生了。先前学习认可的最大优势就是基于学习获得的学分而不仅仅是经验。

(二)先前学习成果评价原则

成功的非正式和非正规学习成果的评价需要双重战略。首先,评价非正式或非正规学习成果的方法和质量必须得到保证。这种非正式或非正规学习的非标准性使能力的测量更加复杂,必须开发一种保证信度和效度的工具和方法。

其次,评价安排和国家资格系统之间关系需要清晰,特别是标准和规范。因此,评价必须是自愿的;保护个人隐私;必须保证平等进入和公平对待;利益相关者应该参与评价系统的建立;评价系统应该包括个人指导和咨询机制;评价系统应该有质量保障得到支撑、评价的过程、程序、标准必须公正、透明和得到质量保障的支持;评价系统应该尊重利益相关者的法律利益,寻求平等参与;评价必须是不歧视的和避免利益冲突;执行评价人员的专业能力必须得到保证[1]。

在实践上看,欧洲国家并没有完全建立正式和非正式学习成果的共享标准。在欧洲,有些国家以法律或规章制度的方式要求大学使用学习成果的方法,有的要求或鼓励使用学习成果的指导纲要和建议,有的国家既没有鼓励也没有指导。

七、学习成果存在的问题

欧洲资格框架有意地与任何具体的课程或教学实践分开,从这一点上看,学习成果为基础的框架相当优秀,但也隐藏一部分问题。有学者认为学习成果运动(The Learning Outcomes Movement)与不断增加的教育问责密切相关,受泰勒的科学管理主义原则(Taylor's Scientific Managerialist Principles)影响,

---

[1] Jens Bjornavold, Isabelle Le Mouillour. Learning Outcomes in Validation and Credit Systems[J]. *European Journal of Vocational Training*, 2009,3(48):27-47.

强调课程和评价的表现、标准和质量的测量评价。与之相关的模式如理性主义、机械主义、福特主义、泰勒主义,并与保守的政治统治、技术专家的思维联系起来,当然还有斯金纳的行为主义心理学影响。学习成果互认和转换存在的主要问题如下。

(一) 缺乏一致性标准

学习成果在欧洲资格框架中履行两个功能:一是它提供了一种理论上的进步,其中第一级以上的每个级别的学习成就隐含地以第一级以及当前正在评估的那个级别以下的所有级别为前提。二是它提供了一种方法,建立在一个人是否满足任何给定资格等级的标准,而不考虑他们在其他任何资格等级的成就[1]。

首先,两者都意味着某个等级假设的成就,同时意味着这个级别以下的所有级别的成就评价与当前评价没有关系。结果其他级别的学习成果是没有价值的,最终被扔掉,从而影响评价结果的可信性。

其次,在术语(Nomenclature)方面缺乏一致性。有很多应用学习成果的术语如学习目标、学习输出、能力,用类似和不同的方法界定学生归因(Attributes),很难形成一个互相一致的意义、警告和清晰的工作定义。

最后,在学习成果的评价中出现不一致的界定——变色龙本质的教育成果模式(The Chameleon-like Nature of Outcomes-based Education),他们的变色龙本质表现在各种评价中[2]。唯一可以确定学习成果的语言就是持续不断地改变意义。欧盟委员会在博洛尼亚进程中阐述的能力,接受了行为主义的评价方法。如与他人一起工作的能力(Ability to Work with Others)被概述为促进自信、个人成长和发展、社会包容性和合作的方面。使用知识、技术和信息的能力,涉及一系列的教学培训类型的行为,要求教师在教育的过程中保持学术自由,自主做出指导和支持学习者的决策。在社会中工作(Working with and in Society)的能力,涉及欧盟公民中的全球责任发展,跨文化尊重和理解,意识到和尊重学习者文化的多样性,理解社会融合和包容性的原因,意识到知识社会

---

[1] Michaela Brockmann and Linda Clarke. Can Performance-related Learning Outcomes have Standards [J]. *Journal of European Industrial Training*, 2008, 32(2/3): 99-113.

[2] Jim Gleeson. The European Credit Transfer System and Curriculum Design: Product Before Process [J]. *Studies in Higher Education*, 2013, 38(6): 921-938.

的伦理维度等。这些没有一个清晰确定的一致性定义,而是在不断变化,让人难以捉摸。

(二) 成果预期不一致

假设学习成果是可以设计的,而不需要课程还是劳动力市场活动作为清晰的参照点,那么不可避免地设计成肤浅的或精深的,广泛的或狭窄的,以及不同能力在量上的不同,因为学习成果陈述的是还没有发生的学习,本身就是一种不民主的教育教学实践。

(三) 行为主义标准

学习成果成为整个教育系统关注的焦点,关注学生在完成学习经验之后必须能够做到或表现或展示的技能、能力和知识。因为这些知识、技能和能力根据行为主义理论强调的可以测量目标进行评价。行为主义的目标:学生应该或将能够做什么。行为主义的学习成果包括四个关键的组成:表明谁表现期望的行为(Inspector Used to Call 'Excruciating Specificity');特定终端行为的精确而经济的陈述(A Precise and Economical Statement of The Specific Terminal Behaviour);在什么条件下这种行为可以展示(The Conditions Under Which The Behavior is to Be Performed);用来评价产品或行为成功的标准(The Standard Which Will Be Used to Evaluate The Success of The Product or Performance)[①]。严格的行为主义将积极允许可以测量的、观察的动词使用,但教师们倾向于接受一个更加自由的态度对待这些行为表现。

这种以牺牲学习过程和整体教育,仅仅关注学生可以测量的行为表现是有问题的。要促进真正学习变革发生,资源必须投资到高等教育课程教学、持续地促进高等教育职员的专业发展和他们的评价实践。忽视背景和教育学解释,以及关注概念化的、执行化的和评价化的学习过程,开发学习成果基础的教育改革来塑造学习过程、提高教学和学习的质量做法都是存在问题的。历史上,没有任何一个课程理论受到如此大的争议。接受成果为基础的教育主要是基于欧洲学分转移系统,该系统被认为是官方的,但大学在执行的时候往往千差万别。另外一个不加批判的接受行为主义的学习成果也是为了适应欧

---

① Jim Gleeson. The European Credit Transfer System and Curriculum Design: Product Before Process [J]. *Studies in Higher Education*, 2013, 38(6): 921-938.

盟的发展战略即促进学生在欧洲内部的自由流动。尽管如此,欧洲学分互认和转换系统在大多数大学里仅是一个边缘性的活动,或者仅是大学国际教育办公室或少数学术机构的事情。

在英国,学习成果是在英国培训局、普通国家职业资格框架背景下,在职业领域和核心技能方面使用学习成果和能力术语。在这些背景下,关注学习了什么,和实际学到了什么而不是学习过程以及行为主义的目标。这一行为主义的目标扮演教学和培训的重要角色。人们有理由质疑,学习成果到底满足谁的要求,学生还是雇主?他们是建立在职业角色功能分析的基础上,还是建立在多维度的强调普通技能的基础上?

(四) 其他问题

首先,学习成果还不能解释后现代强调主观的、背景化的、多元的、不确定的知识本质或者重要认识论的洞察力。学习成果还不能确认以知识和理解为中心的课程学习。

其次,不能适应创造性的、非预期的、抽象的、元认知学习以及美学学科的学习成绩表达。一是非预期学习(Unexpected Learning):这是一个不可避免的学习成果,如在知识领域或实践领域学生显露出的理念、解决问题的方法。这种非预期的学习贡献应该得到赞赏和关注,但是在学习过程之前是不能完全用学习成果相关指标进行陈述的。二是抽象(Abstraction)的学习。某些知识很难具体化是因为他们具有很高的抽象水平。如独立性和创造性(Independence or Creativity)的抽象水平上学生可能展示期望的学习成果,同时拥有质疑学习主题相关性的想法。甚至,当学习成果能够清晰的陈述,但由于学习还没有开展,学生实际的学习是不确定的。三是专业知识,可能意味着显性知识变成隐性知识且超出了阐述的范围,即使是一位专家有时候也不能准确解释和描述一个学科或专业早期阶段的学习成果。四是竞争(Contestability),高等教育大部分学习成果是处理具有挑战性的主导性知识,强调生产这些知识的不确定性是高等教育的核心价值。关注学习成果的规定可能会与高等教育的认识论文化产生冲突,因为质疑已经存在的真理是高等教育文化的核心认识论价值。五是元水平学习(Meta-level Learning),学习成果和教学实践经常会或多或少地隐含在教学、学习、评价方面。当学生努力达到一个清晰的陈述学习成果目标的时候,学生可能学习到关于自己作为学习者怎样学习,进而形成一个学习背景的身份认同和发展理念。所有这些学习成果都不能描述,也不能指导学生的学习过程。当然如果学生能够清晰地陈述这些内隐的学习过程,就形成了一个潜在新的元水平学习的新课程。

（五）妨碍教师创造性和热情

强调学习成果还能够导致平庸(Mediocrity)[1]。因为一旦学生的学习需求仅仅是满足学习成果的要求,那么为什么他们还要追求卓越呢？而且即使完成得很好,也没有任何奖励。其次是导致自满(Complacency)。因为如果一个学生不能满足学习成果,那么他就可以重复和多次尝试。在陈述学习成果与列出课程内容清单并没有什么不同,实际上欧洲学分在评价学生学习进步和鼓励学生追求卓越上的效果是很值得怀疑的。

（六）市场政策动机

学习成果是一种市场心态在学习领域的表现。这种市场心态(Market Mentality)鼓励开发表现指标、国家资格框架和标准测试。在英国的学习成果为基础的教育很明显为政治领导人提供可以表现的指标告知公众,然而明显忽视了个人获得成果的能力、态度、动机的培养。在美国学习成果为基础的教育,第一个驱动力就是政治的命令,忽视学生所在班级、社区生活的现实。在南非,学习成果持续的渗透着意识形态霸权(An Ideological Hegemony)再生产和增加教育和社会的不平等。

---

[1] Jim Gleeson. The European Credit Transfer System and curriculum design: product before process[J]. *Studies in Higher Education*, 2013, 38(6): 921-938.

第五章
欧洲学分互认和转换系统运行机制

不同国家有不同的高等教育模式。目前欧洲高等教育至少有四种模式：一是双轨制模式(The Dual System)①，大学与其他类型的高等教育明显分开隔离被不同的对待，大学拥有学位授予权，其他类型的高校没有学位授权；大学更倾向于理论和研究，其他类型的高校倾向于职业技术和培训教育，并且后者没有前者受欢迎。二是二进制模式(The Binary System)，学院与大学相对，都有学位授予权。二进制系统被认为大学主要进行研究、理论创新或开设更高学位、项目，其他职业取向的高等教育机构主要进行应用研究或提供职业教育项目，二者之间没有地位上的区别，只有价值取向和功能上的区别。因此两个平行的高等教育机构系统提供不同的资格。一些系统追求传统大学的角色，另外一些低层次的高等教育中进行职业教育和应用学术教育。德国的高等教育系统是典型的二进制模式，包括大学系统②和应用科学技术大学(Fachhochschulen)系统，二者具有相同的地位，但功能和价值取向不同。后者是从1970—1971年引进的，提供3—4年的偏向实践的学术项目，通常采用一个学期学习理论和两个学期参加实践工作经验，除了学术资格之外，在高等教育之外还可以获得专业资格。这个系统接纳了传统上没有高中毕业资格的学生，是德国的大众化高等教育系统。三是统一系统(The Unified System)，所有的

---

① Snejana Slantcheva-Durst. Redefining Short-Cycle Higher Education Across Europe: The Challenges of Bologna[J]. *Community College Review*, 2010, 38(2): 111-132.

② Michael Osborne. Increasing or Widening Participation in Higher Education[J]. *A European Overview*, *European Journal of Education*, 2003, 38(1): 5-24.

高等教育机构属于共同的系统,没有任何区别对待;四是分层系统(The Stratified System),在高等教育系统内,不同类型大学和学院扮演特殊角色。

自从建立欧洲共同市场之后,欧盟委员会就开始考虑降低教育领域流动障碍,建立统一欧洲高等教育区域。他们推动欧洲学分互认和转换系统,该系统不提供标准化的国家教育系统,而是提供一个可以连接的工具[1]。这一想法允许多样性的国家系统和大学系统保持自己的文化、语言和使命,同时在欧洲高等教育区域背景下,运用一系列的工具,促进学位和学术资格的认可,流动和交换,增强不同高等教育系统之间的融合和交流。

欧洲早期学分互认和转换系统仅仅关注高等教育,最近的资格框架鼓励高等教育与职业教育综合。欧洲在同一个资格框架下建立了两个学分互认和转换系统:一个是普通高校的学分互认和转换的欧洲学分互认和转换系统,另一个是欧洲职业教育和培训学分累积和转移系统(Europe of A Credit System for Vocational Education and Training System)[2],两个系统的学分在某些区域是可以互认和转换的,但受制于传统思想的影响,职业教育和培训学分累积和转移系统的接受度还有待提高。本章我们主要讨论欧洲学分互认和转换系统。

一、欧洲学分互认和转换系统形成背景

(一)欧洲经济一体化背景

1952年,比利时、法国、意大利、卢森堡和荷兰签署欧洲煤炭和钢铁联盟(The European Coal and Steel Community),创建一个共同的煤炭和钢铁市场[3]。1957年,签署罗马条约(Treaty of Rome: The Treaty Establishing The European Economic Community):欧洲经济共同体,建立统一的市场、贸易和农业政策。1973年,欧洲经济共同体扩大到9名成员。1979年,第一次选举欧洲议会(the European Parliament)。1986年,单一欧洲法案:建立单一市场(Single European

---

[1] Joanna Maria Jezierska. Quality Assurance Policies in The European Higher Education Area: A Comparative Case Study[D]. University of Nevada, 2009:28.

[2] Cathal Ryan, Michael Bergin, Sylvia Titze, Wolfgang Ruf, Stefan Kunz, John S. G. Wells. ECVET and ECTS Credit Equivalency in Higher Education—A Bridge too Far[J]. *European Journal of Education*, 2018(53):600-610.

[3] Timothy Scott Thompson. From Bologna to Berlin 1999-2003: The Initial Steps of The Bologna Process and Creation of The European Higher Education Area [D]. University of Pittsburgh, 2011:4.

Act: Launched The Single Market),成员国承诺1992年建成单一市场。单一市场的基本理念是所有商品和人们的自由流动。欧洲共同体扩大到12名成员,包括葡萄牙和西班牙。1991年,签署马斯特里赫特条约:欧盟条约(The Maastricht Treaty: Treaty on European Union),1993年11月1日欧盟条约生效,1995年欧盟扩大到15个成员国,包括奥地利、芬兰、瑞典,1997年签署阿姆斯特丹条约,推动欧盟一体化。2004年,欧盟扩大到25个成员国,包括塞浦路斯、捷克共和国、匈牙利、拉脱维亚、马耳他、波兰、斯洛文尼亚、爱沙尼亚、立陶宛、斯洛伐克。2007年扩大到27个成员国,增加了罗马尼亚和保加利亚。①

(二)欧洲一体化学术理论背景

欧盟一体化主要有两种理论②:第一种理论认为欧盟一体化是政府间组织者(The Intergovernmenttalists)的一种超国家的国际实体,要求成员取消主权。二是交易基础理论(Transaction-based)。该理论试图回答国家间互动和与之相伴的超国家合作、协调过程中某些领域要快于其他领域。在那些低水平互动的部门,有低水平的合作、协调和规则的要求。相反在高水平的国家互动,增加了超国家的协调、合作和规定的要求。应用交易为基础的理论解释欧洲经济一体化,从罗马条约到欧盟都是建立一个内部统一市场。因此,欧盟成为一个超国家的实体是满足管理内部市场的需要。在超国家实体中,交易和投资从1957年建立欧洲经济共同体就开始稳定上升,这样就需要建立一个超国家的治理领域管理市场的扩张和保持市场稳定,推出欧洲货币联盟和共同货币——欧元。

2002年1月,欧洲成功引进欧元,使得商品和服务能够在欧洲自由流动。知识经济时代,知识生产核心的机构也占据着经济的核心。为最大化欧洲知识经济发展,大学需要使知识和资格能够便利地跨越边界,自由流动。欧洲开始建立共同的学术货币、统一的学术等级(A 'Common Currency' of Uniform Academic Grades)以及便携式职业资格。伴随着获得职业资格的学生和劳动力在欧洲内部的自由流动,带动知识的自由流动,从而产生巨大的社会和经济

---

① Timothy Scott Thompson. From Bologna to Berlin 1999-2003: The Initial Steps of The Bologna Process and Creation of The European Higher Education Area [D]. University of Pittsburgh,2011:4.
② Timothy Scott Thompson. From Bologna to Berlin 1999-2003: The Initial Steps of The Bologna Process and Creation of The European Higher Education Area [D]. University of Pittsburgh,2011:20.

效益①。

二、欧洲学分互认和转换现状

（一）欧洲学分互认与转换传统

传统上欧洲高等教育学者们跨国流动得到高度认可和尊重。中世纪欧洲学者们就从一个国家转学到另一个国家学习。实际上即使是工匠，在定居之前也会在欧洲各国流动。移动通常为垂直流动，也有水平移动②。垂直流动意味着在一所主办大学（The Host Institution）注册，通过长期学习获得学位。水平流动经常是短期的，如果一所高校与另外一所国外大学被认为或多或少的具有相等的课程，学生就被认为具有可以接受的学术标准和学术环境，就能够在国外进修短期的学习。德国是一个崇尚流动的国家，传统上德国的学生有权随时从一个大学转到另一所大学学习。在德国有20%的大学生在就读期间从一所大学到另一所大学学习③。1953年，在巴黎召开的"关于进入别国大学学习是文聘等值的欧洲大会"④的宣言中，32个与会国承诺实行学分互认。当时把学分互认类型分为大学内部的学分互认、大学之间的学分互认、地区性学分互认、继续教育和高等教育间的学分互认、国家间的学分互认。

（二）欧洲大学生流动计划

欧洲大学生流动计划——伊拉斯谟项目，旨在成员国之间建立学分和文凭等值项目，使学生国外学习成为获得学位教育经历的一部分。伊拉斯谟项目的创建不仅仅是为了经济上的成功，更多的是创建欧洲身份和欧洲视角。这一身份跨越国家边界、强调合作、一体化和包容性。伊拉斯谟交换项目不仅改变学生职业路径，还包括共同欧洲的身份认同，同时建立一个学生流动需要的学习成果互认和转换标准。

但是在1970年代，在欧洲国家没有课程或证书等值系统，学生和教师的

---

① Terence Karran. Pan-European Grading Scales: Lessons from National Systems and the ECTS[J]. *Higher Education in Europe*, 2005,30(1):5-23.

② Ulrich Teichler. Mutual Recognition and Credit Transfer in Europe: Experiences and Problems[J]. *Journal of Studies in International Education*, 2003,7(4):312-341.

③ Ulrich Teichler. Mutual Recognition and Credit Transfer in Europe: Experiences and Problems[J]. *Journal of Studies in International Education*, 2003,7(4):312-341.

④ 琚超. 成人高等教育学分制与学分互认制度研究[D].陕西师范大学,2011:68.

交换和交流还有不少障碍。伊拉斯谟项目之父为意大利经济学家多梅尼科·列纳杜兹（Domenico Lenarduzzi）和苏塞克斯大学（University of Sussex）的海维尔·塞里·琼斯（Hywel Ceri Jones）[①]，其中琼斯在大学里了解到交换项目可以使学生在国外学习，并把获得的学分用于自己在国内获得的学位上，随后在该校建立联合学习项目（Joint-Study Programs），后来就成为伊拉斯谟项目的前身。联合学习项目（The Joint-Study Programs）的目的是帮助合作大学学习项目的交换人员到国外另一所大学学习和工作，获得学分和工作在国内大学中认可存在的问题和障碍。学生在国外学习不仅不会减少他们学术进度，而且还能够帮助他们更高质量地完成学位项目。

在1984年，列纳杜兹和琼斯开发了一个交换项目网络，参与项目的高校成员互相认可对方的文凭，并为不同国家的课程系统建立等值标准。当时欧洲没有这样的教育改革，也不存在可以借鉴的框架，当然也没有相关预算支持。部分欧洲国家还犹豫放弃自己的国家标准适应一个欧洲标准。一些国家倾向于教授们的标准而不是学生，认为这样对于欧盟预算来说更加节省。在他们看来，一位教授在国外教学会比学生交换更好，建立一个教授交换网络将会接触大多数学生而且更加便宜。在一次欧洲和亚洲政府首脑的国际教育问题讨论的会议中，欧洲国家政府首脑发现，新兴经济体大学生大都流向了英语国家，欧洲国家根本不重要，这一讨论激发了欧洲对教育国际化和全球化的激烈讨论。

1987年，欧盟成员国教育部长委员会在欧盟委员会主席雅克·德洛尔（Jacques Delors）带领下，成立了伊拉斯谟项目（the Erasmus Program）——欧盟大学生移动行动项目（The European Community Action Scheme for the Mobility of University Students）[②]，从1987年成立至今已经安排了46个成员国大约400万欧洲大学生在其他国家学习[③]，是世界上最大的国外学习网络，也是第一个欧盟委员会倡议的高等教育一体化项目，项目不要求成员国财务承诺。

[①] Annalise R. Walkama. The ERASMUS Generation: French Student Mobility in Europe 1987-1997 [D]. University of Louisiana at Lafayette,2017:13-14.

[②] Annalise R. Walkama. The ERASMUS Generation: French Student Mobility in Europe1987-1997 [D]. University of Louisiana at Lafayette,2017:21.

[③] European Credit Transfer and Accumulation System [EB/OL]. https://eacea.ec.europa.eu/erasmus-plus_en 2020-1-20.

1. 伊拉斯谟项目目标

伊拉斯谟项目有四个行动计划[1]:一是欧洲大学网络(The European University Network),二是学生拨款计划(Student grants scheme),三是外国文凭和学习时间认可(Recognition of Foreign Diplomas and Periods of Study Abroad),四是补充措施(Complementary Measures)。每一个行动都在于方便学生流动,建立一体化的欧洲高等教育网络。由此确立了学生流动和大学合作交流目标:一是大幅度的增加大学生在成员国学习的时间和人数,目的是为欧洲共同体成员国吸引足够多的经济经营和社会管理方面的人才,同时保证所有男性和女性享有同等参与流动的机会;二是促进成员国大学之间更加广泛的合作;三是利用欧共体大学的知识潜力,通过增加教师的流动,提高大学的教育和培训质量,保证欧共体大学的国际竞争力;四是通过加强不同成员国人民的互动,促进欧洲人民概念的形成和欧洲身份的确立;五是保证建立发展一个具有直接的跨欧共体合作经验的毕业生队伍,加强在欧共体范围内的经济和社会部门的合作。

2. 伊拉斯谟项目发展

在1989—1990学年,欧洲学分互认和转换系统作为一个试点倡议(Pilot Initiative)。这是一个建立在基于互相信任原则基础上的自愿合作,有84所欧洲高校参与5个学科领域的试点合作。它们是工商管理、化学、历史、机械工程和医药。被选中高校除学生拨款以外,还接受欧盟委员会拨款,同时执行欧洲学分互认和转换制度[2]。参与的学生可以选择他们希望访问高校的课程。在学生实际学习之前,试点的项目高校会为学生提供一个有关学习机会的信息包(An Information Package),学生在学习国外课程之前需要经过所在学校辅导教师的批准,并与主办高校教授签署协议,保证学生能够在完成课程各种考核之后,获得相应课程学分。当然如果在国外改变学习课程也需要改变相关的协议。在遵守欧洲学分互认和转换系统指导纲要前提下,学生离开本校之前,学生参与的交换学习项目必须获得派出高校和主办高校(Host Institution)批准。在学生结束学习之前和之后的一段时间内,两所合作的高校必须

---

[1] Annalise R. Walkama. The ERASMUS Generation: French Student Mobility in Europe 1987-1997[D]. University of Louisiana at Lafayette,2017:25.

[2] Elise Langan. The European Union's Erasmus Mobility Policy: A Case Study of Three French Higher Education Institutions[D]. New York University,2000:50.

交换学生的成绩单。欧洲学分互认和转换系统不但作为一种回国后得到认可的保证,而且还可以用来做任何流动学习目的的认可保证。参与试点大学也希望接受来自主办高校的学生,如果他们希望学习的话,而不需要任何的审查和提前的批准程序。

欧洲学分试点项目是一个成功的项目。在试点项目运行的前3年有85%的学分可以转移,比其他伊拉斯谟项目高出10个百分点。在没有被认可的40%的学生中,可以通过咨询国外学分计算方法避免学分浪费①。欧盟委员会要求所有的欧盟成员都要接受伊拉斯谟项目的欧洲学分互认和转换系统。随着欧洲学分互认和转换系统的不断扩展,平均认可的学分从1990年的75%,增加到1998年的81%。

1999年,欧盟成员国签署了博洛尼亚宣言。在博洛尼亚进程中,接受共同的欧洲学分互认和转换系统,帮助大学确定学生学习工作量。采取文凭补充和成绩单帮助学生展示他们达到了哪一个学习成果,并由大学来评价。下一步,欧洲需要开发一个共同的学习水平和水平描述词以及共同的欧洲学分质量保障系统,这是欧洲学分互认和转换系统实践逻辑发展的必然结果,因为他们要达到学生自由流动的目的。

3. 伊拉斯谟项目现状

(1) 学生现状。

伊拉斯谟项目为在欧盟其他国家学习的学生提供3个月至1年的学习资助。在东欧,有68%的学生认为收到资助是到国外学习的一个主要原因,同时项目更具有选择性,大约有20%的申请者未被录取,但南欧则是19%,西欧仅有9%,北欧是7%。由于缺乏财政资助,53%的南欧学生和51%的东欧学生不能参与伊拉斯谟项目。这也是为什么伊拉斯谟+2014计划,增加来自不利地位背景家庭支持的原因之一②。

在北欧,57%的移动学生和55%的伊拉斯谟项目学生来自学术背景的家庭。在25—64岁的人当中,有学术学位的人数中北欧有36%,西欧有30%,南

---

① Ulrich Teichler. Mutual Recognition and Credit Transfer in Europe: Experiences and Problems[J]. *Journal of Studies in International Education*, 2003,7(4): 312-341.

② Marianne Thyssen. *The European Qualifications Framework: Supporting Learning, Work and Cross-border Mobility 10th Anniversary* [M]. Luxembourg: Publications Office of the European Union, 2018:14.

欧有23%,东欧仅有20%,与非学术背景的家庭相比,有学术背景的家庭学生更容易获得学位。总体来讲,北欧的学生更不愿意参加伊拉斯谟项目,北欧获得学术学位的是东欧获得学术学位的两倍,比南欧高出50%[①]。

2011年11月29日,教育、青年、文化和运动部长委员会(the Council of Ministers of Education, Youth, Culture & Sport)同意到2020年欧洲平均有20%的高等教育毕业生,应该有一段时间在国外接受高等教育有关的教育和培训,最低获得15个欧洲学分或者持续三个月。2014—2015年,欧洲高等教育区域有大学生在校生3770万人。截至2017年,欧盟有累计超过400万学生从伊拉斯谟项目中获益。有33个国家约4000所高校参与了伊拉斯谟项目,每年的预算高达4亿欧元。现在,伊拉斯谟项目每年支持20万名学生在国外学习,但参与项目的学生与3000多万在读学生来讲,总体比例并不高。

表5-1 接收和派出学生百分比(2001—2006)[②]

年份 类别	2001	2002	2003	2004	2005	2006
派出学生占总学生数百分比	3.7	2.5	2.4	2.2	1.9	1.9
外国学生占总学生数的百分比	1.3	1.2	0.9	1.0	1.1	1.3

世界系统分析(World-systems Analysis)、新马克思主义(Neo-Marxism)、后结构主义(Post-structuralism)等批判伊拉斯谟项目,认为权力关系和霸权(Power Relationships and Hegemony)[③]是推动国家间学生流动的动力,因为能够从跨国流动获取最大利益的是那些跨国和本国的精英,他们有机会进入世界最知名大学学习。

(2)学习目的。

在对71368名伊拉斯谟项目参与者的调查中,90%的伊拉斯谟资助的学生主要是想获得国外学习的经验,结交新的朋友,学习或提高他们的外语水

---

① Office of the European Union. The Erasmus Impact Study Regional Analysis: A Comparative Analysis of the Effects of Erasmus on the Personality, Skills and Career of students of European Regions and Selected Countries[R]. Luxembourg: Publications Office of the European Union, 2016:36.

② Verda Gizem Ogul. What Do the University Students Think about Erasmus Programme in Turkey[J]. The Educational Review, 2018, 2(5), 296-308.

③ Volker Gehmlich. "Kompetenz" and "Beruf" in The Context of The Proposed German Qualifications Framework for Lifelong Learning[J]. Journal of European Industrial Training, 2009, 33(89):736-754.

平,发展他们的软技能,并希望增加在国外雇佣的机会①。

4. 伊拉斯谟项目效果

欧盟委员会对伊拉斯谟项目的参与者进行了较大规模的调查,调查结果显示,伊拉斯谟项目的学生认为国外学习提高了他们的雇佣技能,其中72%认为国外学习在他们第一份工作中受益。流动学习提高了他们的技术、人际关系、跨文化技能和能力,增强他们的自信,以及社会和文化的开放性目标。伊拉斯谟项目的学生在国外流动学习的时候可改变他们的计划,能够清晰地规划毕业后未来的职业。这些学生比非项目学生更加幸福。伊拉斯谟项目增强一个欧洲身份认同,在完成国外流动之后32%的项目学生认为他们是欧洲人,在流动之前仅仅有25%的人认为他们是欧洲人②。

在东欧的学生参加伊拉斯谟项目之后,长期失业风险降低了83%,南欧的学生在经过伊拉斯谟项目之后,有一半的学生经历长期雇佣。在匈牙利和葡萄牙的国家层面,伊拉斯谟校友比非移动校友长期雇佣更明显。伊拉斯谟项目促进了劳动力流动,项目学生在毕业后有40%的在国外工作,没有流动的学生仅有23%。另外,93%的伊拉斯谟学生考虑在国外生活,非项目学生仅有73%③。

表5-2 伊拉斯谟项目和非伊拉斯谟项目毕业生改变居住或工作国家情况④

地区	伊拉斯谟项目毕业生	非伊拉斯谟项目毕业生
北欧	40%	24%
南欧	45%	19%
东欧	37%	27%
西欧	37%	24%

---

① Office of the European Union. The Erasmus Impact Study Regional Analysis: A Comparative Analysis of the Effects of Erasmus on the Personality, Skills and Career of students of European Regions and Selected Countries[R]. Luxembourg: Publications Office of the European Union, 2016:13.

② Marianne Thyssen. The *European Qualifications Framework*: *Supporting Learning, Work and Cross-border Mobility* 10th *Anniversary* [M]. Luxembourg: Publications Office of the European Union, 2018:1.

③ Office of the European Union. The Erasmus Impact Study Regional Analysis: A Comparative Analysis of the Effects of Erasmus on the Personality, Skills and Career of students of European Regions and Selected Countries [R]. Luxembourg: Publications Office of the European Union, 2016:19.

④ Office of the European Union. The Erasmus Impact Study Regional Analysis: A Comparative Analysis of the Effects of Erasmus on the Personality, Skills and Career of students of European Regions and Selected Countries[R]. Luxembourg: Publications Office of the European Union, 2016:19.

(三) 博洛尼亚宣言

1. 博洛尼亚宣言

欧洲一体化和经济全球化促进了欧洲高等教育的博洛尼亚进程。各国内部的学术议程都需要在这种压力下提高经济竞争能力,生产熟练劳动力,创造有效率和富有吸引力的教育系统。同时,伊拉斯谟项目以及欧洲学分互认和转换系统的实施有利于建立欧洲统一的高等教育区域,有利于增强欧洲高等教育竞争力和国际化水平。

1998年5月25日,法国、德国、英国和意大利教育部长签署了索邦宣言(The Sorbonne Declaration),此后1999年6月19日,欧盟29国教育部长庆祝博洛尼亚大学成立600周年的时候宣布签署博洛尼亚宣言(The Bologna Declaration),宣言主要关注欧洲高等教育的本质和竞争力[1]。博洛尼亚宣言代表了高等教育的欧洲化目标,创造一个知识的欧洲和增加欧洲高等教育系统的竞争力。从博洛尼亚宣言1999年宣布时候有26个国家到现在的47个国家,其中20个国家是欧盟之外的国家,参与国承诺制度化本国的学士学位和研究生教育周期。

博洛尼亚宣言是一种解决欧洲高等教育系统的多样性问题很强的政治承诺。欧洲高等教育区域国家,每个国家都有自己的高等教育系统,但是这些高等教育系统都要纳入到2010年建成的欧洲高等教育区域(The European Higher Education Area)计划[2],实现全欧洲学生和教师能够在欧盟范围内的自由流动,获得资格认可。

2. 博洛尼亚宣言目标

起初博洛尼亚主要实现以下目标:欧洲大学、欧盟和国家政府利益相关者承诺他们的目标是建立一个跨欧洲的和谐的学术标准,增强学生的流动性,增加欧洲高等教育区域(The European Higher Education Area)可比性、兼容性、竞争力和对学生和研究者的吸引力。它的整体目标是建立三个周期的资格结构,包括学士、硕士和博士。博洛尼亚进程有三个主要的工具——欧洲资格框

---

[1] Stephen Adam. A Pan-European Credit Accumulation Framework-Dream or Disaster[J]. *Higher Education Quarterly*, 2001,55(3): 292-305.

[2] Stephen Adam. A Pan-European Credit Accumulation Framework-Dream or Disaster[J]. *Higher Education Quarterly*, 2001,55(3): 292-305.

架(The European Qualifications Framework)和国家资格框架(National Qualifications Frameworks)、欧洲学分互认和转换系统(ECTS)、先前学习认可(The Recognition of Prior Learning)①,帮助保证高等教育系统跨欧洲和具有可比性,学生、研究者、学术人员能够便捷地在欧盟内合作、学习、工作。

博洛尼亚宣言有六个关键点②:一是欧洲高等教育系统在学士学位和硕士学位两个周期内将是透明的和可以理解的;二是欧洲高等教育区域成员国获得的一个学位和文凭将会在另一个成员国得到认可,不仅可以进一步学习而且还包括劳动力市场;三是毕业生将在欧洲范围内得到雇佣;四是学生和教师可以在欧洲高等教育区域自由流动,并有效参与这些机会;五是终身学习将不是与高等教育隔离的,通过终身学习获得的知识和技能将会累积到可以获得学位和资格。高等教育的课程模块将长期有效地用作终身学习者;六是欧洲高等教育将会在世界市场上得到青睐。为达到这一目的,建立欧洲学分互认和转换系统(European Credit Transfer System)和证书补充(The Diploma Supplement)机制保证这一目的的实现。

表5-3　博洛尼亚进程从索邦到鲁汶(1998—2009)③

1998年索邦宣言	1999年博洛尼亚宣言	2001年布拉格会议	2003年柏林会议	2005年伯恩会议	2007年伦敦会议	2009年鲁汶会议
学生和教师流动	学生、教师、研究者和行政管理人员流动	流动的社会维度	便携移动和拨款、提高流动数据	护照和工作许可关注	护照工作许可挑战,养老金系统和确认	2020年20%的流动学生目标

---

① Manuel Souto-Otero. Review of Credit Accumulation and Transfer Policy and Practice in UK Higher Education[R]. South East England Consortium for Credit Accumulation and Transfer,2012:11.

② Timothy Scott Thompson. From Bologna to Berlin 1999-2003: The Initial Steps of The Bologna Process and Creation of The European Higher Education Area [D]. University of Pittsburgh,2011:63.

③ Timothy Scott Thompson. From Bologna to Berlin 1999-2003: The Initial Steps of The Bologna Process and Creation of The European Higher Education Area [D]. University of Pittsburgh,2011:17.

续表

1998年索邦宣言	1999年博洛尼亚宣言	2001年布拉格会议	2003年柏林会议	2005年伯恩会议	2007年伦敦会议	2009年鲁汶会议
共同的两个周期的学位制度	较容易阅读的和可比较的学位	共同承认联合学位开发、认可	引入博士层次作为第三周期	发起欧洲高等教育区域资格框架接受国家资格框架	2010年国家资格框架	2012年国家资格框架
	社会方面	平等入学	社会方面加强	在有效监督下引入国家行动计划	2020年可以衡量的社会维度的国家目标	
学分使用		终身学习	统一国家终身学习政策、认可先前学习	高等教育灵活的学习路径	高等教育在终身学习伙伴关系中提高雇佣的角色	终身学习作为公共责任要求强有力的伙伴关系号召在雇佣中学习
	欧洲学分互认和转换系统	欧洲学分与文凭补充	欧洲学分累积		需要综合的使用工具和认可实践	继续执行博洛尼亚工具
欧洲知识	在质量保障方面的欧洲合作	质量保障和专业认可的合作	在院校、国家和欧盟层面的质量保障	采纳的欧洲标准和质量保障纲要	建立欧洲质量保障登记（the European quality assurance register）办公室	关注欧洲高等教育区域的整体质量

续表

1998年索邦宣言	1999年博洛尼亚宣言	2001年布拉格会议	2003年柏林会议	2005年伯恩会议	2007年伦敦会议	2009年鲁汶会议
欧洲知识	高等教育的欧洲维度	欧洲高等教育的吸引力	高等教育与研究区域的联系	建立在可持续发展价值基础上的国际合作	提高博洛尼亚进程全球维度的战略	通过博洛尼亚进程论坛加强全球政策对话

2001年3月29—30号,来自300所高校的代表再次确认支持博洛尼亚宣言原则和在2010年建设欧洲高等教育区域的(Towards the European Higher Education Area)目标,会议考虑到欧洲学分的复杂性,第一周期的学位需要180—240个欧洲学分。5月,欧洲32国教育部长在布拉格颁布欧洲高等教育机构萨拉曼卡公约(The Salamanca Convention of European Higher Education Institutions)。同时2003年,柏林会议(The Berlin Conference),教育部长承诺综合性地重建欧洲高等教育图景,到2005年执行两个周期的学位项目——学士学位周期和硕士学位周期。柏林会议上教育部长们希望看到欧洲学分互认和转换系统。确定在欧洲高等教育区域内,在单一学分系统中建立两个学位周期。因此,欧洲学分不仅能积极代表学分转移,而且还要在学生完成学士和硕士学位项目之后,建立学生进步的路线图。这一模式要求课程设计建立在灵活性和流动性的基本原则基础上。

经过近20年的发展,博洛尼亚进程建立的三个周期的承诺,使参与国改变了本国的教育系统,博洛尼亚进程的工具——欧洲学分互认和转换系统、证书补充和国家资格框架在大部分国家得到了执行[①]。博洛尼亚进程目标2020年欧洲高等教育区域内的毕业生至少有20%在国外学习或培训一段时间,但是统计数据还不能有效地支持这些目标已经达到。数据主要关注学位流动性,大部分博洛尼亚进程签署国接收和派出欧洲区域的学生少于10%,有超过

---

① The Education, Audiovisual and Culture Executive Agency. The European Higher Education Area in 2018: Bologna Process Implementation Report[R]. 2018:17.

一半的欧洲国家低于5%①。有些国家表达了渴望更加平衡的流动,实际上现在的数据显示,学生流动在国家和大陆之间存在不平衡问题。造成不平衡的原因是多方面的,有的是不同国家经济上的不平等,这是不容易解决的问题。其他的问题还有法律和行政管理问题,以及学习成果认可的问题。

（四）优化项目

在博洛尼亚进程中欧盟委员会支持的解决博洛尼亚进程的一些问题,2000年实施的优化项目（The Turning Project）涉及135所高校,目标是在不同的国家高等教育系统中建立一致的课程结构、项目结构和教学结构,把综合的质量标准融合进这些结构中和项目课程内容中,使这些课程内容可以用可比较的方式进行评价②。优化项目寻找：优化欧洲高等教育结构,促进欧洲高等教育区域的形成；在所有的利益相关者之间包括学术人员、毕业生和雇主开放讨论具体学科和普遍能力的本质和重要性；确认和交换共同学科基础的课程内容、学习成果、教学方法、学习和评价的信息参照点；通过评价欧洲学分和其他的适应性的工具,加强欧洲高等教育在质量、效率和透明性的共同合作。其主要目标就是探索欧洲学分怎样与资格等级描述词涉及的普遍和具体学科的能力一致起来。

优化项目建立了学习成果、能力和欧洲学分互认和转换系统的以工作量为基础的学分体系③,其中学习成果(Learning Outcomes)是指当学习完成之后,陈述一个学习者需要知道、理解和能够展示的知识和能力。学习成果具体表现为获得学分的要求。能力(Competences)被界定为一个动态的知识、理解、技能和能力的组合。能力可以在各种各样的课程单元中形成,而且需要在不同的阶段进行评价。每一个单元(Each Unit),包括课程、模块、项目或者学位周期学习,形成的能力有他自身的一系列学习成果。每一个单元的学分数(Credit Points)反映出学生的学习工作量,这一工作量被认为是获得学习成果

---

① Androulla Vassiliou. The European Higher Education Area in 2012: Bologna Process Implementation Report[R]. The Education, Audiovisual and Culture Executive Agency,2012:13.

② Cathal Ryan , Michael Bergin,Sylvia Titze,Wolfgang Ruf,Stefan Kunz,John S. G. Wells. ECVET and ECTS Credit Equivalency in Higher Education—A Bridge too Far[J]. *European Journal of Education*, 2018 (53):600-610.

③ Barbara M. Kehm. Quality in European Higher Education: The Influence of the Bologna Process[J]. *Change*, 2010,42(3):.40-46.

和相关能力的必要工作量。

作为一个规则,一个欧洲学分(One European Credit Point)等于25—30个小时的学生学习工作量。在一个给定的学术年份,全职学生被期望获得60个学分绩点①。所有欧洲的教师和课程开发者可以使用优化项目的结果和课程模式,邀请他们学习新技术、新方法和实践,实现从教师为中心向学生为中心的学习转变。各欧洲高校可以选择广泛的项目基础的学习成果,决定怎样在自己的高校和单位执行这些成果,包括怎样开发课程。这种优化项目已经被拉丁美洲、非洲、中亚以及俄罗斯使用。学者和雇主一起工作,确定他们学科或者职业领域的学习成果,更有准备的确定和评价资格,当然这些学习成果也可以与他们管辖以外的单位的学习成果建立衔接。

这种学习成果为基础的方法(The Learning Outcome-based Approach)和专业参与(Involvement of The Professions)能够影响国家之间证书的认可和学分转移。学习成果从来就不是意味着建立一个标准化的方法或者创造一个烹饪专家课程(Cookiecutter Courses)、项目和单位。实际上《博洛尼亚记录和调整》(The Bologna Accord and Tuning)就是非常认真地考虑不建立一个固定的标准,而是倡议建立教师为基础的方法(Faculty-based Approach),保持教学和学习的创造性和自治,同时促进建立共同的理解和系统的(A Common Understanding and System)支持学习者的流动机制。②

(五)终身学习项目

欧盟委员会在2007至2013年实施终身学习项目(The Lifelong Learning Programme),并为此拨款70亿欧元③。项目分成四个:夸美纽斯学校(Comenius for Schools)、伊拉斯谟高等教育(Erasmus for Higher Education)、格兰特维格成人教育项目(Grundtvig for Adult Education)、达·芬奇职业教育和培训项目(Leonardo da Vinci for Vocational Education and Training)。伊拉斯谟项目支持欧洲内部职业教育学生和教师之间的流动。2008年,欧盟在德国、比利时、

---

① Barbara M. Kehm. Quality in European Higher Education: The Influence of the Bologna Process[J]. *Change*, 2010,42(3): 40-46.

② Dietmar K. Kennepohl. Incorporating Learning Outcomes in Transfer Credit: The Way Forward for Campus Alberta[J]. *Canadian Journal of Higher Education*, 2016,46(2): 148-164.

③ Aydin Ulucan,etc.. Benchmarking in Higher Education Using Data Envelopment Analysis and the Bologna Process Data[J]. *Croatian Operational Research Review*, 2018(8): 301-316

法国、意大利和卢森堡建立11个试点职业教育和培训学分系统,检验工人的流动性和终身学习。

2011—2014年,再次选择比利时、法国、德国、意大利和马耳他,进行系统层次的执行职业教育和培训学分系统。通过终身学习项目的双胞胎项目(BeTWIN)①资助,加强欧洲学分互认和转换系统与职业教育培训学分系统的联系,目的是增强学习者的流动,鼓励欧洲范围内共同的教育和培训方法,促进资格的转移和认可。其核心是方法论指导,建立一个链接的工具,能够在欧洲学分互认和转换系统和欧洲职业教育和培训系统确定可以比较的学分资格。这种链接网络工具促进两个系统的对话,使用现存的学习成果和学习活动,分四个步骤实施认证欧洲学分或职业教育和培训系统学分。

(六) 博洛尼亚宣言存在的问题

(1) 博洛尼亚宣言目标是提高欧洲高等教育系统的综合性和和谐性,然而欧盟成员国之间存在较大的文化和语言分歧,很难在大多数成员国之间建立一致的目标。如可比较的学位价值(Value of Comparable Degrees)或者欧洲学分互认和转换系统。

(2) 在民族国家政府中,博洛尼亚进程仅作为一个辅助原则,布鲁塞尔的欧洲议会和欧洲政府在这些政策领域并没有民族国家的权威大,这就意味着改革的目标是促进更加和谐的在民族国家实现欧洲教育标准化,但也对这些国家产生挑战,如德国和法国国内就讨论存在执行博洛尼亚进程困难。因为在这些国家中完全没有必要执行布鲁塞尔的权威。但是博洛尼亚宣言的某些项目在一些国家已经执行第一周期的学位改革,因为这一周期的学位改革降低了国家财政支出,挪威和德国在引进两个周期的学位改革的时候,减少学士学位学习时间,在当时的英国则意味着朝着更加控制的方向发展,执行两年的硕士学位意味着英国政府教育支出增加。

(3) 欧洲获得的学士学位并不会自动地被美国大学认可,欧洲学分互认和转换系统促进了欧洲之间学生的流动,但是没有人认真思考跨大西洋之间的交换过程。对于欧洲大学来说,博洛尼亚进程是增加欧洲大学的研究生的

---

① Cathal Ryan, Michael Bergin, Sylvia Titze, Wolfgang Ruf, Stefan Kunz, John S. G. Wells. ECVET and ECTS Credit Equivalency in Higher Education—A Bridge too Far[J]. *European Journal of Education*, 2018 (53):600-610.

吸引力,鼓励学生留在欧洲,而不是到美国接受研究生教育。他们还希望博洛尼亚进程吸引更多的非欧洲学生进入欧洲。博洛尼亚改革将促进欧洲内部的流动,使欧洲高等教育更具有吸引力,但却不能在博士学位层次上实现更好的流动,以便降低美国教育的吸引力。

(4)博洛尼亚进程运行之后,欧洲高等教育权威、学术领导、教师、学生已经总结运行中存在的挑战[①]:一是学生学习成果被称为资格框架(Student Learning Outcomes, Set in What are Called 'Qualification Frameworks');二是这些资格框架与学分和课程改革的关系(The Relationship of These Frameworks to Credits and Curriculum Reform);三是学生参与高等教育新的路径的建构,包括重新界定类似专科毕业证的短期学位,考虑在线学习和部分时间制学习的地位;四是反思所有学生获得文件:证书补充(Diploma Supplements)和扩展这些文件进入一个终身学习的欧洲通行证(Europass);五是通过一个全面的质量保证文化(An all-encompassing Culture of Quality Assurance)和国际的认证注册(An International Accreditation Register)建立区域相互信任;六是加强和合并47个国家多元化的学术资格的清晰分类融入一个共同的学习周期(Common Cycles)、共同的资格框架、共同的学分系统、共同的质量保障,保证学位的跨国认可。

三、欧洲学分互认和转换系统简介

欧洲有两个学分系统:一个是欧洲学分互认和转换系统(The European Credit Transfer and Accumulation System),一个是欧洲职业教育和培训学分系统(The New European Credit System for Vocational Education and Training),分别应用于欧洲高等教育和职业教育和培训系统。

(一)欧洲学分互认和转换系统

欧洲学分互认和转换系统是1989年为促进欧洲内部国际资格认可和学生流动而建立的。1953年,巴黎召开欧洲学习文凭等值大会,与会的32个国家承诺互认合作高校学分。欧洲学分互认和转换系统建立之初,不同国家对

---

① Clifford Adelman. The Bologna Process for U. S. Eyes: Re-learning Higher Education in the Age of Convergence[R]. the Lumina Foundation for Education to the Global Performance Initiative of the Institute for Higher Education Policy, 2009, April:10.

学分的要求不同,如冰岛要求每年学习 30 个学分、芬兰、瑞典要求 40 个学分,荷兰 42 个学分,苏格兰 120 个学分,挪威 20 个学分①。瑞典、挪威、芬兰、意大利设计了复杂的全国学分系统。其他国家如希腊、法国,则在学分转移方面有很少的经验。

欧洲学分互认和转换系统是一个以学生为中心的系统,建立在透明的学习成果和学习过程(Learning Processes)的基础上。主要目的是:通过交换学习项目信息,创造一个透明的课程;通过伙伴关系高校与学生互相签署的协议,建立高校之间学分衔接的承诺;通过使用欧洲学分,促进学术成果获得互相认可。

欧洲学分可以应用到所有高等教育项目而不考虑学习者的地位、多样性或学习背景,使学习者在国外学习的学分能够累积到国内注册高校的学位申请和资格申请的过程。目前共有 47 个国家与地区的 3000 多万学生参与这一项目,涉及的高等教育机构达 6000 家②,亚美尼亚、奥地利、捷克、法国、德国、瑞典的学生宣称所有的高校都使用了欧洲学分累积系统,但并不是所有的高校都使用转换系统。在马耳他、塞尔维亚(In Malta and Serbia),学生们报告部分高校使用欧洲学分,匈牙利的学生表明该国有全国性的学分积累和转换系统,欧洲学分仅适用于国外学习时间。在白俄罗斯(Belarus),有全国性的学分互认和转换系统③。在英国、拉脱维亚,存在一个全国性的学分系统,和欧洲学分互认和转换系统同时运行。

欧洲学分互认和转换系统的社会方面(Social Dimension)不仅意味着处于社会底层的人们获准进入高等教育的机会,而且通过创造和实现参与高等教育机会,提升第一和第二学位周期参与比例。社会方面不仅反映出接受高等教育机会到达封闭的农村地区、残疾学生、移民儿童和成人工人阶级,为这些人进入高等教育提供连接路径。他们有四种路径可以进入高等教育:第一学位周期的短周期学位;增加和解决部分时间制学生;增加使用在线学习作为灵

---

① Stephen Adam. A Pan-European Credit Accumulation Framework—Dream or Disaster[J]. *Higher Education Quarterly*, 2001,55(3):292-305.
② Manuel Souto-Otero. Review of Credit Accumulation and Transfer Policy and Practice in UK Higher Education[R]. South East England Consortium for Credit Accumulation and Transfer,2012:11.
③ Education, Audiovisual and Culture Executive Agency. The European Higher Education Area in 2018: Bologna Process Implementation Report[R]. 2018:62-63.

活的准入工具;认可先前正规环境和非正规环境学习经验的程序①。

(二) 欧洲职业教育和培训学分系统

欧洲职业教育和培训学分系统学分安排在不同教育和培训系统使用,目的是建立一个更加连贯和统一的教育和培训系统,增加不同教育和培训资格系统的可渗透性,允许学分纵向或横向进步。欧洲高等教育学分互认和转换系统已经运行多年,欧洲职业教育和培训学分系统也在测试阶段。

1. 形成原因

欧洲职业和培训学分系统主要由以下方面的因素导致:一是人口和经济的变革,迫使国家让他们本国的教育和培训系统适应终身学习的现实(人口老龄化、职业变化越来越频繁、劳动力和学习的流动性逐年增加);二是教育和培训系统在满足部分学习人口学习需求上面临困难(低技能人员脆弱的劳动力市场、高中辍学学生);三是国家终身学习政策通过共同欧洲的方式逐渐完成,特别是通过博洛尼亚进程 2010 教育和培训项目等;四是在最近几年开发更加开放灵活的资格系统的同时,欧洲和民族国家争论主要关注互相分割的学分互认方案,但很少关注怎样在两个学分互认和转换系统之间建立互动和综合②。

2. 形成过程

为促进终身学习、学习者流动以及职业和培训学分在欧盟职业培训系统中的互认,加强职业教育与高等教育的联系,促进二者之间的融合,不少欧盟支持的项目开始探索二者之间的融合。2002 年,欧盟委员会的技术工作小组(Technical Working Group),在布拉格-哥本哈根进程(the Bruges-Copenhagen Process)③中号召建立灵活的和促进职业教育与高等教育和培训的联系制度,促进终身教育发展,要求加强职业教育和培训方面的合作,创建一个类似欧洲学分互认和转换系统的职业教育培训的学分累积和互认系统。该系统使用一个知识、技能和能力术语描述学习成果,并具有兼容性。学习成果的单位功能

---

① Clifford Adelman. The Bologna Process for U. S. Eyes: Re-learning Higher Education in the Age of Convergence[R]. the Lumina Foundation for Education to the Global Performance Initiative of the Institute for Higher Education Policy,2009(April): XIX.

② Jens Bjornavold,Isabelle Le Mouillour. Learning Outcomes in Validation and Credit Systems[J]. European Journal of Vocational Training,2009,3(48): 27-47.

③ Matthias Becker,Georg Spöttl. Putting Dreyfus into action:the European credit transfer System[J]. Journal of European Industrial Training,2008,32(2/3): 171-186.

作为一种学习原子或模块,可以进一步分成用学习成果描述的更小的、单独的可以检查评价的单位(Revisable Units)形式。职业教育学分系统必须在不同国家职业教育系统中转移学习成果包括正式的、非正式的学习,并为所有学习提供连接机制;累积和互认培训、教育和学习获得的资格单元,作为获得资格和学位的一部分。这些资格和学位独立于学习发生的时间和地点,目的是促进职业教育学习成果的转移、认可和积累以便获得职业资格;另一方面是建立一个综合的教育系统,实现所有欧洲民众的终身学习。欧洲职业学分系统接收和引进学习成果的方法(Learning Outcomes Approach)能够在职业培训教育和高等教育之间建立合作关系,进而把教育与培训与劳动力市场需求和促进个体流动结合起来。

3. 成果单元

欧洲职业教育和培训学分系统建立在学习成果的基础上,核心是学习成果单元(Units of Learning Outcomes),包括知识、技能和能力,根据成果单元本身在学习成果中的比例赋予一定学分,用学分表示学习成果单元,并能够在不同成果单元之间积累和转换。① 欧洲职业教育与培训系统学分互认和转换原则:一是学习成果单元(Units of Learning Outcomes);二是学习成果的转移和积累(Transfer and Accumulation of Learning Outcomes);三是学习协议和个人分数(Learning Agreement and Personal Transcript);四是职业教育与培训欧洲学分互认和转换系统学分绩点(ECVET Credit Points)②。

---

① Clifford Adelman. The Bologna Process for U. S. Eyes:Re-learning Higher Education in the Age of Convergence[R]. the Lumina Foundation for Education to the Global Performance Initiative of the Institute for Higher Education Policy,2009(April):89.

② Alexandra Van Kalleveen,etc.. Status Report on the European Credit System for Vocational Education and Training (ECVET) and Its Implementation in the Nuclear sector:Report Concluding JRC Activities in Support of ECVET Implementation[R]. The Joint Research Centre,2019.3.

表 5-4 欧洲职业教育学分转换系统表①

关键词	核心主题	分主题	分主题内容
	原则		
学分	无偏见	学习地点	基于学校的学习、基于工作地点的学习
	程序与标准透明	学习方式	正规学习、非正规学习、非正式学习、职业教育的学习计划
	一致性、可行性	学习时间	职业教育的学习计划
	个人职业和社会发展	学习结果	学习计划、资格结构、职业形象
	个人的自由选择权利	结果评价	职业资格结构、认可、资格证书、评估
	经济发展、自信和互信		

4. 系统运行现状

在测试和执行欧洲资格框架与欧洲职业教育和培训学分系统的贸易和教育组织(Testing and Implementing EQF - and ECVET - Principles in Trade Organizations and Education)的原则中,尝试以此作为一个学分兑换平台②,确认、分析不同职业教育和培训部门的资格。这些资格是以相关的技能、知识和能力展示出来的。

现在能力和职业标准已经成为欧洲职业教育与培训(The European Vocational Education and Training)的重要工具,通过这一工具加强欧盟内部跨国合作,增强在知识、技能和能力方面在学习过程和学习成果中的透明性,以及职业教育学习项目结构的透明性。通过完成资格的描述,灵活的学习时间,简化证书和认可过程,促进学生和工人在学习、教育和培训过程的流动。一些国家开始开发反映职业教育需求的本国标准,如奥地利、德国、希腊、爱尔兰、英国,除了英国,所有的国家都在开发一种五个工作领域为框架的职业标准。

但是欧洲职业教育和培训学分系统的执行并不像欧洲学分互认与转换系统那样快。执行欧洲职业和培训系统需要经常接受欧洲职业培训发展中心(The European Centre for the Development of Vocational Training)定期评估,越

---

① 黄霖,江颖.学分银行导论[M].成都:四川大学出版社,2016:105.
② Cathal Ryan, Michael Bergin, Sylvia Titze, Wolfgang Ruf, Stefan Kunz, John S. G. Wells. ECVET and ECTS Credit Equivalency in Higher Education—A Bridge too Far[J]. *European Journal of Education*, 2018, 53:600-610.

来越多国家应用职业和培训学分系统原则,支持学习者在他们内部的教育和培训系统流动,认可和转移他们的学习成果。在欧洲有17个国家建立了职业教育和培训学分系统,7个国家用其他的学分系统颁发资格,2个国家采用综合的学分系统与欧洲职业教育和培训系统学分互相兼容,12个国家还没有职业教育和培训学分系统允许学习者累积和转移学习成果[①]。

欧洲职业教育与培训学分系统是欧洲学分互认和转换系统的补充,仅仅应用于高等教育和第三级教育。在芬兰,学生注册高等教育项目,他们以前在职业的某个资格层次项目获得的能力和学习成果如果获得所在高校的认可,高校会根据个人情况,建立个人化的学习计划,缩短项目学习过程。关键是芬兰的教育系统中学术学分不能在高等教育与职业教育之间互相转移,只有能力和学习成果能够在两个项目之间实现互认和转换。

四、欧洲学分互认和转换系统组成

欧洲学分互认和转换系统的正常运行主要由以下几个组成部分:信息包或课程目录、学习工作量、学习协议、学习成绩单、文凭补充、相关管理辅助机构以及欧洲学分持有者和欧洲文凭补充持有者称号等。

(一)信息包

欧洲学分互认与转换系统要求参与的高校、项目、院系为社会公众提供类似美国课程目录(US Universities' Catalogues)的信息包(Information Packages),作为官方提供大学信息和课程涵盖内容的工具,是欧洲学分互认和转换系统重要的文件,一般公布于学校网站主页或印刷成小册子在校内发行,供学生查询,提供课程或项目的透明信息。

信息包一般用本国语言和英语双语标注。信息包作为一个指导合作伙伴和学生纲要,帮助教师和学生在国外制订学习计划,提供合适的实践信息。首先根据欧洲学分模板提供服务院校信息,涵盖学校名称、地理位置、发展历史、学术权威、学校概况、入学程序、校规等宏观方面的描述;参与院系的描述,学习项目的描述,课程、课程单元等的描述;其次是学生相关的描述,包括学分和

---

① Van Kalleveen, Alexandra, etc.. Status report on the European credit system for vocational education and training (ECVET) and its implementation in the nuclear sector: Report concluding JRC activities in support of ECVET implementation [R]. The Joint Research Centre, 2019:3.

考试系统、分数方案、接触的教师和行政人员的安排以及学生在学校享有的医疗保险、住宿、学习生活设施、奖学金的设立、饮食卫生、生活费用、学生社团、实习实践的机会、社会活动信息等。

（二）学生申请表

学生申请表（Student Application Form）是学生申请就读国外学校必备的文件之一，是专门为那些利用有限时间在其他学校学习交流的学生而开发设计的，包括所有必要的个人信息，申请转学学生需要及时填写该表格相关内容，提交给学校协调员或者直接递交给接收机构。欧洲学分互认和转换系统还为学生提供了一份"认证表格"，使学生能够在母校免修部分在接收学校已学课程。

（三）学习协议

学习协议（The Learning Agreement）是欧洲学分互认和转换系统中学生、接收高校和派出高校三方签署的必备文件，只有使用学习协议才能建立三方之间的学分互认和转换契约，保证学生顺利转学学习过的课程学分。一旦学生了解了他们想要访问的学院信息包，就会与当地所在高校的欧洲学分协调者合作，决定在国外学习哪一个项目或哪一个课程单元；然后他们就会填写申请表，与接收院校合作签署一个三方学习协议，清晰界定三方的权利义务关系。

学习协议包括学生的姓名和合同细节，接收和派出学院合同负责人的姓名、地点，派出学院学生学习领域、学习周期（Study Cycle），接收院校的学习期限，学习项目的范围、课程目录和教育内容，学生在其他院系已经学习过的可以免修的课程范围。接收的学校承诺给派出学校的学生注册，学习计划的内容能够在可以预见的将来转学使用。派出学院还需要建立规章制度，处理学生其他学习经验，允许学分互认和转换，包括工作经验、事实上的学习、非正式学习，清晰界定执行和监管学分转移的责任，保证转学过程和学分转移标准是透明的、公平的，保证完全认可学生在国外的全部学习成果。接收和派出高校共同保障学生不至于由于经费等问题而无法完成交换期间的学业，以便对学生提供各方面的帮助和协助。

(四) 学生工作量

1. 学生工作量

学生工作量(Student Workload)是指学习者在平均时间内需要完成的达到预期学习成果的各种学习活动,如讲座、研讨会、实验、个体或团体实践、自习、考勤、考试、考前复习、图书馆资料搜查、个人创新、论文撰写等,欧洲学分以此作为学习工作量的参照点,要求学生必须完成一个课程中的各个学习任务,并把这些学习任务转换为学分。这个方法要求教师在一门课程中详细规划每一个学习活动,然后测量学生平均成功完成这些学习活动所用时间分配学分,以此确定学习结束后学习成果。欧洲学分互认和转换系统通过资格数量描述值的方式表达学生学习工作量。欧洲学分互认和转换系统设定一个学年学分量是60学分,共有1500—1800个小时的工作时间,这就相当于25—30个小时1个欧洲学分。学分可以在学位授予单位累积为一定资格。

在欧洲高等教育区域国家中有超过一半国家的学士学位是180个欧洲学分,如法国、意大利、列支敦士登和瑞士。在另外12个国家系统中有90%的项目使用的是180欧洲学分。240个欧洲学分授予学士学位的国家中有三分之一的项目要求学士学位需获得240学分数,格鲁吉亚、希腊、土耳其和乌克兰使用这种模式;亚美尼亚、阿塞拜疆、保加利亚、塞浦路斯、俄罗斯、西班牙超过90%的学士学位项目采取了240个学分。在丹麦、芬兰、德国、匈牙利、波兰超过20%的项目使用210个学分作为学士学位。在工作量为主的国家中,在哈萨克斯坦146个国家学分相当于欧洲学分231个,白俄罗斯超过28%的大学学士学位的总学分数超过300个欧洲学分;270个欧洲学分占18%。在硕士学位几乎所有的欧洲国家都要求120个欧洲学分①。

欧洲有24个高等教育系统根据学生学习工作量和学习成果授予学分;阿塞拜疆、马耳他和英国的教育系统仅根据学习成果授予学分;9个国家包括安道尔、奥地利、比利时、丹麦、德国、希腊、列支敦士登、斯洛伐克、瑞士仅根据学生的学习工作量授予学分。克罗地亚、捷克、挪威和罗马尼亚等国家并没有描述一个学分等于多少个小时,但是这些国家的高等教育机构被鼓励使用欧洲

---

① Education, Audiovisual and Culture Executive Agency. The European Higher Education Area in 2018: Bologna Process Implementation Report[R]. 2018:98.

学分。在波斯尼亚和黑塞哥维那、拉脱维亚、黑山、土耳其,强调与教师接触从10小时到13小时不等[①]的时间作为衡量学生工作量的标准。还有一些国家刚刚实施学分系统,这对他们来说使用学分互认和转换系统还是一个挑战。

2. 学习工作量分配

学习工作量分配是将学分根据学习成果在整个学习过程中的比重,分配到课程、项目、资格的过程。就学分分配方式而言,主要有两种不同的途径:一种根据课程中的各环节在整个教学过程中的权重系数赋以适当的学分,使学分与学习工作量相匹配;二是预先设定好每一个学习时间段应被分配的学分数,根据时间段确定总学分数。譬如一学年的工作量为60个学分,一学期的工作量为30个学分,一个季度的工作量为20个学分[②]。欧洲学分等值范式(The ECTS Equivalence Paradigm)界定学分工作量,这相当于评价是否一门课程在名义上共享相同的欧洲学分,也共享相同的实际学生工作量。在西班牙的卡斯蒂利亚大学(Universidad de Castilla- La Mancha)和雷伊·胡安·卡洛斯等大学,界定固定比例的接触时间与独立工作时间比值,40%与60%,33%与66%[③],以便更好地分配欧洲学分给每一门课程。这样的分配方式在欧洲其他国家也一样。在西班牙大学教学的时间数作为主要的分配学术资源的指标给院系,结果学生的工作量与欧洲学分就成为西班牙大学系统的中心主题。在西班牙安达卢西亚自治社区(The Autonomous Community of Andalusia)的塞维利亚公立大学(The University of Seville),心理学学位课程等于欧洲学分转移系统5.8个学分(25小时一个学分),每个学生学习145小时,其中60个小时在教室内进行,85个小时在课堂之外[④]。

(五)学生成绩单

学生学习成绩单(The Transcript of Records)是一张综合性表格,能够在派出院校和接收院校之间建立对学生学习成果的共同理解。成绩单对学生而言

---

① Androulla Vassiliou. The European Higher Education Area in 2012: Bologna Process Implementation Report[R]. the Education, Audiovisual and Culture Executive Agency,2012:49.
② 陈涛.欧洲高等教育一体化背景下的学分互认机制研究[D].厦门大学,2011:89.
③ Antonio Souto-Iglesias. A Probabilistic Approach to Student Workload: Empirical Distributions and ECTS[J]. *High Education*, 2018(76):1007-1025.
④ Rafael J. Martínez and Rafael Moreno. Validity of Academic Work Indicators in the Projected European Higher Education Area[J]. *Higher Education*, 2007,53(6): 739-747.

至关重要,是欧洲学分互认和转换系统文件体系的重要组成部分,提供学生进步和认可的证据。通过展示一系列学生学习课程的成绩文件,包括欧洲学分、地方和国家学分,如果有可能包括地方的各种成绩。部分高校还会提供该校的成绩评定说明,以便学生返回派出高校后进行学分审核和认证。

目前捷克、比利时、奥地利、匈牙利、冰岛、爱尔兰、立陶宛、挪威、英国9个国家确认使用欧洲学分,在爱沙尼亚、芬兰、德国、马耳他、罗马尼亚、瑞士学生的学习成果、学生工作量和教师-学生接触时间等也被考虑到成绩中[1]。在亚美尼亚、保加利亚、丹麦、法国、意大利、拉脱维亚、荷兰、乌克兰国家立法或建议监督使用学习成果,按学生工作量分配学分,但仅适用学生工作量或教师-学生接触时间计算学分。

(六) 学分管理机构

在组织保障方面,欧盟与各国设立了多个管理及协调机构,如欧盟委员会、欧洲学分互认和转换系统咨询顾问、国家学术联络点等,从而进一步推动欧洲学分互认和转换系统的运转。

在欧盟层面的欧盟委员会的学分互认与转换办公室主要与各个高校的学分互认和转换办公室联系,聘用具有高等教育相关工作经验的专业人员提供咨询、服务和指导。例如,如何使用学分转换标准,如何对学生海外的学习进行认可,如何进行学分积累和终身学习,等等。

在院校层面,参与欧洲学分互认与转换系统的学校,必须指定一名校方负责人(Institution Coordinator)[2],负责学分互认与转换的申请,提供相关资料给使用系统的学生,并且要担任学校与国家咨询顾问之间的联系工作。派出学校会给学生告知派出学校的责任与提供的服务,并提出一些管理和学习上建议。如果有奖学金或者助学金,学校要提供必要的行政协助和支援,并承担学生交换期间与接受学校之间的联络责任。在院校层面有两种类型的欧洲学分协调者(ECTS Coordinators),一个是院系层次的协调者,通常接触院系的教师和学生,评价来自派出高校申请者的资格,作为监督者经常参与学习协议的签

---

[1] Education, Audiovisual and Culture Executive Agency. The European Higher Education Area in 2018: Bologna Process Implementation Report[R]. 2018:63.

[2] Timothy Scott Thompson. From Bologna to Berlin 1999-2003: The Initial Steps of The Bologna Process and Creation of The European Higher Education Area [D]. University of Pittsburgh, 2011:56.

署;另一个协调者是高校层面的协调者,保证高校承诺使用欧洲学分原则和机制。另外,高校层面的欧洲学分协调者还会为院系层面的协调者提供支持。不同高校在两个层次的欧洲学分协调者之间分配任务和责任的方式各不相同。

在阿伯丁的罗伯特·戈登大学(Robert Gordon University)为护士专业学生提供了一个国外实践机会。学生通过伊拉斯谟交换项目在国外学习三个月。该校的护士和助产学院(The School of Nursing and Midwifery)与欧洲的8所高校建立合作关系,包括比利时、荷兰、西班牙、挪威和芬兰,建立合作关系主要考虑增加参与护士和助产学生人数不断上升。目标是为每一个参与高校最多支持4名交换生学习3个月,这样每年都会有32名学生参与到伊拉斯谟交换项目。成功完成交换项目实践模块学习的学生从欧洲合作高校获得20个欧洲学分,学分将在学生的毕业中得到承认,然后学生加入本校的学生进入下一个阶段的学习。[①] 护士和助产学院的欧洲协调者与每一个护理学院的院长和大学的伊拉斯谟交换协调者合作,决定每年参与交换的学生和教师数量。

欧洲协调者监督计划的进行,保证交换活动符合伊拉斯谟交换项目和各个高校的战略目标。大学伊拉斯谟协调者提供建议、指导和支持给所有参与项目的学生和教师。这个角色还涉及促进项目在大学获得通过,与英国的委员会建立联系决定和管理大学的伊拉斯谟项目的年度预算。

欧洲协调者角色对于伊拉斯谟交换项目成功非常关键。欧洲协调者每年要对每一所欧洲伙伴高校和与之相关的健康看护组织进行一次为期5天的访问,包括支持在外护理专业转学学生,在欧洲合作高校中从事最低5个小时的教学活动,承担每一所高校年度审计和相关学习环境审计[②]。

学习经验的质量保障是所有高等教育都关心的问题,质量保障是一个欧洲协调者的关键角色,除了监督所有参与的专业复合要求之外。协调者就是帮助保障所有护理学生能够在申请过程和准备交换的过程中获得足够支持,除了学习协议之外,每一所合作的欧洲大学都有自己的申请过程和招生要求。

[①] Cowie J., Milne A. Promoting Culturally Competent Care: The Erasmus Exchange Programme[J]. *Nursing Standard*,2013,27(30):42-46.

[②] Cowie J., Milne A. Promoting Culturally Competent Care: The Erasmus Exchange Programme[J]. *Nursing Standard*,2013,27(30):42-46.

欧洲协调者还需要与欧洲合作高校和健康看护组织分享最好的教育实践;为所有的学术人员和临床实践人员和护理学生追求奖学金;促进护理和助产学院课程档案、高级健康教育议程、构建值得信任的院校名誉。

(七) 文凭补充

欧洲学生流动有两个层面:一个是学位流动,学生从另外一个高校获得学位;另一个是学分流动,学生项目的一部分在国外学习回国后认可为项目学分。为适应迅速变化的世界和欧洲学生的毕业证书和资格的认可和评价,原始的文凭和成绩单可能不能提供充分的信息,没有合适的详细解释很难衡量一个文凭持有者的水平和资格。在联合国教科文组织(United United Nations Education Scientific and Cultural Organization)的支持下,欧洲学分互认和转换系统于1998年引入文凭补充(Diploma Supplement)①,1999年作为学分透明性的工具(A Transparency Tool)使用。这就使资格框架把很多工具联系在一起——学习成果(Learning Outcomes)、学分系统(Credit Systems)、学位结构(Degree Structures)以及质量保障(Quality Assurance)。

文凭补充是依附在高等教育文凭的文件,为文凭获得者提供更加完全的描述学生完成毕业证书或资格的本质、层次、背景、内容和学习的地位等与高等教育文凭相关的信息,帮助高等教育机构、雇主、认证中心以及其他利益相关者,比较容易地理解毕业生的技能和能力。证书补充系统的一个主要目的是完成博洛尼亚进程的透明性,鼓励提供一个开放的和跨国获得的毕业证书、学位、毕业证提供学术和专业的认可,展示这些证书的国际理解形式。文凭补充包括资格持有者信息等8个部分。

表5-5 文凭补充表②

文凭补充是根据欧盟委员会、欧洲议会和联合国教科文组织开发的文凭文件。补充的目的是提供充分的独立数据,提高文凭国际透明性和公平的学术和专业认可资格(文凭、学位、毕业证)。其设计是提供成功完成原始资格的姓名证书的学习的本质、层次、背景、内容和地位附录。文凭补充应该独立于任何价值判断、等效声明或认可建议。信息包括8个部分:

---

① Elisabeth J. Teal. The Bologna Accord :Overview and Maketing Implementation in Romania[J]. *American Journal of Educational Studies*, 2011,4(1):77-92.

② Elisabeth J. Teal. The Bologna Accord :Overview and Maketing Implementation in Romania[J]. *American Journal of Educational Studies*, 2011,4(1):77-92.

续表

资格持有人信息	姓名、出生日期、学生证号码
资格信息	资格名称和授予题目、资格的主要学习领域、授予高校的名称和地位、高校管理学习的机构姓名和地位、教学或考试语言
资格层次信息	资格层次、官方的项目学习时间长度、招生要求
资格获得的内容和结果信息	学习模块、项目要求、项目细节,包括学习的单元或模块,个人的年级、分数和学分数、评分表。如果有可能还要分数分配纲要、总体的资格分类
资格功能信息	进一步学习信息、专业地位信息
资格额外信息	额外信息、进一步信息
文凭补充信息	日期、签名、能力、官方印章
国家高等教育系统信息	打算发行文凭补充的机构应当参考解释性说明,说明应该如何完成这些信息

对学生来说,文凭补充系统在欧洲高等教育区域内,精确描述他们的学术职业以及学习成绩目标和能力。文凭补充系统能有效帮助解释在不同国家各种各样的分数实践。如一个获得 70% 的课程测试分数在一些国家可能认为是一个很高的分数,而在另一个国家可能被认为是一个较低或者平均的分数。因此与获得证书相关使用和分配分数的信息就需要包括在文凭补充系统中。

对于高校来说,使用文凭补充能明智地判断他们毕业生的资格信息,促进本校学术和专业的国际认可,增加文凭获得者的透明性和保护大学自治,还可能节省回答证书内容和可移动性等经常性问题的时间。1999 年,德国大学和其他高等教育机构联合会(The Association of Universities and Other Higher Education Institution)发布声明,希望在未来高等教育机构中增加文凭补充作为最终考试报告的补充措施①。这个文凭补充是补充学生最终考试证书和学位,提供正式文凭或学位证书额外的信息,包括学习内容、学习发展、学术和专业资格,获得的学位以及授予学位和文凭的高校。

在 2016—2017 学年,欧洲高等教育区域的 44 个国家在本科、硕士研究生

---

① Ute Krauss-Leichert. The case of Germany: A Report on The Status of International Degrees and Credit Point Systems[J]. *New Library World*, 2003, 104(7/8):300-306.

提供文凭补充。一些国家自动颁发文凭补充,如西班牙。一些国家并不是自动颁发,如阿塞拜疆、保加利亚、哈萨克斯坦需要申请才能得到。在白俄罗斯、法国、希腊、爱尔兰、俄罗斯以及英国的英格兰、威尔斯和北爱尔兰没有完全使用文凭补充系统。由于欧洲高校的学术自治的传统,虽然一些国家文凭补充已经形成一个全国性共同的文件,但并不是所有的毕业生都使用。如希腊的高校就报告说他们需要决定在多大范围,以怎样的方式提供文凭补充。2014年,法国要求本科和硕士研究生提供文凭补充,但是法国国内大学并没有完全履行这一义务。冰岛高等教育颁发文凭补充,但是他们一些非常规的项目,不能颁发毕业证书的项目。

文凭补充文件中一般使用欧洲语言,大部分是本国语言和英语。文凭补充通常免费发放,但是在黑山和塞尔维亚等国要求毕业生支付一定的费用。黑山大学文凭补充文件需要 15 欧元,塞尔维亚通常与毕业证一起颁发,价格通常是 40 欧元。

(八) 欧洲学分称号和文凭补充称号

1995 年,伊拉斯谟项目已经涵盖很多学科领域,参与的高校增加到 772 所。这样的扩张和进步导致引入欧洲学分称号(the ECTS label)和文凭补充称号(DS Labels),使欧洲学分互认和转换系统更加透明和便于操作。2007 年,欧洲委员会决定给符合条件的高校颁发欧洲学分和文凭补充称号,促使成员高校正确使用欧洲学分和文凭补充系统,授予那些能够在第一周期学位和第二周期学位项目中正确使用欧洲学分和欧洲文凭补充系统的高校——欧洲学分称号持有者和文凭补充称号持有者(ECTS Label Holders 和 Diploma Supplement/DS Label Holders)[1]。

欧盟委员会还会进行称号练习(The Label Exercise)[2],邀请高校展示他们真正正确地执行欧洲学分和文凭补充系统,及时发现欧洲学分和文凭补充执行过程中的不足。通过称号最大限度地保证学生和学习者跨国流动的价值被完全

---

[1] Office of the European Union. Excellence Europe's Universities, ECTS and Diploma Supplement Label Holders 2009 & 2010: Make Mobility A Reality [R]. Luxembourg: Publications Office of the European Union, 2010:5.

[2] Office of the European Union. Excellence Europe's Universities, ECTS and Diploma Supplement Label Holders 2009 & 2010: Make Mobility A Reality [R]. Luxembourg: Publications Office of the European Union, 2010:3.

认可。称号持有者也有重要意义,称号赋予他们在学分互认与转换政策实施中扮演积极角色。如在2009—2010年,欧盟委员会就颁发一次持有者称号,2011年,申请截止日期是当年5月15日。每一个国家都有国家机构负责欧洲学分和文凭补充称号申请管理,国家管理机构会提供申请表格、指导纲要并监督申请过程。申请高校将在国家的监督下,建立一个独立的由欧洲专家组成的团队进行评估。专家团队用统一的标准保证所有申请高校在欧洲范围内正确实施欧洲学分和文凭补充系统。欧洲教育、视听和文化执行局在咨询欧盟委员会后将做出是否颁发欧洲学分持有者标签和文凭补充持有者标签称号的决定。

五、欧洲学分互认和转换能力模式

在过去10多年内,全球教育界在能力(Competence)的重要性方面达成了一致,这些都能在国际劳工组织(the International Labour Organization, ILO)和经合组织(and the Organization for Economic Cooperation and Development, OECD)以及跨国组织如欧盟、亚洲太平洋经济组织(Asia-Pacific Economic Cooperation)的文件中找到证据。1996年5月,国际劳工组织在劳动能力基础上的培训(Training Based on Labour Competence)会议展示了多样性的能力为基础的培训方法,被认为是解决多样性问题的全球方法。同时经合组织和瑞士联邦统计办公室(The Swiss Federal Statistical Office)以及美国教育部国家教育统计中心(The US Department of Education's National Center for Education Statistics)共同开发的国际学生评价项目(Programme for International Student Assessment)[1],倡议建立定义和选择能力项目(the Definition and Selection of Competencies),主要关注基础教育能力发展,目标是开发现代生活关键的技能和能力的概念框架。这些组织的报告具有很强的影响力,已经影响了教育领域的很多方面。

能力为基础的模式(Competence-based Model)强调能力和学习成果,不仅包括内容或认知知识,而且涉及技能、价值观和态度,是确认个体的外在表现的社会心理能力。由于传统的认知智慧的测试不能有效预测个体在工作中的表现(Performance),他们坚持在真实的背景中学习真实的问题,保证学生在一

---

[1] Jonathan Winterton. Competence across Europe: Highest Common Factor or Lowest Common Denominator [J]. *Journal of European Industrial Training*, 2009, 33(8/9): 681-700.

所大学获得的解决问题的技能,能够应用到另一所大学的学习环境、工作、社区以及他们的个人生活。能力模式是形成一种灵活的和适应性的专业,使人们能够在各种各样的、不可预测的和复杂的环境应用这种能力,而且还能够成为社会积极有用的公民。在欧洲形成三种不同的欧洲能力模式,他们是英国功能能力模式、法国综合能力模式、德国内在属性能力模式。

(一)英国功能能力模式

牛津英语词典界定能力是指成功和有效地做某件事的能力(The Ability to Do)①。这一能力定义是指做事情的能力,而不是技能、属性(Attributes)或者正在做的倾向(Propensities)或者实际工作表现。这种能力反映了外部的感知视角(An External Perspective),如一个人能满足社会期望的能力,完成工作或者有效地跨工作的行动角色或者作为专业人员。这一界定与内部界定(An Internal Perspective)完全不同。内部视角把能力归结为个人的属性如知识、技能、态度、行为习惯,这些为一个人完成动作提供了能力。

表 5-6　内部能力与外部能力的区别②

	途径	主要资源	开发的方法论	格式	专业例子
内部的、个人的和性能为基础的能力	技术官僚的(Technocratic)		来自知识基础或课程大纲(Derived from Knowledge-base or Course Syllabus)	任务表达是知识的应用(Tasks Expressed as Application of Knowledge)	问责,部分来自调查(Accountancy, partly Present in Surveying)
	教学设计(Instructional Design)	来自布鲁姆目标分类学(Draws on Bloom Taxonomy)	任务分析、学习需求分析(Job Analysis, Learning Needs Analysis)	与工作联系的知识、技能和态度单(Table of Knowledge, Skills and / often Attitudes Associated with The Job)	职业指导纲要(Careers Guidance)

---

① Stan Lester, Jolanta Religa. "Competence" and Occupational Standards: Observations from Six European Countries[J]. *Education + Training*, 2017, 59(2): 201-214.

② Stan Lester. Professional Standards, Competence and Capability[J]. *Higher Education, Skills and Work-based Learning*, 2014, 4(1): 31-43.

续表

	途径	主要资源	开发的方法论	格式	专业例子
内部的、个人的和性能为基础的能力	行为主义的（Behavioural）	麦克贝尔组织及相关作者（McBer Organisation and Associated Authors, e.g. McClelland, Spencer and Spencer, Klemp）	行为事件访谈、关键事件分析、储备格技术（Behavioural Event Interviewing, Critical Incident Analysis, Repertory Grid Technique）	与有效工作绩效相关的行为、途径和性格（Behaviours, Approaches and Dispositions Associated with Effective Job Performance）	一些框架的补充方面如人事的、发展的、民用工程、项目管理（Supplementary Aspects of Some Frameworks）
外部的、社会的、行动基础的能力	任务基础的（Task-based）	早期培训机构模式（Early MSC/training Agency Models）	任务分析（Task Analysis）	任务极其组成部分描述（Descriptions of Tasks and Their Component Parts）	
	角色基础的（Role-based）	曼斯菲尔德·马休工作能力模式及其后续开发（Mansfield-Mathews Job Competence Model and Subsequent Developments）	功能分析（Functional Analysis）	描述工作功能及其活动细节（Descriptions of Job Functions and Detailed Activities within Them）	职业安全和健康、设备管理、大部分职业标准（Occupational Safety and Health, Facilities Management, Most Occupational Standards）
			跨专业角色分析、工作分析（Job Analysis, Analysis of Roles across Profession）	描述广泛的功能和功能之间的关键活动（Descriptions of Broad Functions and Key Activities within Them）	工程、环境、遗产保护、景观建筑（Engineering, Environment, Heritage Conservation, Landscape Architecture）

英国的功能能力模式(The British Functional Model of Competence)与国家职业资格框架相联系。英国能力为基础的系统集中在一个单一的国家职业资格框架,这一框架采取对不同工作背景进行功能分析的方法,在由此形成的职业能力标准的基础上制定。能力是在一定职业的工作中表现的活动能力,以便可以雇佣。后来经过修改,能够展示符合应用知识、理解和技能的雇佣要求标准,包括问题解决能力和满足变革的要求。政府的界定并没有提到社会的或行为的问题,尽管这些能力对雇主来说也很重要。在实践中雇主会采取一种综合的方式考虑应聘者的行为和功能的能力。

英国国家资格框架设计的目的是为没有经过必要课程或项目教学的个体提供评价能力的标准,资格框架获得的能力与工作场所的功能是一致的,而不是与课程相联系,如在砌砖工作的情况下安装砌体结构。英国能力特别知名的是外部的或行动为基础(An External or Activity-based Approach)的方法描述能力。[①] 外部的方法认为能力作为满足社会期望的能力而不是一系列个体属性,如知识、技能、能力和态度。当关注这种能力的时候,能力被描述为在工作任务、功能或更加广泛的活动领域,关注一个人能够做什么。从这个角度上,是工作为基础的技能评价而不是背后的知识,因为这仅仅是评价个人在工作场所的表现。获得学分与学习发生的地点和时间无关。技能是在工作场所完成任务或功能的能力,而不是与之主要相关的知识认证。这个假设认为工作的目的价值是一个人能做,而不是一个人能够工作的知识基础。甚至这种绩效表现需要的知识并不需要评价,因为这与完成任务的能力无关。因为需要评价技能(Skill),这就需要被评价者能够成功地展示这种技能,作为必要的和充分的条件显示给评价者,让他知道某个人能够完成一定的任务。在这个展示中,标准通过完成任务的描述形式展示出来,形成基本绩效标准,作为授予资格的评价工具。因此,资格能够把不同职业标准建构在一个工作中或者一个职业描述中,并根据成功完成描述指标的情况授予资格。从本质上来讲,这些描述是精确形式,他们意味着评价能力是展示在工作场所完成一系列工作任务的能力,并假定这些任务在其工作范围内受到限制,因此容易受行为方

---

① Stan Lester, etc.. ComProCom: A Revised Model of Occupational Competence[J]. *Education + Training*, 2018, 60(4): 1-15.

面精确表述的影响。无论完成任务的判断是什么,都被认为是隐含在行为中,而不需要评估。因此,这种学习成果仅涉及工作场所的绩效标准,不涉及目标或课程。

英国能力为基础的资格导致把教育和培训放在了对立的两端。能力为基础的方法大部分来自于职业培训,涉及开发、执行、评价职业实践标准。对此批判主要来自教育界,特别是高等教育界,认为能力为基础的方法是天生的还原论者(Reductionist)[1]。这种功能模式导致课程太狭隘地关注具体工作岗位的准备以及太多的工作角色和背景假设,而不能抓住工作的本质。一些行业组织自己开发替代性的能力描述方式,用更加整体的,而不是关注具体的工作角色,考虑更简洁的智力认知,更少对可以看得见的实践方面能力进行展示。

(二) 德国内在属性能力模式

在德国,与能力相关主要有两个传统:一个是来自教育系统,在较为广泛的能力(Kompetenz)概念中,能力被认为是属于个人的,包括智力的、个人的和社会的能力而不是英国的外显功能能力。另外一个在职业培训系统,描述为组成的知识、技能(Fertigkeiten)和能力(Fähigkeiten),表明能力在某个职业所有部分有效的行动[2]。

2013年,德国建立德国资格框架(The German Qualifications Framework),能力(Kompetenz)被界定为知识、技能、社会能力和自主或自我依赖的应用,不仅包括狭义的工作,而且包括能够在有价值的社会职业中成功完成一系列工作活动。在德国的传统中,行业(Beruf)有一个基本的制定本行业法律的权利,以便有计划地保证长期雇佣,维持雇员有尊严的生活,包括一系列的工作和活动,同时嵌入个人的和社会的精神气质(Ethos),这是德国经济教育(Wirtschaftspa¨Dagogik)的基础。在德国终身学习资格框架中,能力不仅仅意味着能力,还意味着责任和自治(Responsibility and Autonomy)。

在德国,与英国相反,关键的参照点不是绩效功能本身(Performance Function Perse),而是个人要成为一个职业人员,这个过程中通过学习泥瓦匠的课

---

[1] Jonathan Winterton. Competence across Europe:Highest Common Factor or Lowest Common Denominator[J]. *Journal of European Industrial Training*,2009,33(8/9):681-700.

[2] Stan Lester,Jolanta Religa. "Competence" and Occupational Standards:Observations from Six European Countries[J]. *Education + Training*,2017,59(2):201-214.

程来界定,也就是说,在英国学习成果意味着绩效输出(A Performance Output),在德国意味着建立在不同水平的标准上的职业教育过程(The Berufsbildung Process)①。在英国,工作过程的输出代表学习过程。在德国,通过课程,其目的是强调劳动本身的价值,而不与任何输出相联系。关键是工作场所的绩效输出并不能总是与学习成果相关。

(三)法国综合能力模式

法国的能力模式体现在1990年代对职业的分类目录中。从概念上来讲,法国的能力模式比英国的模式更加综合,包括了知识、功能能力和行为能力,这种能力被界定为更加知识分子的观点②,把知识、操作技能和个人能力综合在一起,是三种能力概念中最具有教育源泉的一种。

(四)能力模式不足

首先,能力模式被批判为还原论者,因为他们把一系列复杂的工作活动简化为一系列的原子性工作,为完成这些工作,个人需要展示足够的胜任能力。根据这一观点,能力代表着能够独自承担互相隔离的功能任务(Functional Tasks)的最低标准,有能力的人就是那些能够遵守规则和程序而不会质疑的人,能力意味着合规(Compliance)。能力的概念应该更加宽泛,强调能力的灵活性、适应性和更多的个人责任。

其次,能力模式忽视了工作学习的文化背景。从抽象的角度看,过于狭窄的和简化的能力描述不可避免地忽视工作绩效能力的复杂性。现象学能够更好地解释这一抽象能力的发展,他们认为能力是在一定应用背景下通过工作生活经验形成的③,驾驶员、护士、警察都展示了在个人工作经验的背景中形成的职业能力。这种解释的优点是承认工人的隐性知识和技能。隐性能力包括那些不熟练的工作和技能,这种不熟练的或者不能展示的能力,通常是技术的早期阶段,是技术展示能力的关键阶段,但是按照一般的能力在工作场所中展示出来的行为能力来看,这种隐性能力很难展示出来。

---

① Michaela Brockmann, Linda Clarke. Can Performance-related Learning Outcomes have Standards[J]. *Journal of European Industrial Training*, 2008, 33(2/3): 99-113.

② Stan Lester, Jolanta Religa. "Competence" and Occupational Standards: Observations from Six European Countries[J]. *Education + Training*, 2017, 59(2): 201-214.

③ Jonathan Winterton. Competence across Europe: Highest Common Factor or Lowest Common Denominator[J]. *Journal of European Industrial Training*, 2009, 33(8/9): 681-700.

六、欧洲学分互认和转换系统经费支持

(一) 伊拉斯谟项目财政支持

伊拉斯谟项目,以前从跨国的大学网络大学间合作项目(Inter-university Cooperation Programs)平台支持,但是从1995年开始,项目改成通过学院合同(Institutional Contracts)的方式分配,目的是鼓励学院接受更加相关的促进欧洲合作的活动以及保证更加有效地使用资助资金。学生在国外学习可以获得欧盟委员会每年5000欧元的拨款,拨款涵盖了旅行费用、语言准备、生活费用等。每一个成员国都建立一个国家拨款机构(A National Grant-Awarding Authority),负责拨付参与项目学生的奖学金①。参与伊拉斯谟项目的一个伙伴国(Partner Country)的高等教育机构可以派出学生、博士生或教师到另一个伙伴国的高等教育机构的项目学习,该国称为项目国(Programme Country)。在过去30年,欧洲已经建立的伊拉斯谟项目使超过400万欧洲学生在国外的其他大学获得高等教育经历。伊拉斯谟+项目则向其他地区的个人和组织提供学习机会。根据所在国家的生活水平,来自伙伴国家(Partner Countries)的学生和博士生每月可以在国外获得800—900欧元生活补助。学生从项目国家到伙伴国家每个月获得700欧元补贴。根据不同国家生活费用,来自伙伴国家的教职员每日获得140—180欧元补偿,教职员从项目国家到伙伴国家每日获得180欧元,每一个个体参与者根据学习目的地与生活地的距离获得交通补助②。

表5-7 交通补助③

距离	交通补贴
小于100公里	20欧元
100—499公里	180欧元

---

① Annalise R. Walkama. The ERASMUS Generation: French Student Mobility in Europe 1987–1997[D]. University of Louisiana at Lafayette, 2017:25.

② The Erasmus+ Programme. Work Together with European Higher Education Institutions: Come to Study or Teach in Europe[R]. Opportunities for Higher Education Institutions, Students and Staff from Partner Countries outside The European Union, 2017 (Edition):8.

③ The Erasmus+ Programme. Work Together with European Higher Education Institutions: Come to Study or Teach in Europe[R]. Opportunities for Higher Education Institutions, Students and Staff from Partner Countries outside The European Union, 2017 (Edition):12.

续表

距离	交通补贴
500—1999 公里	275 欧元
2000—2999 公里	360 欧元
3000—3999 公里	530 欧元
4000—7999 公里	820 欧元
8000 公里以上	1500 欧元

两所大学共同参与交换，共同享受 350 欧元补助，补偿大学对项目管理产生的费用。伙伴国家高校不能直接申请对学生学费和教师流动资助，你需要创造和加强与项目国家高校联系，需要与项目国家一所或多所大学签署跨院校之间的协议，项目国家高校可以递交申请管理项目学生、博士生和教师职员。

伊拉斯谟行动 2 是 2009 年和 2014 年作为伊拉斯谟项目一部分实施的，目的是促进不同文化和人们之间的对话和理解，交流和学术合作。伊拉斯谟行动 2 项目通过欧盟与所在国高等教育之间提供的财政资助促进国际流动。目前有 28447 名学生和 6580 名大学职员获得了项目财政资助，大部分项目给予了欧洲，占 22%，其次是亚洲，占 20%，再次是南地中海地区，占 18%。本科和硕士流动受到最多资助，每一个层次有 27%，博士和职员资助占 19%。从 2010 年，伊拉斯谟项目合作伙伴达到 233 个，全世界参与高校增加到 1296 个，其中 377 个来自欧盟，919 个来自欧盟之外，投入预算 6.55 亿欧元，有 35000 多名学生和教师受益于伊拉斯谟行动 2 项目，获得在国外学习、研究和培训机会①。

伊拉斯谟项目在 2014 年总共有 345 万人参与了 1732 个教育项目。其中 19% 的战略伙伴项目预算——6500 万欧元拨付给了跨部门的 243 个项目。2014—2020 年，伊拉斯谟项目计划资助 165 亿欧元②，帮助欧洲国家现代化和提高他们的教育和培训系统以及他们的青年和运动政策，加强他们在促进增

---

① The Education, Audiovisual and Culture Executive Agency. Erasmus Mundus Action 2 Partnerships Main Achievements and Results(2010-2018)[R]. European Union, 2017:6.

② The Erasmus+ Programme. Work Together with European Higher Education Institutions:Come to Study or Teach in Europe[R]. Opportunities for Higher Education Institutions, Students and Staff from Partner Countries outside The European Union, 2017:8.

长、雇佣、竞争、创新和社会融合方面的角色。加强和促进青年、学生、学习者和实践者持续在欧洲流动是项目的根本目的,这样更好支持到2020年达到400万人的流动目标。

2016年,伊拉斯谟项目预算22.7亿欧元支持在7.9万个组织的2.1万个跨领域和区域项目的72.5万人流动学习,项目展示了很高的执行效率和有效的资金使用效率。

2017年,伊拉斯谟项目预算是26亿欧元,比2016年增加13%的预算,提供了80万人在国外学习、工作,从事志愿者活动,人数比2016年增加10%。2017年是伊拉斯谟项目执行30周年,支持到国外学习、培训,做志愿者或获得专业经历。拨款中的17%拨付给四个项目:300名新的伊拉斯谟联合硕士学位(New Erasmus Mundus Joint Master Degrees)、30000名奖学金项目(Scholarships for Joint Master Degree)、18万名学分奖学金项目(Credit Mobility Scholar Ships)、1000名能力建设项目(Capacity-building Projects for Higher Education)、2000个简·蒙尼特行动(Jean Monnet Activities)①。

(二)欧洲大学网络财政支持

欧洲大学网络关注学生和教职工的移动在大学内部合作项目(Intra-University Cooperation Programs),大学内部合作项目允许学生在另一个欧盟成员国完成一学期或一年的学习,这个交换主要是合作高校之间学术交流活动,所有参与大学完全认可和接受学生国外学习学分。欧盟委员会对于项目参与的大学按照每所大学给予25000欧元的拨款奖励。②

学习访问(Study Visits)也促进了欧洲大学网络的发展。这一项目是欧盟委员会拨款给大学的教学和行政管理人员,鼓励在不同的成员国之间进行教学和工作。学习访问项目允许欧洲大学网络加强合作高校合作,允许那些没有机会参与伊拉斯谟项目的学生,有机会接受国外大学教师和管理人员的教学而受益。

---

① The Erasmus+ Programme. Work Together with European Higher Education Institutions; Come to Study or Teach in Europe[R]. Opportunities for Higher Education Institutions, Students and Staff from Partner Countries outside The European Union, 2017:8.

② Annalise R. Walkama. The ERASMUS Generation: French Student Mobility in Europe 1987-1997 [D]. University of Louisiana at Lafayette, 2017:25.

七、欧洲学分互认和转换系统成绩制度

(一) 欧洲学分互认和转换系统成绩等级

欧洲学分成绩单采用常模参照评价,把所有学生的成绩分为7个等级,A是最好的10%,相对频数A=0.10;B是接下来的25%,相对频数B=0.25;C是接下来的30%,相对频数C=0.30;D是接下来的25%,相对频数D=0.25;E是接下来的10%,相对频数E=0.10。F意味着学生在评价中失败,有两个分数等级:FX意味着需要更多的工作才能通过,F意味着相当多的工作才能通过[1]。这种常模参照评价实际上是每一位学生在一个给定的学生群体中的相对位置,作为评价学生成绩的原则。

表5-8　欧洲分数等级表(ECTS Grading Scale)[2]

欧洲学分分数等级	成功学生的百分比 正常获得的分数	定义
A	10	优秀:特别突出的表现,仅有微小错误(Excellent:Outstanding Performance with only Minor Errors)
B	25	良好:高于平均标准,存在一些错误(Very Good:Above the Average Standard but with Some Errors)
C	30	好:有明显错误的合理的工作(Good:Generally Sound Work with A Number of Notable Errors)
D	25	满意:合理但有明显不足(Satisfactory:Fair but with Significant Shortcomings)
E	10	及格:满足最低标准的表现(Sufficient:Performance Meets the Minimum Criteria)
FX		不及格:在获得学分前还需要做一些工作(Fail:Some Work Required before The Credit Can be Awarded)
F		不及格:需要更进一步的工作(Fail:Considerable Further Work is Required)

---

[1] Terence Karran. Achieving Bologna Convergence:Is ECTS Failing to Make the Grade[J]. *Higher Education in Europe*,2004,XXIX(3):411-422.

[2] Terence Karran. Achieving Bologna Convergence:Is ECTS Failing to Make the Grade[J]. *Higher Education in Europe*,2004,XXIX(3):411-422.

(二) 欧洲学分互认和转换系统案例分析

1. 学分互认机构

欧盟为推动学分互认和转换,建立两个机构:一是欧洲课程学分互认和转换系统(the European Community Course Credit Transfer System, ECTS),另一个是欧洲国家学术认可信息中心网络(the European Community Network of National Academic Recognition Information Centres, NARIC Network)[①]以及联合课程开发项目,降低学生在国外学习成绩不能被国内认可的风险。

2. 不同国家学分转换案例

欧洲学分成绩是一个常模参照系统(Norm-referenced System),同时国家的分数系统通常是一个标准参照系统(Criterion-referenced System),因此大学会提供一个转换的表格,表明从学院获得分数转换成欧洲学分分数。除了高校的分数外,还提供学生的表现信息而不是代替地方的分数系统。高校可以自己决定怎样在他们学校内部使用欧洲学分分数系统。

表 5-9 德国学分与 ECTS 分数换算标准[②]

ECTS	德国分值	ECTS 规定	德国规定
A	1.0—1.5	优秀	优秀
B	1.6—2.0	非常好	非常好
C	2.1—3.0	较好	较好
D	3.1—3.5	满意	满意
E	3.6—4.0	及格	及格
F	4.1—5.0	不及格	不及格

在丹麦,为促进丹麦教育国际化,1971 年,丹麦高等教育系统实施 13 个等级的分数系统,建立在常模参照评价基础上的相对分数系统,是一个全国性的基础教育和高中分数等级。

---

① Annalise R. Walkama. The ERASMUS Generation: French Student Mobility in Europe 1987-1997[D]. University of Louisiana at Lafayette,2017:26.
② 林璐.欧洲学分转换与积累体系在德国的事实经验及其借鉴意义[J].高教探索,2018(12):60-65.

表 5-10 丹麦 13 分数等级系统①

旧的分数等级系统	描述
13	授予无与伦比的独立且出色的成绩
11	授予具有独立且出色的成绩
10	授予具有出色的但并不独立的成绩
9	授予具有好的成绩,高出平均值一点
8	授予具有平均的成绩
7	授予具有低于平均绩效一点的中等成绩
6	授予刚刚可以接受的成绩
5	授予犹豫不决的不满意的成绩
03	授予非常犹豫不决,非常不充分和不满意的成绩
00	授予完全不能接受的成绩

表 5-11 13 等级的分数系统与欧洲学分互认和转换系统并不相容

13	11	10	9	8	7	6	5	3	0
1%	5%	10%	20%	27%	20%	10%	5%	1%	1%

如 13 和 11 分都要转换为欧洲学分的 A,另外一个问题是 13 分在不同学科使用的方式不一样。数学领域允许使用整个分数等级,没有太多的中间分数,丹麦主要使用中间分数。不同学校也使用不同的分数等级,有的还存在分数膨胀,如发现更多人使用 13 分,作为无与伦比的高于期望的成绩。事实上,11 分已经是很高的分数了,但是在国外经常被误解。

表 5-12 丹麦 2007 年开始使用新的分数等级系统与欧洲学分互认和转换系统比较②

12	给予卓越成绩,完全满足课程目标,没有或仅仅有一小点不重要的瑕疵	A
10	授予非常好的成绩,满足课程目标,仅有一小部分不足	B

---

① Bettina Dahl, Eirik Lien and Asa Lindberg-sand. Conformity or Confusion? Changing Higher Education Grading Scales as A Part of The Bologna Process: the cases of Denmark, Norway and Sweden, Learning and Teaching[J]. The International Journal of Higher Education in the Social Sciences, 2009, 2(1): 39-79.

② Bettina Dahl, Eirik Lien and Asa Lindberg-sand. Conformity or Confusion? Changing Higher Education Grading Scales as A Part of The Bologna Process: the cases of Denmark, Norway and Sweden, Learning and Teaching[J]. The International Journal of Higher Education in the Social Sciences, 2009, 2(1): 39-79.

7	授予好的成绩,满足课程目标,而且显示出一部分不足	C
4	授予一个公平的成绩,既满足课程要求,又显示几个主要的不足	D
2	授予获得足以勉强达到课程目标的成绩(表现)	E
0	授予不足的不能满足课程目标的表现	Fx
−3	授予在所有方面都不能接受的表现	F

这些成绩分数等级完全清晰陈述为预期学习成果(Intended Learning Outcomes),这样可以保持一致的分数标准,同样分数应该应用到整个教育系统而不考虑学科内容,从而加强纵向和横向的教育项目流动。

在挪威高等教育系统使用的拉丁等级:1分是最高分,4分是最低分,每一个等级之间分成0.1步骤,使得分数系统达到31个等级。失败是4,最高可以是6分,也就意味着即使是失败也是可以排序的。如2.2分在人文和社会科学是一个很好的成绩(A Really Good Result),但是在自然科学中,同样的分数将是一个满意而不突出的分数(Would be Satisfactory, but not Outstanding)。1.0分数在人文学科很少见,在自然科学和技术学科,1.0分数是一个常见的成绩。

表5-13 2003年之后挪威的分数系统完全按照欧洲学分等级系统使用[1]

符号	描述	欧洲学分	框架值	排名标准
A	卓越	10%	8%—12%	明显高于平均分
B	非常好	25%	20%—30%	高于平均值
C	好	30%	24%—36%	平均值
D	满意	25%	20%—30%	低于平均值
E	足够	10%	8%—12%	远离平均值

瑞典在1960年代基础教育使用的是常模参照评价的1—5分成绩单制度,5分是最高分,2008年瑞典引入新的6级分数系统A—F,F表示失败。在这个分数系统中,E赋值10分,A赋值20分,在每一个层次加2.5分。

---

[1] Bettina Dahl, Eirik Lien and Asa Lindberg-sand. Conformity or Confusion? Changing Higher Education Grading Scales as A Part of The Bologna Process: the cases of Denmark, Norway and Sweden, Learning and Teaching[J]. *The International Journal of Higher Education in the Social Sciences*, 2009, 2(1): 39-79.

八、欧洲学分互认和转换系统存在问题

（一）欧洲学分互认和转换系统成绩正态分布问题

作为高斯定理分配欧洲学分分数系统，把学生及格及其以上成绩分成 5 个等值分数段，高斯定理分配会导致高于最大值和低于最小值的可能性为零。另外，如果通过课程学习的学生分数分配是高斯定理分配，就必须满足一定分数段的固定人数标准。在实践中很少能够满足高斯定理正态分布的出现。从统计学的观点上看，高斯定理或正态分布作为分配的标准就是保证正态分布假设。为了有效地选择，必须保证正态分布有一个有力标准，然而自动使用这一标准常常导致错误，特别是学生数量较少的情况下。事实上，班级规模足够大才能避免测试分配信息流失，而且每一个班必须包括大量学生成绩数据。理论上讲，这一数量将是无限大，但是柯克伦标准（The Cochran's Criterion）建议 80% 的班级必须包括 5 个组成部分，而且其他的都不能空。五个等级的正态分布，一个班级人数一定要超过 40 人。作为一个标准的成绩分布，一个班级如果有 40 名学生，得 A 的有 4 名，B 的有 10 名，C 的有 12 名，D 的分数有 10 名，E 的分数有 4 名[①]。若参加考试学生很少，如少于 10 人的时候，可能很难给学生确定分数等级。一个办法就是把参加同一门课程学生考试的分数积累一定年限，这可能确定欧洲学分等级和给出正确的分数。这种方法限制了第一次参与这样课程的正确性。另外，这种方法是学生与历史的学生相比，而不是与现在的学生相比，而且是所有的历史学生，也会导致分数不能真实反映学生的学习成绩。

（二）精英大学排斥问题

博洛尼亚进程促使欧洲高等教育系统向系统的、项目化的、程序性的和规制型的趋同（Regulatory Convergence）方向发展。批判者认为博洛尼亚进程是结构趋同（Structural Convergence）、欧洲高等教育系统标准化（The Standardization of European Higher Education Systems）、欧洲一体化的副产品（By-product of The European Integration）、欧洲化的高等教育系统（The Europeanization of

---

① Thomas Grosges and Dominique Barchiesi. European Credit Transfer and Accumulation System: An Alternative Way to Calculate the ECTS Grades[J]. *Higher Education in Europe*, 2007, 32(2//3): 214-229.

The Higher Education Systems)、美国化的欧洲高等教育,引进三个高等教育周期、复杂的政治过程、新自由主义教育政策的新实验(New Experiment of The Neo-liberal Educational Policy)①,高等教育政策的综合改革,这一过程侵蚀了教师和研究型大学的独立性。欧洲的精英大学如剑桥大学、巴黎政治学院,不愿意参与这一过程②。德国也在讨论,因为标准化的教育将会降低国家教育传统的重要性,这也是德国引以为豪的。2003—2004年,法国国内也有很多教育改革的批判,这种新的教育系统意味着大学之间的强制竞争,学生们也不希望这种竞争。简而言之,博洛尼亚进程引起了知识界论争。这种论争在俄罗斯也是一样,分成赞成的和反对的两个。很多学者怀疑欧洲一体化过程是否太急躁,而且系统性影响总体上还没有很好预测。

另外,欧洲高等教育区域一体化进程实际上仍然不能改变大部分高校边缘化。这一系统更多地限制在传统的高校——一小部分的精英学生,而不是大部分欧洲高等教育,特别是职业与培训系统。

(三) 法律权威问题

因为教育是民族国家的事情。高校曾经被认为是国家认同、天才保护,现在却被抛弃了,并作为学生流动的障碍。然而现存的框架不能转换为广泛的结构改革,也没有泛欧洲组织拥有法律权威推动这一高等教育结构重建③。博洛尼亚进程没有国际法强制力,它的执行需要各国立法支持,更没有法律条约约束这一过程。教育也不是欧洲议会、部长委员会等的责任,学分互认和转换是一个自愿的过程,其执行力完全依赖大学行动。

(四) 欧洲学分破坏高等教育多样性问题

欧洲学分仅仅反映了教育项目背景中的获得数量,不能表达任何有关内容、学术水平或项目质量信息,欧洲中1年学习量在不同国家有不同意义。尽管各个大学对学分和分数有共同的理解,但不同文化对思维的价值是不同的,会导致不同的分数成绩。学生在国外学习熟悉了自己的教育文化和评价规

---

① Éva Szolár. The Bologna Process: The Reform of the European Higher Education Systems [J]. Romanian Journal of European, 2011,1(11): 81-100.
② E. V. Dobren'kova. Problems of Russia's Entry into the Bologna Process [R]. Russian Education and Society, 2008,50(4): 42-51.
③ Éva Szolár. The Bologna Process: The Reform of the European Higher Education Systems [J]. Romanian Journal of European, 2011,1(11): 81-100.

则,那些与自己所在国家差别很大的国家,会导致不同学习成果,进而影响学生自信。现在欧洲学分互认和转换系统不承认欧洲内部教育多样性,而是试图掩盖这一切。现在系统并没有展示在多样性中的统一性,简单转换学分和分数机制,其有效性、可信性和标准都值得怀疑。

(五)欧洲学分统一性问题

1. 欧洲学分开放性解释

欧洲学分7个成绩等级描述包括正常实现、微小错误、高出平均标准、某些错误,通常可以、一系列的错误,有很大的缺点不足、需要更多的工作,相当多的进一步工作,这些术语并没有示例材料支持,而是开放性解释。因此,这种分数相关标准是不可行的,很难实现欧洲学分互认和转换系统宣传的那样增加透明性目的。在欧洲学分中,具有同样名义学分的课程模块和类似的上课时间,可能导致非常不同的独立学习时间,这就再次质疑欧洲学分的评价标准。在阿尔巴尼亚、科索沃、荷兰等国给一些课外活动课赋予了欧洲学分成绩,但是在立陶宛、冰岛、奥地利等国家在此领域就没有使用欧洲学分成绩,甚至一些国家还未实施欧洲学分互认和转换系统。

2. 国家分数系统差别巨大

欧洲学分互认和转换系统中,不同的国家使用不同的分数系统,这都源自各个国家的教学和文化传统。还有必要指出,不仅他们有不同分数系统,而且他们的高校和学科也使用不同的分数系统。很多国家使用的是数字分数,但是在挪威、意大利使用的是字母。爱沙尼亚(Estonia)、拉脱维亚的学术机构使用两种不同的分数系统,数字和字母[1]。欧洲没有主导性的分数系统,使用1—10分数系统的有5个国家,1—20分数系统的有5个国家。有9个国家提供四个等级,7个国家采用4分制,7个国家采用5分制,4个国家采用6分制(A Six Point Scale)。在拉脱维亚等,分数等级是1—10,8分是非常好(Very Good),9分是优秀(Excellent),10分是卓越(With Distinction),用以表示学生掌握的知识远远超过课程的内容。在比利时的法语区(Flemish part of Bel-

---

[1] Jurgita Lieponiene. Regina Kulvietien' E. The Grades Transfer from One Grading Scale to Other Algorithmization[J]. *Informatics in Education*, 2011, 1(10): 233-244.

gium),学生获得的最高的成绩是 20 分。①

在现实中,国家成绩差别较大,将会出现有多少结成合作伙伴的欧洲大学就会有多少种转换系统的现象。如意大利学生在法国一所高校在总分 20 分中获得 13 分,在法国高校,13 分是不错的表现,转换为欧洲学分是 C,成绩单会展示 13 分和欧洲学分 C。根据两份成绩信息,意大利高校总分是 30 分,学生在法国获得成绩转换成意大利成绩是 27 分,这种 20 分中获得 13 分的转移到 30 分中的 27 分,透明度、可信性和有效性肯定是一个挑战②。

一些欧洲国家的评分等级很少。如在西班牙的系统中,学生从 5—10 分给出 6 个等级,根据 0—10 的计分原则,5 分是通过的。同样芬兰从 1—3,因此如果大面积实施更大规模学生学分互换,就不好与欧洲学分匹配。瑞典分成三等,有条件通过(Conditional Pass),通过(Pass)和卓越通过(Pass with Distinction),在这种情况下最好是由数字的方法使用欧洲学分。即使可以这样做,也很难使用欧洲学分的卓越、非常好、好、满意和足够的评分等级。在英国,大学不论学科或学院,如果一个学生的最后分数的百分比超过 70%,将会获得一流的荣誉学位(A First Class Honours Degree),而法国的学生如果分数在 20 分中超过 16 或 18 分,不同的大学或教师会给予最高的分数——优秀(Excellent);在瑞典,没有法律规定的分数系统,因此每一所大学自由决定使用自己的分数系统。工程系(Swedish Faculties of Engineering)的教师 3 分是通过(Pass),4 分是较低的荣誉分数(Pass with Honours Lower Grade),5 分是较高的荣誉分数(Pass with Honours Upper Grade)。文理学院的教师(Faculties of Arts and Sciences)使用两种分数——通过(Pass)和荣誉通过(Pass with Honours)③。西班牙大学采用的是常模参照评价学生的水平,最高的分数授予前 5%的学生。芬兰的教育是 5 或 3 是最高分,1+是最低分,丹麦 13 是最高分,6

---

① Terence Karran. Pan-European Grading Scales: Lessons from National Systems and the ECTS[J]. *Higher Education in Europe*, 2005, 30(1): 5-23.

② Hugh Morrison. The Impact of Modular Aggregation on the Reliability of Final Degrees and The Transparency of European Credit Transfer [J]. *Assessment and Evaluation in Higher Education*, 1997, 22(4): 405-417.

③ Terence Karran. Pan-European Grading Scales: Lessons from National Systems and the ECTS[J]. *Higher Education in Europe*, 2005, 30(1): 5-23.

分是最低分,而且没有 12 分①。

在法国、希腊,大学使用欧洲学分授予学分也是不同的。

表 5-14　法国 5 所大学欧洲学分使用情况②

欧洲学分	大学一	大学二	大学三	大学四	大学五
A	16—20	18—20	大于或等于 14.5	16	大于 15
B	14—16	16—18	大于或等于 13	14	12—15
C	12—14	14—16	大于或等于 11.7	12	10—12
D	10—12	12—14	大于或等于 11	11	8—10
E	通过	8—12	大于或等于 10	10	6—8
F	低于 10 分	低于 8 分	低于 10 分	8—9	低于 6 分
G			低于 6 分	低于 7 分	

从表中我们可以看到,大学二和大学五是法国的大学,如果学生在 20 分中获得 8 分,他们授予学生欧洲学分 E 等,其他几所大学则不会获得该课程学分。如果学生在 20 分中获得 14.5 分,大学三授予欧洲学分 A,然而大学二要求学生在 18 和 20 分之间才能获得 A。这一表格显示,没有一个欧洲学分是所有 5 所大学能够达成一致的。

表 5-15　希腊大学欧洲学分使用情况③

欧洲学分	大学一	大学二	大学三	大学四	大学五
A	9.0—10	8.5—10	8.5—10	8.5—10	10
B	8—8.5	7—8.4			8—9
C	7—7.5	6—6.9	7.0—8.4	6.5—8.49	7
D	6—6.5	5.1—5.9	5.1—6.9	5.01—6.49	6
E	5—5.9	5	5	5	5

---

① Terence Karran. Pan-European Grading Scales: Lessons from National Systems and the ECTS[J]. *Higher Education in Europe*, 2005,30(1): 5-23.

② Terence Karran. Achieving Bologna Convergence: Is ECTS Failing to Make the Grade[J]. *Higher Education in Europe*, 2004, XXIX(3): 411-422.

③ Terence Karran. Achieving Bologna Convergence: Is ECTS Failing to Make the Grade[J]. *Higher Education in Europe*, 2004, XXIX(3): 411-422.

续表

欧洲学分	大学一	大学二	大学三	大学四	大学五
FX	4—4.5	4—4.9	0—4.9	0—4.49	不及格
F	0-3.5	0—3.9			

在希腊,有五分之三的大学给予描述为卓越的学生是 10 分中得到 8.5 分,这就使欧洲学分的 A 和 B 没有任何区分。在低分数中,学生不及格分数并没有形成一致的标准,但是有大学把欧洲学分分为 FX 和 F 两个等级。

意大利更加统一,30 分或 30 分荣誉两个分数等级,通常与欧洲学分的 A 等一致,但是 18 或更高的分数被认为可以通过考试。然而在中间的分数中有相当多的变化。在荷兰,欧洲学分 E 等是 5.5 分的有两所大学,6 分有两所大学,另外一所大学要求 5.8 分及格,但是没有在 D 与 E 之间做出区分。在 A 等中,一些大学要求 10 分中获得 9.5 分及以上,其他的大学则要求 9 分,仅有一所大学要求 10 分中获得 8.3 分,如果获得前两名可能只能得到 C 等的成绩。

假设两名学生分别在法国、希腊、意大利和荷兰学习,他们的分数在法国大学是 20 分中获得 15 分,希腊大学是 7.4/10,意大利大学是 28/30,荷兰大学是 7.3/10。然而一名学生在法国的大学三、希腊的大学二、意大利的大学四、荷兰的大学三,这种幸运的选择和欧洲学分与本国成绩的巧合,会使这个学生获得 2 个欧洲学分 A、2 个 B;相反另一位学生非常不幸地选择了法国的大学二、希腊的大学一、意大利大学三、荷兰大学五,尽管与幸运同伴获得同样的分数,但是他获得了三个欧洲学分 C 等和一个 D 等。

表 5-16　幸运和不幸运学生在法国、意大利、希腊、荷兰五所大学获得欧洲分数情况[①]

国家和地方分数	法国 15/20 分	希腊 7.4/10	意大利 28/30	荷兰 7.3/10
大学一欧洲分数	B	C	B	D
大学二欧洲分数	C	B	B	C
大学三欧洲分数	A	C	C	B

[①] Terence Karran. Achieving Bologna Convergence: Is ECTS Failing to Make the Grade[J]. *Higher Education in Europe*, 2004, XXIX(3): 411-422.

续表

国家和地方分数	法国 15/20 分	希腊 7.4/10	意大利 28/30	荷兰 7.3/10
大学四欧洲分数	B	C	A	D
大学五欧洲分数	B	B	B	D
幸运学生	A	B	A	B
不幸运的学生	C	C	C	D

3. 不同学科差别较大

在国家内部,不同大学不同学科的分数也不一样,在英国,22%的数学专业的学生获得优秀等级(First Class Honours Level),但是在法学领域仅有 4.1%的学生获得优秀等级。在爱尔兰,2007 年授予优秀等级的学生在牙医领域是 2.7%,在医学领域是 3.6%,在数学和统计学领域是 53.8%,在生命科学领域是 30.5%①。欧洲学分等级仅仅是计算通过的学生,通过分数的偶然性不可避免地在不同国家和大学之间出现。

4. 考试次数不同

在意大利,学生传统上有自由决定是否接受获得的分数或者重新参加考试,即使在没有失败的情况下也是如此。他们至少可以重新不少于一次申请再次考试。相反,在丹麦,如果学生课程考试失败,他们有三次通过的机会。不参加考试会显示在学生的分数册上,但是不记作平均分,如果他们不能在这次考试中获得更高的分数,有的学生会直接上交空白卷获得零分,然后再次参加考试②。如果三次还没有通过考试,大学可以根据个人判断再给予一次,在四次尝试之后,大学需要从意大利教育部获得许可,允许该生再次参加考试,但这种授权是自动的。在芬兰、德国、拉脱维亚,没有全国性的再次参加考试的规则,大学提供它们自己的规则,尽管一般学生每门课程会有两次考试的机会。

5. 欧洲国家不积极引入欧洲学分互认和转换系统

德国是欧盟三驾马车中最重要的一个,但是德国引进欧洲学位系统和学

---

① Jim Gleeson. The European Credit Transfer System and Curriculum Design: Product Before Process [J]. *Studies in Higher Education*, 2013, 38(6):921-938.

② Terence Karran. Pan-European Grading Scales: Lessons from National Systems and the ECTS[J]. *Higher Education in Europe*, 2005, 30(1): 5-23.

分系统比较慢。主要有两个原因：一是德国高等教育分成两个部分，一个是大学系统，一个是应用科学大学系统。德国的应用科学大学（The Germany Universities of Applied Sciences）类似于英国的多科技术大学,大学的学位比应用科学大学的学位和文凭有更高的地位。引进欧洲学位和学分系统,大学系统需要克服与应用科学大学地位不平衡问题。德国联邦教育部长会议（The Conference of Interior Ministers for The Federation and The Federal States）决定调查每一所应用科学大学,是否其硕士学位与大学硕士学位是相等的。这一过程要通过认证来决定。这种学位相等,对于毕业生非常重要,特别是他们未来要在公共部门工作的话更是如此[1]。另一个原因是雇主们犹豫不决。德国雇主和所有公共部门没有使用国际学位的经验,德国以前的学位-文凭在公司部门拥有良好的声誉,这就是为什么德国的雇主在引进国际学位的时候犹豫不决,对学士学位和硕士学位反应异常缓慢。现在仅仅有一小部分雇主接受这一欧洲学位系统。

6. 评价标准有问题

首先,在开发欧洲学分互认和转换系统的时候,欧洲分数等级各种各样,这使得不同国家之间的比较变得更加困难,因为各国分数等级系统的建构和使用都是不一样的。欧洲学分互认和转换系统等级就是为了解决复杂多样性问题才采用常模参照评价（Norm-Referenced Assessmen）的,明确要求欧洲学分应该显示一小部分高分数的学生和大部分平均分学生的原始分数,这被称为相对分数（Relative Scale）。常模参照评价的目的是告诉哪些学生的学习绩效好于另外一些学生,这是建立在人类的特点和能力,平均分配给所有人类假设的基础上。这是一个很有争议的假设,特别是在考虑学习努力和其他方面的时候更是如此。常模参照评价,经常要求应该在每一个分数段都有固定比例。与要求的分数相比,分数相连的评价系统需要一大群学生进行同时评价。但是大部分欧洲国家使用标准参照评分等级。因此决定一个学生分数等级的标准是通过与评价标准相比较确定,导致根据标准某一门课程所有学生分数都比较高;也会出现即使一门课程通过考试的学生分数都很低,按照欧洲学分

---

[1] Ute Krauss-Leichert. The case of Germany: A Report on The Status of International Degrees and Credit Point Systems[J]. *New Library World*, 2003, 104(7/8): 300-306.

的标准,仍然有10%的学生根据常模参照系统可以评定为A等。这就形成学生成绩根据标准参照获得很高的分数,但是根据常模参照的欧洲学分标准可能只能获得C等。

其次,国家指导纲要与欧盟不一致。在英国,欧洲学分指导纲要中指出,在欧洲学分等级A中,英国的大学授予8%的学生荣誉学分,他们可以被授予欧洲学分的卓越等级。但是这一策略一旦接受就代表侵蚀了常模参照量表,这样就会损害一部分学生的利益,因为2%的学生可以被拒绝给予欧洲学分量表中A等。这就很难赞同一个分数等级方案中,学生的分数可以最大限度地依赖成功利用巧合(Coincidence)提升自己的分数成绩。这样学生可能会思考他应该付出多少努力才能通过欧洲学分并获得A的等级,学生成功利用这种常模参照欧洲学分与本国所在大学的标准参照的评分等级巧合很明显会不断扩展。

(六)欧洲国家高等教育财政支持不平衡问题

首先,衡量高等教育的公共支出的一个指标是高等教育支出与GDP比例,这个指标代表着一个经济体的总收入中拨付给高等教育使用的份额,高等教育财务支出的不平衡会导致高等教育资源的投入不均衡,以及教育教学质量的差异,作为学习成果的学分也会表现出一定的差异性。2008年,欧洲对高等教育的公共总支出最高的是丹麦和挪威,超过2%;年度支出最低的是斯洛文尼亚0.78%,欧洲总体平均是1.15%的GDP。研发投入在瑞士占所有高等教育投入的49%,葡萄牙占47%,英国占46%,研发投入高的国家教育核心功能比例下降。在公共支出中,高等教育所占比例最高的是挪威,为5.14%,塞浦路斯为4.38%,丹麦为4.13%,最少的意大利为1.69%,英国为1.76%。平均支出在公共支出中的比例为2.76%[1]。

其次,财务限制是所有参与伊拉斯谟项目的最主要因素,57%的非伊拉斯谟项目学生表示,在国外学习太昂贵而不需要考虑,29%放弃项目的学生也是因为提供的拨款不能全部涵盖因国外学习发生的成本,而放弃项目。

三是参与伊拉斯谟项目的学生花费较多,但是在劳动力市场并不能获得期望的收益。最近几年,个人从伊拉斯谟项目中获得的市场收益是下降的,并

---

[1] Androulla Vassiliou. The European Higher Education Area in 2012: Bologna Process Implementation Report[R]. The Education, Audiovisual and Culture Executive Agency, 2012:24.

不被看作是理性的未来职业的投资,对一些资源限制的学生来说是尽力避免的事情。

(七) 学生参与比例较低问题

从 1987—1988 年到 2012 年,有超过 300 万欧盟学生从该项目中获益。1987 年以后学生参与的比例不断上升,有时候还比较多,但是参与伊拉斯谟项目的学生参与比例仅在 0.1% 到 1.5% 之间,如果按照 1997—1998 到 2009—2010 年的增长速度来算,到 2020 年也仅仅是 5% 的全部大学生有到国外学习的机会,如果按照 2005—2006 年的增长速度来算,到 2020 年可能达到 7%。除了卢森堡参与比例高于 6% 之外[1],在某些老的欧盟国家参与的比例是停滞的甚至是下降的。

伊拉斯谟项目倾向于来自较高的社会-经济阶层的团体,其他的指标显示,大部分国家的学生来自传统的学术性大学而不是大众的高等教育机构,更多的学生来自首都地区和其他城市,伊拉斯谟参与比例最高的学生在经济学和社会科学,最低比例在科学。

(八) 普通教育与继续教育学分互换问题

欧洲很多国家存在双轨制系统:一轨指的是普通高等教育,另一轨指的是继续教育和职业技术教育。在 1992 年,英国、芬兰建立多科技术学院,扩大和升级职业教育系统。双轨制高等教育系统存在不同的课程、文化和制度,采用不同的教学方法,承担互相竞争的责任、学术素养、学术评价(Competence-based Assessment),虽然欧洲建立了职业教育与培训系统实现学分互认、学分积累和转换,但并不能解决不同高校之间缺乏共同成长的问题。课程的不同也是一个问题,并不容易解决。这种让继续教育(Further Education)课程与大学课程模式更加接近,融合之间的差异是导致不满的根源。继续教育学院教师需要增加额外的资源,而大学不需要改变。由此可见,欧盟通过降低高等教育学分和期望高等教育课程改变,适应高等教育和继续教育学分互认和转换还远未完成。

---

[1] Hans Vossensteyn,etc.. Directorate General for Internal Policies Policy Department B:Structural and Cohesion Policies: Culture and Education [R]. European Parliament, 2010:154.

九、欧洲学分未来发展趋势

（一）建立欧洲标准分数

欧洲范围统一的分数量表(The Europewide Uniform Marks Scale)很有教育意义,这一量表能够用来保证所有欧洲学分转移的一致性而不流失信息。欧洲范围内统一的分数量表将保证所有的大学通过浏览已经校准的统一分数成绩,尽可能快地评价访问学生学术概况(The Academic Profile)。巴黎的大学不需要在用复杂的算法转换学生学分,因为有一个共同的欧洲标准语言已经存在。统一的欧洲分数量表代替现在的欧洲学分互认和转换系统分数量表,这样就可以通过共同的欧洲尺子(The European Ruler)测量学生的成绩,保证透明性。每一个国家将继续使用本国的分数系统,但可以使用欧洲标准分数作为衡量依据。

（二）建设欧洲教育区域

2017年,欧洲委员会通过教育和文化加强欧洲认同(Strengthening European Identity through Education and Culture),到2025年建立欧洲教育区域(The European Education Area by 2025)的目标,到那时候,欧洲人到国外学习和研究将成为常态。2018年5月22日,欧洲委员会采取进一步的行动解释和发展欧洲教育区域,新的欧洲委员会创建项目的题目"建立一个更强大的欧洲:年轻人、教育和文化政策的角色"(Building A Stronger Europe: The Role of Youth, Education and Culture Policies),进一步理清欧洲教育区域愿景和一系列的倡议,其中高等教育领域将进一步强调更好的质量保障,这是取得欧洲高等教育机构信任的关键。

开发欧洲学生卡(The European Student Card),建议建立自动互相认可国外学习证书和学习时间委员会(A Council Recommendation on the Automatic Mutual Recognition of Diplomas and learning periods abroad),促进学习成果和资格互认。

（三）建立在线服务系统

要顺利实现学生跨国跨校选课,必须建立庞大的网络服务系统,提供的相关服务包括:开通学生跨校选课系统,学生可以进行实名注册,填写自己的学业相关信息进行登记。注册成功后便可通过查询,了解相关院校和课程的信息,学生根据自己的兴趣爱好,进入选课系统申请选课,系统也将保存学生的个人信息。另外,相关的学分转换申请表、学习协议、成绩单、认证单等都可通过网上的下载中心进行下载。学生在跨校选课成功后,就可在接收高校参加课程学习,学习结束,通过考核后可申请记录相关课程的学分和绩点,由相关审核认证部门审核通过后,在网上同步更新课程学分和绩点信息。另外,网站需要专业人员定期进行维护和更新,以适应不断发展变化的学分转换系统。

第六章
美国学分互认和转换现状

美国学分互认和转换系统不同于欧洲学分互认和转换系统,但美国作为联邦制国家竟有一个令人难以置信的全国性的资格、评价和认证过程。美国通过职业和专业协会的规范性要求,以及地方和州政府的认证,通过这些认证保证美国各地高等教育具有同等的资格标准,为促进学分互认和转换确立了基本质量框架。

自从19世纪末确立卡耐基学分以每周1小时课堂教学、连续16个周为一个学分的工作量标准以来,美国基本形成了协士学位60个学分、学士学位120个学分、硕士学位90个学分的学习工作量规范,不同大学虽有所差别,但基本上按照这一规则进行。上述两个方面保证了美国学分互认和转换的学术成果质量和学生学习工作量中的学习时间基本一致,同时确立了美国学分互认和转换的质量标准和数量标准。

一、背景分析

(一)强调开源节流

1. 个人收益

按照人力资本理论的观点,学位越高的人获得的收入越高。因此,获得学士学位个人收益比高中毕业生高出很多。美国研究者通过1992和2009年的劳动力数据,发现获得学士学位的个人一生比高中毕业生多赚100万美元①。加州2009年的统计数据显示,一位学士学位毕业生年薪是51938美元,而加州的协士学位的薪水是35843美元,有学士学位的比协士学位的薪水高出30.99%②。学位的提升,不仅实现个人收益的增长,而且能够提升劳动者的工作效率和质量,促进学位获得者当地社会经济文化发展,降低失业率,维护社会稳定。

2. 增加税收

首先,学士学位比高中毕业生收入增加,进而增加政府税收。学士学位毕业生还可以带来更多的税收,降低社会福利系统的压力。据统计,每年每一位美国本科毕业生比高中生为联邦政府、州政府和地方政府税收收入高5900美元,一生为国家、地方和州政府贡献17.7万美元的税收。如果一些州能够提高毕业生的毕业率5%,就能够为本州的税收增加1亿美元③。美国劳工统计局(the Bureau of Labor Statistics)研究显示,高中毕业生与学士学位毕业生年度薪水差额有20000美元,而且还在不断增加,如果有100万美国人获得学士学位,那么每年的年度差额就是200亿美元④,损失的税收和劳动生产率会更多。这些成本不仅对学生、纳税人有消极影响,还对美国经济稳定性产生消极影响。

其次,一般来讲,社区学院的毕业生比高中毕业生平均高出20%—30%的薪水,学士学位则高出40%。在贫困比例中,高中辍学的家长比大学毕业的家长的贫困发生比例高10倍。那些受过良好教育的人很少经历暴力、吸毒、疾病或癌症等侵害。教育也能使工作更具灵活性,并获得较好的工作条件和较低的失业率。在加州的失业率统计中,学士学位的为6.1%,非学士学位的是8.8%。⑤

---

① Matthew James Trengove. The Vertical Transfer Student Experience[D]. Florida State University College of Education, 2015:1-2.

② Linda Barnes Tucker. Transfe and Articulation Issues Between California Community Colleges And California State University [D]. University of Verne,2013:2-3.

③ Lisa M. Runyan. Undergraduate Degree Completion:A Study of Time and Efficiency to Degree [D]. the University of Missouri – Columbia, 2011: 9.

④ Peter P. Smith. You Can't Get There from Here:Five Ways to Clear Roadblocks for College Transfer Students[J]. American Enterprise Institute for Public Policy Research, 2010(5):1150-1155.

⑤ Linda Barnes Tucker. Transfe and Articulation Issues Between California Community Colleges And California State University[D]. University of Verne,2013:2-3.

3. 节省学生就读成本

随着四年制大学的学费层次的不断升高和学生债务的不断提升,进入社区学院学习是一个有效节约成本的路径,允许学生从社区学院转学到四年制大学获得学士学位,是一个很有效率的学习方式。这些转学学生将会有更少债务,更高收入。

首先,社区学院人力资本成本较低。从社区学院转学到四年制大学不仅对于学生个人而且对于州政府来说都能节省一笔不小的开支。因为社区学院不经常使用全职教授,而四年制学院有72%的教师是全职教授或正在评审全职教授,在社区学院仅仅有55%的人做这些事情。四年制大学的教师平均薪水是公立76985美元,私立78574美元,社区学院只有61065美元[1]。如果按照全职终身教授或评审终身教授的教师薪水衡量教学质量的话,社区学院的课程、四年制公立大学的课程在人力资本获得方面要比私立四年制大学低。

其次,社区学院可以节省开支。社区学院的学费通常不到四年制大学学费的一半。如在2011年,加州公立四年制大学全日制学生的学费为8370美元,非营利四年制大学为28280美元,社区学院仅为3000美元,仅这一项就为加州政府和人民节省了19亿美元教育经费。学生也因为在社区学院就读然后转学到四年制大学,而为加州社区学院学生家庭节省了17亿美元学费[2]。

表6-1 2011-2012年不同类型高校学费[3]

高校类型	学费和杂费(tuition and required fees)	纯学费(Net tuition)(政府和大学拨款导致的学费)
四年制公立大学	8370美元	2620美元
四年制私立非盈利大学	28280美元	12600美元
两年制公立学院	3000美元	-1350美元

在2014—2015学年,全美公立两年制学费平均是3347美元,与公立四年

---

[1] Paul F. Byme and Rosemary L. Walker. Community College: A Cost Effective Path to a Bachelor's or a Short Sighted Educational Investment[J]. *Journal of Economic Insight*,2018,44(1):69-101.

[2] Daniel T. Bahner. Interactions Between Faculty and Latina/o and White Community College Transfer Stusents: A Mixed Methods Study [D]. California State University,2015:43.

[3] Paul F. Byme and Rosemary L. Walker. Community College: A Cost Effective Path to a Bachelor's or a Short Sighted Educational Investment[J]. *Journal of Economic Insight*,2018,44(1):69-101.

制大学平均学费 9139 美元相比少了很多,这是为什么很多低收入家庭孩子选择社区学院的一个重要原因。同时因为大部分学生就住在社区学院附近,这样一年就能节省下住宿费 9804 美元。对于一位想通过社区学院获得学士学位的学生来说,可以比直接在四年制大学就读节省 30000 美元①。

2001—2002 年,加州州政府给加州大学系统按每位全日制学生拨款 22634 美元,加州州立大学系统每生 10191 美元,加州社区学院每生 4560 美元。考虑到转学需要的 60 个学分,每名在社区学院学习的学生完成 2 年的课程比加州州立大学节省 11000 美元,加州大学可以节省州政府 36000 美元②。

在宾夕法尼亚学院,学分转移系统(The Pennsylvania College Credit Transfer System)要求社区学院的学生从可以转学的课程目录中转学到四年制大学课程 30 个学分,最多可以转移 60 个学分。学生可以通过宾夕法尼亚转学和衔接中心(the Pennsylvania Transfer and Articulation Center)网站了解转学课程和转学学分。该州教育厅长格兰德·扎赫其克(Gerald L. Zahorchak)指出,转学学生从 2007—2009 年增加了 13%,学生从 2771 名增加到 3139 名,转学总学分从 139777 个增加到 2009 年的 153052 个。因为学生不需要重复学习课程,按照当时每学分成本 231 美元计算,可为所有转学学生节省 3540 万美元③。

(二) 提高毕业效率

纽约时报专栏作家戴维·伦哈特(David Leonhardt)指出,美国在大学注册的年轻人,仅有一半在毕业时获得了学士学位④。2006 年,美国高等教育未来委员会(The Commission on the Future of Higher Education)⑤宣布美国现在缺少经济发展需要的劳动力。如果美国不改变现状,在未来 15 年,美国经济和人均国民收入将会在事实上下降。美国高等教育评价系统中心(the National

---

① Di Xu,etc.. How and Why Does Two-Year College Entry Influence Baccalaureate Aspirants' Academic and Labor Market Outcomes[J]. *The Institute of Education Sciences*, 2016 (April):1.

② Duane D. Short. Assessing Effectiveness and Economic Efficiency in California Community College Transfer Advising[D]. Northcentral University ,2009:5.

③ Eleanor Chute. Credit Transfers From Community Colleges Grow[J]. *McClatchy - Tribune Business News*, 2010(May):5.

④ Linda Barnes Tucker. Transfe and Articulation Issues Between California Community Colleges And California State University[D]. University of Verne,2013:4.

⑤ John Ebersole. Degree Completion:Responding to a National Priority[J]. *Continuing Higher Education Review*, 2010(74):23-31.

Center for Higher Education Measurement Systems)也认为,保持美国学士学位生产率是在全球进入知识经济时代保持美国竞争力地位所必须要做的事情。

在2008年经济危机期间,所有经合组织国家中,美国25—34岁年轻人获得学位的人数排名12位,学士学位的毕业率从1995年开始到现在仅仅增长了4%,其他的经合组织国家则增长了19%①。为提高学生学士学位毕业率,高等教育访问、招生和成功学院理事会(The College Board Commission on Access, Admissions and Success in Higher Education)发表了学院完成率议程(The College Completion Agenda)报告——《即将到来的感知:教育和美国未来》(Coming to Our Senses: Education and the American Future),目标是在2025年,让美国高等教育毕业率达到55%。其中建议第九条指出,通过提高学生的保持率、学院之间轻松转学和执行数据分析的策略提高学生毕业率,应对学生保持率较低和不断辍学的挑战②。

2009年,巴拉克·奥巴马总统在德克萨斯大学宣誓采取各种措施阻止美国大学毕业率下滑,制定奥巴马政府的《美国毕业倡议》(The Obama Administration's American Graduation Initiative)③,奥巴马总统号召到2020年美国高等教育毕业生达到500万人,把25—34岁的年轻人获得学位的比例从2009年的38%,提升到2020年的60%。要求每一位美国公民至少有1年的中等后教育,还保证提供20亿美元资助社区学院与地方雇主合作提供工作培训,提升职业技术专业毕业率。为此,美国教育部仅通过佩尔奖学金等学生奖学金和贷款项目就增加了50%④的资金资助。各州开始响应联邦政府倡议,执行提高学位完成率的项目和政策。州的政策主要关注三个方面:一是提高学院和大学教育可承受性的财政政策;二是促进学生在不同高等教育层次和部门之间流动和准备的支持,保证社区学院或大学获得的学分不会因为转学而损

---

① Matthew James Trengove. The Vertical Transfer Student Experience[D]. Florida State University College of Education, 2015:32.

② Kathryn C. Senie. Implementing Transfer and Articulation: A Case Study of Community Colleges and State Universities[D]. Johnson & Wales University, 2014, 7.

③ George Spencer. Improving Transfer Pathways: The Impact of Statewide Articulation Policies[D]. Harvard University, 2017:1.

④ Henry C. Eyring. Unexploited Efficiencies In Higher Education[J]. *Contemporary Issues in Education Research*, 2011, 4(7):1-17.

失;三是政策目标是提升本地居民高等教育机会。

全国专业协会和私人基金会也积极行动,响应提高美国高校毕业率的号召。6个全美社区学院组织在美国社区学院联合会和美国社区学院董事联合会(The American Association of Community Colleges and the Association of Community College Trustees)签署协议支持政府提升毕业率的号召,承诺2020年培养50%以上的学位毕业生。露米娜基金会(The Lumina Foundation)提出2025年提高美国的学位比例达到60%,比尔与梅琳达·盖茨基金会(The Bill & Melinda Gates Foundation)目标是提供资金,使低收入家庭的成年人在26岁的时候获得证书或学位数量达到之前两倍的目标[1]。

(三) 满足时代需求

在过去,低技能、高薪水的制造业工作能够支撑美国大部分中产阶级工作,但随着经济全球化发展,制造业工作正在向海外转移,在劳动力成本更低的国家开办工厂。高薪水的制造业和矿业等传统的蓝领工作正在快速消失。不断增长的知识工作岗位,要求具有某种大学水平教育、技术技能,这一要求急速提高。在2018年,有三分之二的工作需要中等后教育学位,其中,三分之一要求学士学位,三分之一需要协士学位毕业生。公立两年制学院的一个主要使命是提高高等教育的入学率和毕业率。因此,美国人开始转向公立社区学院,作为一种可以负担起的获得学士学位的路径以及通往21世纪工作场所所需知识和技能路径。特别是2008年,经济危机之后,学费不断上涨,更加剧了这一趋势。高等教育和经济研究院(The Institute for Higher Education and the Economic)资深研究员安东尼·卡内瓦莱(Anthony Carnevale)指出,平均受教育年限每增加1年,一国经济增长就会达到5%—15%[2]。如果美国500万高校毕业生任务能够完成的话,那么将给美国经济发展带来强劲增长动力。

另外,随着美国社会老龄化发展,医疗护理领域需要更多获得学士学位的护理医生。美国护理教育与实践建议委员会(The National Advisory Council on Nurse Education and Practice)建议,美国现在至少有三分之二的护理工作需要

---

[1] Craig A. Clagett. The Maryland Model of Community College Student Degree Progress[J]. *Planning for Higher Education Journal*,2013,4(4):49-70.

[2] Katherine Boswell. Bridges or Barriers? Public Policy and the Community College Transfer Function [J]. Change,2004,36(6):22-29.

学士学位或更高的学位,仅护理专业一个领域就需要额外增加100万学士学位护理人员①。美国学院护理联合会(The American Association of Colleges of Nursing)认为,护理方向的科学学士学位是护理职业最低教育要求。但是美国大部分实践护理人员只拥有协士学位,护理协会建议签署一个衔接协议,解决护理专业学生独特需求,增强护理人员流动性。

（四）学位时间延迟

美国高中生进入大学学习,但是获得学士学位时间却在不断延迟。加州大学洛杉矶分校的高等教育研究院(UCLA's Higher Education Research Institute)研究发现,7%的大一全职新生认为他们将用超过4年时间获得学士学位。美国教育部全美教育信息统计中心的统计显示,现实中只有34.5%的本科生能够在四年内获得学士学位,有三分之二的学生用超过4年的时间,35%的学生没有获得任何学位辍学离开了学校②。1970年,美国本科生按时毕业的国家标准是4年内获得学士学位,现在美国本科生按时毕业的国家标准是6年内获得学位,新标准反映出学生学士学位获得时间延长了。在马里兰州,有超过四分之一的学生用了超过4年,有一半的学生用了5年,58%的学生用了六年③。从社区学院转学到四年制大学的学生会比传统四年制大学学生用更长的时间完成学士学位,即使这样,也只有10%的转学学生能够在2年内完成学士学位。

（五）教育成本上升

首先,高等教育是一项支出巨大的产业。2011—2012年,学位授予权学校花费4870亿美元,雇用了380万人④。高等教育成本上升一个解释就是高等教育之间进行竞争,提高了办学成本。高校必须提供学生们想购买的服务,学生可能会被教授知名度、更好的设施和服务吸引到心怡高校就读。

---

① Janine Spencer. Increasing RN-BSN Enrollments: Facilitating Articulation Through Curriculum Reform [J]. *The Journal of Continuing Education in Nursing*, 2008, 39(7):307-314.

② Lisa M. Runyan. Undergraduate Degree Completion: A Study of Time and Efficiency to Degree [D]. The University of Missouri – Columbia, 2011:5.

③ Edward O. Clarke. Study of Time-to-Degree in Maryland [R]. Maryland State Higher Education Commission, 1996:6.

④ Di Xu, etc.. How and Why Does Two-Year College Entry Influence Baccalaureate Aspirants' Academic and Labor Market Outcomes [J]. *The Institute of Education Sciences*, 2016(April):9.

其次,市场驱动的竞争。高校排名、更知名的学者、更多的申请者、更优秀的学生和更多的研究合同,都能在某种程度上提升学术人员和行政管理职员薪水和制度性成本。

三是成长力量(The Growth Force)。教育机会、研究和知识本身增长没有限制,前哈佛大学校长德里克·博克把大学与强迫的赌徒和流放的皇族相比,说明没有足够的金钱满足高等教育的需求。他们持续不断地寻找更多的项目、图书、设备,追求更多新的兴趣和机会[1]。

四是教育是劳动密集型产业,高等教育面临的困难是提高生产率。这种现象是成本疾病(Cost Disease)[2]。一般经济产业每个工人可以使用更多的机械,通过投资新设备、新技术或其他方式提高生产率,使单位劳动时间下降。高等教育很难通过增加设备代替人类劳动力,或提高生产率降低单位成本。如果学术职业要保持竞争力的话,学术职员薪水必须随着社区其他部门的薪水增长而增长。高等教育生产率很难提高,最主要原因是教职员与学生比例是确定或固定不变的,而且这一比例被学生代理人认为是保证学术质量的最好做法。同时,学者们也不愿意接受工业生产效率评价。所有这些都将影响高等教育的成本。

(六) 财政拨款下降

1. 拨款下降

联邦政府的投资只占学校运行的一部分,州政府和地方政府对大学投入逐年减少,所有州在高等教育的政府财政支出从 2008 年的 8890 亿美元下降到 2010 年的 8370 亿美元[3]。2012 年,学费占到两年制和四年制公立大学总支出的 47%,1987 年仅为 23.3%[4]。由于州政府拨款减少,导致在过去 25 年中,学生和家庭贷款债务不断上升,三分之二的毕业生平均有贷款 26000 美

---

[1] Tatana Yuryevna Koryakina Antunes. Revnue Diversification in Higher Education: The Case of Portugal [D]. Universidade de Aveiro,2013:22.

[2] Tatana Yuryevna Koryakina Antunes. Revnue Diversification in Higher Education: The Case of Portugal [D]. Universidade de Aveiro,2013:22. .

[3] Henry C. Eyring. Unexploited Efficiencies In Higher Education[J]. *Contemporary Issues in Education Research*,2011, 4(7):1-17.

[4] Benno Schmidt. Transforming Community College Education at The City University of New York[J]. *International Journal of Educational Leadership & Management*, 2013,1(1): 99-129.

元。全美学生贷款已经达到了 1 万亿美元,甚至超过了全美信用卡债务①。在听到内华达州议会宣布,该州议会在 2011—2012 学年削减内华达大学拨款 5000 万美元,未来十年再削减 5000 万美元消息后,内华达大学拉斯维加斯校区校长哭着告诉教师们,大学不得不变得更小、更昂贵②。家长和学生在经济衰退中收入和财富减少,也进一步恶化了美国高等教育经费支持。

2. 学费上涨

政府财政拨款下降的一个主要影响就是学生学费的大幅度提升。美国教育统计中心(The National Center for Education Statistics)在 2011—2012 学年显示,社区学院的学费保持在每学分 98.83 美元,州内四年制高校平均每学分 192.84 美元,公立本科高校的学费每年是 14300 美元,私立非营利四年制大学是 37800 美元。从 1970 年代开始,由于缺乏政府支持,学费已经上涨 700% 还多,但是美国家庭收入中位数增长仅为学费上涨的一半③,学费上涨直接导致学生毕业率降低、辍学增加和债务负担的不断攀升。

(七)大学挖潜增效

1. 提高大学运行效率

提升大学内部资源运行效率,降低大学运行成本。据爱达荷州的布里汉姆青年大学(Brigham Young University-idaho)统计,学生学习成本 75% 用在了交通、食物、房租上④。如果学生在家学习,将会大大节省学生就学费用。首先,该大学是一所非营利性四年制大学,采取使用其他高校可以代替的课程降低毕业生的经济负担。其次,大学校园采取全年无休运行,春季、夏季、秋季学期有相同数量的学生和教师人数在大学学习,学生可参加任何一个季度的学习,与两个学期相比,提高了单个学校建筑和教师利用率,学校节省了一半运行成本。不断增加的学校校园和其他固定资源的使用效率,使得布里汉姆青

---

① Amy Laitinen. Changing the Way We Account for College Credit[J]. *Issues In Science and Technology*, 2013,29(2):62-68.

② Henry C. Eyring. Unexploited Efficiencies In Higher Education[J]. *Contemporary Issues in Education Research*,2011, 4(7):1-17.

③ Margaret Elizabeth Allen. The Transfer Function of Community College: Building A Bridge to The Baccalaureate in Maine [D]. The University of Maine,2011:7.

④ Henry C. Eyring. Unexploited Efficiencies In Higher Education[J]. *Contemporary Issues in Education Research*,2011, 4(7):1-17.

年大学支付比同类院校更多的教师薪水,同时降低了每一个毕业生成本达到32%。教师并不被强制要求全年上课,他们可以有较多选择,用来保持现在的薪水,但是有95%的大学教师选择三个学期参与教学以接受更高的薪水。

2. 采取在线课程

现在的美国大学生年龄偏大,一般兼职上学,他们在线学习而不是在课堂上学习,这成为新时期美国高等教育的常态。2008年,有四分之一的美国大学生至少选择一门在线课程,到2009年增加了21%[①],提供在线课程的大学有刚成立不久的凤凰大学,也有历史悠久的殖民的大学,如宾夕法尼亚大学和康奈尔大学,一些大学还通过聘用临时教师提高大学运行效率。

3. 加强政府问责

公立高等教育成本随着通货膨胀不断增加而提升,很多联邦和州的法律制定者允许大学通过上涨学费的措施弥补不断增加的运行成本,同时采取各种各样的问责,保证公共税收资金能够更加明智地支出。2005年,马里兰社区学院系统建立社区学院学生学位进步马里兰模式(Maryland Model of Community College Student Degree Progress),用于分析和报告社区学院学生完成学位的情况。该项目由马里兰社区学院问责工作小组(The Maryland Community College Accountability Work Team)建立,以便对社区学院发展研究、毕业率和转学进行必要的监督评估[②]。

二、美国学分制

(一) 学分制内涵

美国授予学分的基础是学生在座位上的时间(Seat Time)而不是学习,特别是课堂之外的学习不能被认可为学分。大学按照时间输入而不是学习成果授予学分。课程分数按照5级字母表示,从A到D,包括F(Failure),95%的美国高校使用这一分数系统[③]。大学学术机构和项目可能会额外提出一些特殊

[①] Henry C. Eyring. Unexploited Efficiencies In Higher Education[J]. *Contemporary Issues in Education Research*, 2011, 4(7):1-17.

[②] Craig A. Clagett. The Maryland Model of Community College Student Degree Progress[J]. *Planning for Higher Education Journal*, 2013, 1(1): 49-70.

[③] Philip G. Altbach. Measuring Academic Progress: The Course-credit System in American Higher Education[J]. *Higher Education Policy*, 2001 (14):37-44.

的学术进步要求,如具体的课程平均绩点,有些学校可能要求每一年都必须获得一定学分作为获得学位的要求。也就是说学生必须接受一定标准的学习进步,否则他们可能会被终止项目学习或延期获得学位。

美国高等教育系统所有学位项目都要求学习课程,而不像欧洲博士学位仅仅研究,在美国哲学博士要求课程学习和研究,二者都可以以学分来评价,要求学生学习专业课程或跨专业课程积累学位学分,然后进入到下一步研究工作。研究论文也根据个人研究成果授予学分。一般每学期16周,两个正常学期和一个短的夏季学期,夏季学期通常并不被认为是一个标准的工作量。学生既可以兼职学习也可以全职学习。

学分系统为学术市场提供一个共同的学术货币,全美高校通过查看学分及其绩点,评价学生的学习质量和数量。学生经常以学分互认或转换为契机,从一所大学转学到另一所大学,在另一所大学获得学位,进而形成美国高等教育系统内不同层次、不同类型、不同性质的教育机构间学分互认和转换制度,促成了一些州层面上的统一转学衔接制度。总之,学分制提供了一个高等教育学术工作的共同货币,可以在全美3600多所高校互认和转换。

(二)学分资助和收费

首先,美国高等教育建立在学费的基础上(Fee-based),课程-学分系统允许大学根据学分收取学费。一般来讲,公立大学和学院比私立大学收取较低的学费,但是所有学费都依赖学分收取。学生收费大多采取注册费和学分收费方式进行。其次,各级政府财政拨款大部分是按照学分而不是学习成绩计算。最后,政府学生资助规章制度如美国高等教育法(The Higher Education Act)第五章永久认为学生的学分就是建立在时间的基础上,第四章规定学生获得资助的条件是根据学院的类型、项目和学生的层次决定的,包括学术日历要求,获得学位需要多长时间,学术绩效,所有这一切都要用学分表示。美国教育部要求任何非传统学院可以通过额外方法,保证第四章参与学生获得资助资格[1]。

(三)学分会计预算

学分生产功能是把输入学生转变为输出学分,使用时间评价生产过程。

---

[1] Jane Wellman. The Student Credit Hour[J]. *Change*,2005,37(4):18-23.

学分证明具有较强适应能力,它能从学位学分评价转变成一个高校会计、公共问题、跨校转学机制。这种变革导致卡耐基高级教学基金会督促学院和大学接受这一有效的管理工具。1910 年,基金会在专家的帮助下开发了一个科学评价高等教育机构活动效率的标准,能够用来评价高等教育机构的办学成本,比较高校之间的绩效,激励高校之间竞争。报告建议使用学生学分时间(The Student Credit Hour)作为一个正式的评价教师工作、生均教学成本以及整个高校办学效益的标准和工具,要求接受安德鲁·卡耐基养老金项目的任何高校都必须接受学分评价,以便标准化高校财务报告和会计。学分随后成为美国高校会计系统的一部分。

(四)学分绩效问责

学分是美国高等教育一个重要的问责方式,它意味着学生的进步。学位要求和其他学术项目都是通过要求的学分计算的,用每一门课程的学分数,作为评价学生学术工作进步的工具。学术机构运用课程学分系统对学生持续进步进行评价,提供反馈,保证学生获得进步达到学位要求。

学分系统也可以为教职工提供问责,某一教授讲授的课程学生注册人数、课程的分数等级、课程流失率、学生满意度都可以用来衡量教师的工作效益。如果教授持续获得较低的教学评价,可能会被问询,以便帮助提高教学上的进步。因此,学分制提供了一个容易的、一致的评价教师专业的工作方法。

课程学分系统也允许对教学产出率、学位和证书生产效率进行总体问责和评价。大部分美国大学都会收集院系、学科和项目的课程学分生产(The Course-credit Production)信息,决定分配资源,包括教授安置、生均教育经费、教育教学设施使用等。每一名教授的生产效率也可以通过这种方式评价。

三、社区学院发展

(一)社区学院建立

美国社区学院一开始被称为初级学院(The Junior College),初级学院主要提供转学课程到四年制大学。1852 年,马萨诸塞州建立了拉塞尔初级学院

(Lasell Junior College)提供标准的两年学院教学①。1896年,初级学院运动之父威廉·哈珀(William Rainey Harper)开始设计转学学分,把大学分为初级学院和高级学院,预言两者之间可以转学。他建议初级学院不要把精力放在升格为四年制大学,而是关注自己的两年制学院项目,建议完成大二学习的学生授予协士学位②。1902年,在伊利诺伊州的乔利埃特初级学院(Joliet Junior College in Illinois)成立,该学院是第一所高中改制成为社区学院的高校③。对初级学院发展做出突出贡献的还有密歇根大学校长亨利·塔潘(Henry Tappan)和斯坦福大学戴维·乔丹(David Jordan)以及查尔斯·麦克林(Charles McLane)、艾利克斯·郎(Alexis Lange)、詹姆斯·安吉尔(James Angell)等。

在哈珀校长建议下,初级学院得到迅速发展。1907年,加州立法机构通过《向上扩展法案》(Upward Extension Law),产生了加州第一所社区学院,同年,加州大学伯克利分校授予两年制的毕业证书,使中学与大学教育进行区分。同时,州立法机构为250名选修的初级学院课程的学生提供了奖学金。1920年,34所初级学院成立了美国初级学院联合会(The American Association of Junior Colleges),后来改名为美国社区学院联合会(The American Association of Community Colleges),这一年全美有200所社区学院。1921年仅加州就有21所社区学院④。1920—1940年,公立初级学院大量增加职业和成人教育项目,当然大部分早期社区学院还是关注学院的教学工作。

从1950年代开始,美国大学先修课程考试项目和学院水平考试(The Advanced Placement Program/AP and College-Level Examination Program),允许高中生接受大学学分和同课程测试获得大学学分。1961年,马里兰州立法设立社区学院建设资金,美国州政府第一次为社区学院的校园建设提供建设资金。

---

① Robert Houston Hale. A Study of Articulation Practices within Florida of Selected Florida of Selected Four-year Institutions of Higher Education Involving Transfer Students From Junior Colleges [D]. Northwestern University, 1971:9.
② Don Weiss. A Comparison of Success Between Johnson County Community College Transfer Students and Natives Students at The University of Kansas [D]. Saint Louis University,2011:29.
③ Richard N. Woodfield, Jr. Transfer Credit Equivalency Models: Improving the Transfer Process[D]. University of Maryland ,2013:5.
④ Robert Houston Hale. A Study of Articulation Practices within Florida of Selected Florida of Selected Four-year Institutions of Higher Education Involving Transfer Students From Junior Colleges [D]. Northwestern University, 1971:9.

自此,立法部门不断增加社区学院拨款和社区学院基本建设支持,加上地方资金,该州一共为社区学院基本建设提供了8000万美元,最终使该州社区学院的校园面貌焕然一新。

1960年代,美国高等教育迅速发展,社区学院入学人数也从1960年的50万人发展到1970年的200万人。从1978年开始,妇女进入高等教育人数超过男性,社区学院为女性提供了更多协士学位。1980年代,社区学院的总人数增加到400万,到1990年代达到550万。在2005—2006学年,社区学院有62.7%的学位授予了女性。根据美国社区学院联合会(The American Association of Community Colleges)2011年调查结果,美国有1167所两年制学院,其中933所是公立学院,143所是独立学院,31所是部族学院(Tribal Colleges)。服务学生1960万人,其中40%是全职学生[1]。现在进入社区学院的学生更多是家庭第一代大学生。他们年龄更大,多数为女性,或有残疾,多为少数民族,使用非英语语言,出身于单亲家庭,通常拥有普通高中毕业证,财务独立于父母。

社区学院被称为人民大学,学生都来自附近的社区,满足学生广泛的求学需求。2005年,统计表明有40.7%的黑人、45.8%的印第安人、38.3%的亚裔以及52.2%的拉丁裔美国人进入社区学院学习[2],学生成分更加多样。

社区学院在服务处于社会不利阶层的群体中扮演重要角色。社区学院学生中,65%的家庭收入不到2万美元,而家庭收入超过10万美元的家庭的孩子只有8.6%的人进入社区学院[3]。对于贫困家庭来说,社区学院不仅作为高等教育的前门(The Front Door),而且也是他们进入高等教育的唯一路径。

特里·巴尼恩(Terry O'Banion)认为,社区学院用任何方式、在任何地方、任何时间为学习者提供学习经验。这一代表性哲学转变是社区学院从关注教学到关注学习。作为一个学习学院,学习者有很大的变化:学习者对自己的学习负责,积极参与学习而不是被动地教;对于怎样学习和在哪里学习,学习者有广泛的观点;学习的过程是学习者在学院的帮助下合作的过程;学院在学习

---

[1] Don Weiss. A Comparison of Success Between Johnson County Community College Transfer Students and Natives Students at The University of Kansas [D]. Saint Louis University, 2011: 17.

[2] Tamara J. Rice. Riding out Waves: Community College Transfers Graduating with Bachelor's Degrees [D]. The Graduate College of Bowling Green, 2008: 47.

[3] Katherine Boswell. Bridges or Barriers? Public Policy and the Community College Transfer Function [J]. *Change*, 2004, 36(6): 22-29.

过程的角色被界定为满足学习者的需求,而不是学院的需求[1]。

为应对不断上涨的学费,很多学生主动选择在2年制社区学院开始他们的高等教育生活。据全美公共政策和高等教育研究中心(The National Center for Public Policy and Higher Education)的统计,在过去30年,社区学院的入学率增长375%,公立四年制大学增长103%,私立四年制大学增长72%[2]。

(二) 社区学院使命变革

联邦政府1917年的《斯密斯-哈格斯法案》(The 1917 Smith-Hughes Act)和1937年的《乔治-迪恩法案》(The 1937 George-Deen Act)促进了联邦政府对技术取向的社区学院进行资助,1963年,联邦政府颁布《职业教育法案》,1968—1972年连续修改《职业教育法案》,成为联邦政府资助社区学院职业教育的法律依据。最近的职业教育立法是1984年的《卡尔·珀金斯职业教育法》(The Carl D. Perkins Vocational Education Act of 1984),联邦政府主要关注职业培训项目,其对职业教育培训的资金超过所有其他教育资金。这对社区学院使命产生深刻影响,特别是1960年之后社区学院开始了职业教育转向。不断增长的学生和大规模的联邦资助,使社区学院结构发生了很大变化[3]。社区学院按照哈珀校长设计的转学使命黯然失色,开始有意识地转向职业教育和继续教育,转学比例逐年下降。另外,学者们也认为,社区学院的学生转学期望经常受到限制,而且他们获得职业技术的终结性证书,可以立刻找到工作岗位,也会吸引一部分社区学院学生离开转学路径到工作场所,导致整体上学士学位获得者比例降低。

目前社区学院的使命包括:继续做好高中毕业生补习教育;职业-技术教育,同时为在职工人提供学习新技能;继续教育,包括个人对学习的不断追求;学士学位前两年的转学学院功能,为这些社区学院转学学生成功转学四年制学院做好准备;社区服务,提供短期课程和观众服务,包括艺术。

---

[1] Don Weiss. A Comparison of Success Between Johnson County Community College Transfer Students and Natives Students at The University of Kansas [D]. Saint Louis University, 2011:21.

[2] Katherine Boswell. Bridges or Barriers? Public Policy and the Community College Transfer Function [J]. *Change*, 2004, 36(6): 22-29.

[3] Richard N. Woodfield, Jr. Transfer Credit Equivalency Models: Improving the Transfer Process [D]. University of Maryland, 2013:41.

(三) 州立高等教育系统变革

社区学院使命变革说明高等教育转学使命比例和重要性发生了变化。因《1965年高等教育法》以及1972年修订版实施,各州不断成立全州高等教育协调董事会。《高等教育法》没有描述各州怎样建立自己的协调董事会,但是设计原则被各州接受。选择独立的社区学院高等教育系统的州有亚利桑那、伊利诺伊、科罗拉多、华盛顿、马里兰、北卡罗来纳、佛罗里达州,采取中等后教育与社区学院结合的有密苏里州、新泽西州、德克萨斯州[①]。

如果当时建立社区学院系统是为了提高公共高等教育系统的就学率,那么转学过程就已经较好地形成了。相反,如果州建立社区学院系统的目的是关注职业教育,中等后教育系统,转学功能就会被有意弱化,那么学生学分转移就会面临一些困难。

(四) 社区学院学位完成情况分析

社区学院研究中心(The Center for the Study of Community Colleges)公布了1984—1995年全美的转学数据,22%的两年制学院学生在三年内转学,如果是延长到四年,转学率会更高。获得艺术协士学位(The Associate in Arts Degree)的学生的转学率高达63%。2008—2009年,社区学院授予787325个协士学位中,34%在自由艺术,14%在商业、21%与健康和护理有关,三者占了69%的协士学位授予数[②]。而以职业技术教育为主的社区学院毕业生不能有效转学到四年制大学。

(五) 社区学院转学情况分析

社区学院主要使命之一是转学,这一需求出现在1890年代的中西部的两年制学院,刚开始是同类性质大学和初级学院之间签署非正式协议,到实践中发展成由具体的机构或委员会勾画出等价性和纲要(Equivalency and Guidelines)框架文件。在接下来的几十年中,各州政府倡议建立各种形式的衔接协议,从正式的以法律为基础的政策,到州系统的政策和两个高校之间的自愿协议,特殊的职业技术安排等。在州内,如果两年制学院是一所州立大学分校的

---

① Richard N. Woodfield, Jr. Transfer Credit Equivalency Models:Improving the Transfer Process[D]. University of Maryland,2013:40.

② Matthew Zeidenberg. Valuable Learning or "Spinning Their Wheels"? Understanding Excess[J]. *Community College Review*,2015,43(2):123-141.

社区学院,转学比例会更高一些,更容易一些,定位于技术学院强调贸易和产业项目的社区学院的转学率低一些。2013—2014年,第一次获得学士学位的毕业生中,有47.3%的学生在社区学院学习过,28.3%的学生注册过两个学院,13%的学生注册三个学院,6.1%的学生注册四个或更多的学院[①],可以看出学生转学比例已经接近50%,社区学院很好地承担了大学前两年的教育任务。

转学的比例各州表现差别很大。在加州、德克萨斯州这一比例超过60%,这两个州都设计有一个很好的学制衔接系统,而在堪萨斯州,仅有17%的本科生是转学学生。在印第安纳州,有30%的学生会转学到外州学习,10%转学到印第安纳私立和独立学院就读,23%的学生从4年制转学到2年制学院。华盛顿州2013—2014年有17105名社区学院和技术学院的学生转学到四年制大学,转学的学生获得了40%的学士学位。在新泽西州,84%的学生进入公立高校,其中52%的学生进入社区学院,转学率稳定在19%。

转学事务在社区学院层次并不是一件简单的事情,除了需要改变社区学院的使命和高等教育的目标之外,也有资助和注册的变化动力。我们看到,现在越来越多的有色人种家庭孩子进入大学,很多人生活在处境不利的环境中,他们正在寻找转学机会,提升自己的学历学位,提升在劳动力市场的竞争。很不幸的是,很多转学的学生并没有按时完成学士学位,导致社区学院的毕业率下降。

四、美国学分互认和转换标准

美国学分互认和转换主要依赖学分进行。在高等教育市场中,任何学院授予课程学分或评价能力必须最大限度地转换成学术市场的共同货币——课程学分。但是学生从一个社区学院获得的学分并不能保证在另一个学院或四年制大学在授予学位的时候得到承认。事实上,高一级的学院经常保护自己决定授予学分价值的权威。目前形成三种高等教育机构之间学分互认和转换的标准。

---

① Dai Li. They Need Help: Transfer Students from Four-Year to Four-Year Institution[J]. *The Review of Higher Education*,2010,33(2):207-238.

(一) 院校相似程度标准

学分互认和转换过程中,院校课程体系的相似度非常重要。转学学生学习的有关课程与本校提供课程的相似程度,如课程内容、课程序列、课程要求的严格程度或教师的资格等起着重要作用,合作高校通过合作建立校、院、系三级教授联合委员会,逐一审定合作院校的课程标准、课程内容,确定可以转学的课程及其学分。一般各州通常采取课程编码、共同核心教育课程、模块转学等方式确认学分互认和转换。

(二) 院校认证地位标准

学院的认证地位对学生的学分转移影响较大,学校的认证地位不管是区域认证还是全美认证对学生的转学非常重要。很多学校不接受没有经过认证高校的学分。所谓认证高校(Accredited Institution),是指全美任何能够被下列地区认证机构认证的高校,包括新英格兰学院和中学认证联合会(New England Association of Colleges and Secondary School)、中部各州学院和高中联合会(Middle States Association of Colleges and Secondary School)、北中部学院和中学联合会(North Central Association of Colleges and Secondary School)、中等教育和高中西北联合会(Northwest Association of Secondary and Higher School)、南部学院和学校联合会(Southern Association of Colleges and School)、西部学校和学院联合会(Western Association of Schools and Colleges)。当然也包括专业的认证,如全美律师协会对法学院及法律专业的认证、全美医生协会对医学院及医学专业的认证,以及某些课程的认证,如美国教育委员会对慕课平台提供的课程认证,就可以被授予大学获得学位的学分。这些从高校到课程的认证,保证了美国高等教育学分质量,是美国独特的第三方质量保障体系,这一点不同于英国的国家资格框架和欧洲资格框架质量保障模式。

很多知名大学往往仅接受经过区域认证组织认证的高校的学分。比如斯坦福大学、亚利桑那州立大学(Arizona State University)、佛罗里达中部大学(University of Central Florida)、加州州立大学(California State University)和北德克萨斯大学(University of North Texas)、普特兰德州立大学(Portland State University)明确表示仅接受地区认证组织认证高校学分[①]。有些大学甚至不考

---

① 陈静等.美国高校学分互认的实施途径与发展特征[J].现代教育科学,2014(1):138-142.

虑转学学生,如哈佛大学和普林斯顿大学不接受转学注册①。

(三) 正式转学衔接协议标准

在某些州的公立高等教育系统中的公立大学和学院有正式的衔接协议,保证一定数量和类型的学分可以从一所大学转到另一所大学。学生在社区学院学习1-2年,然后转学到四年制大学,在那里获得学士学位。假如学生的学术成绩满足要求,四年制大学就会接受转学申请学生。这些衔接协议促进了更多的较低社会经济背景的学生进入更具选拔性的大学,从而提升美国高等教育学士学位的毕业率。例如,佛罗里达州建立了全州范围的转学路径,公立社区学院的毕业生完成相关学习任务后自动转学到公立四年制大学。

五、学生转学的障碍

转学是指学生从一个学院转移到另一个学院,学生的课程学分从一个高等教育机构转移到另一个高等教育机构。在1950年代早期,社区学院学生转学比例接近50%,在1960年代下降,到1970年代晚期,全国的转学比例低至25%,那为什么经过这么多年的发展,社区学院的转学比例不升反降呢?影响学生转学成功的因素很多,包括认知的、社会的和学院(Institutional Factor)的因素以及政治的因素。认知因素(Cognitive factor)是学生的学术倾向和行为(Academic Aptitude and Performance),包括智力和知识,如内容知识、批判思维能力以及学术技能和参与,如研究技能、学习技能、时间管理技能和学术相关的课外活动(Academic-related Extracurricular Activities)。社会因素是指学生环境适应能力、个人性格和其他社会经验,包括财务问题、教育遗传、学习态度、成熟程度、社会处理技能、沟通技能、文化价值、期望、目标承诺、家庭影响、同辈影响以及社会生活风格②。学院的因素指的是学院对学生学术的和社会的支持能力,包括学院财务资助、学生服务、招生和录取、学术服务、课程和教

---

① Annette M. Fetterolf. Pennsylvania Community College Students Interested In Earning Baccalaureate Degrees:A Qualitative Analysis Of Their Decision-making Experiences[D]. Indiana University of Pennsylvania,2018:33.

② Ana M. Nakano. Community College Swirlers and the Transfer Function[D]. California State University,Long Beach,2012:13.

学等,这些经常成为影响转学学生获得学士学位的因素①。美国社区学院联合会(The American Association of Community Colleges)和美国州立学院和大学联合会联合(The American Association of State Colleges and Universities)发布一个《提高学士学位进入》(Improving Access to the Baccalaureate)的报告。报告承认转学的问题和障碍,其中最关键性的障碍,是结构性和制度性的障碍(Institutional Barriers)②。因为高校不是为大学生转学设计的,也不适应大学转学学生。经验表明,学分流失是一个重要的制度原因,如州范围内衔接协议、财政支持措施、奖学金。二是认识障碍,两年制与四年制对待转学的观念不同,如组织的文化和意识形态。这些能够影响转学的承诺,结果会影响转学功能的有效发挥。三是政治障碍,这些障碍涉及制度的延伸及四年制和两年制在学术市场的权力。四是学生自身障碍,如转学冲击(Transfer Shock)。五是经济障碍,受制于经济因素的低收入家庭孩子倾向于在社区学院而不是四年制大学就读。六是家庭背景,进入社区学院学习的学生多数是少数民族、兼职的以及女性学生,父母的受教育程度较低。

(一)制度障碍

学分转移的内在逻辑(Intrinsic Logic)认为,个体可以顺利地在高等教育系统内流动,在系统的一部分获得学分,然后转移到系统其他高校学习。在实践上,这种内在逻辑可能与学院逻辑冲突(The Institutional Logics),学院逻辑塑造实际上的学习者和教育提供者的行为③。按照学院逻辑,学院是执行教育和培训组织必要性(The Organisational Imperatives)产生的,学院通过资源、资金、规则与利益相关者之间创造出互相信任,通过选拔学生进行培养教育,并把毕业生送往劳动力市场雇佣。例如,一所大学可能不愿意给予已经达到学习目标的学习者学分,因为这将导致时间安排的困难或者损失资助;或者学院变革可能损害教育提供者之间对学分的互相信任,或者只有很少的获得学分的机会。制度方面的主要因素包括以下几个方面。

---

① Krumpelmann Jeanne. Perceived barriers to articulation: Institutional characteristics[J]. *Clinical Laboratory Science*,2002,15(2): 99-101.
② Gilroy Marilyn. Barriers to Two-Year/Four-Year Transfer: Solutions Available, Given Funds and Commitment[J]. *The Hispanic Outlook in Higher Education*,2005,15(24):21.
③ Cathy Howieson and David Raffe. The Paradox of Scotland: Limited Credit Transfer in a Credit-based Lifelong Learning System[J]. *Oxford Review of Education*, 2013,39(3):366-384.

1. 学校因素

一是大家一致认为,社区学院使命的改变是最大的转学障碍因素。社区学院使命多元化,特别是职业化影响转学工作。社区学院主要有三个教育承诺:自由艺术或转学教育、职业教育、发展或补习教育(Remedial Education)。联邦政府在20世纪40年代认为,社区学院没有为所有美国人民的福祉做出贡献。美国"二战"之后的《退伍军人法案》(The G. I. Bill)为学生提供就学资助,导致社区学院入学人数持续大幅度攀升。在1947年,杜鲁门高等教育委员会(The Druman Commission on Higher Education)提出开放入学的理念,委员会强烈倡议为所有人提供教育,确立社区学院基本的功能——为社区内所有人提供合适的教育而不考虑一个人的种族、性别、宗教、肤色、地理位置或财务基础。在整个1950年代和1960年代,社区学院采取更加综合的关注,提供各种各样的项目,包括学术的、通识教育的以及职业教育。名字也变成社区学院(Community College),注册人数增加了750%[1]。社区学院能够完成这一角色,提供包括证书项目、协士学位、转学准备、工作相关的学分或者提高个人爱好的学分等。在1960—1970年,受政府职业教育法的影响,注册学生不断增加的情况下,职业教育、发展/补习教育得到发展,而自由艺术/转学教育受到挤压。社区学院对职业教育的兴趣增加,对自由艺术教育下降,但这并没有引起人们的注意。结果社区学院就发展出一种终结性的学位课程,能够满足中等收入工作者进入职业路径。通过界定这些路径,社区学院从单一的转学到四年制大学的使命到关注职业教育、学术准备和转学的多元化使命。

二是校园制度文化不同。通常四年制大学有一个积极的校园社区,通过驻校生活和校园活动建立大学本科校园文化,四年制学院以学术严格知名,大的班级规模,积极主动地关注学生学术生活。在很多大的研究型大学,通识教育课程通常由刚毕业的哲学博士从事教学,他们拥有很高的专业性,狭隘的哲学博士培训经验通常不能够胜任从事广泛的、一般的本科通识教育课程的能力。还有一个实践就是这些课程还有研究生助教从事教学。相比之下,社区学院的学生通常与班级交流有限,限制他们参与校园文化生活。社区学院通

---

[1] Krumpelmann Jeanne. Perceived Barriers to Articulation: Institutional Characteristics[J]. *Clinical Laboratory Science*, 2002,15(2):99-101.

常采用小班级个人化教学经验,几乎所有的社区学院转学自由艺术课程由硕士学位的教师开发,课程质量有待提升。社区学院教师通常从事通识教育课程的教学,但他们必须同时面对转学的学生、不转学的学生以及职业技术的学生。在某种情况下,三种学生几乎在同一个班级,课程质量很难得到保障。

三是社区学院还有一个使命,就是关注学生入学和可负担能力,作为主要的目标。随着私立学院和公立研究型大学成本的不断增加,很多学生今天选择社区学院开始他们的大学生活。1999—2009 年,社区学院注册人数增加了 150 万人。今天大约有 43%的学生注册在社区学院,实际上有超过 50%的学院学生的学分在多个学院获取。

四是在社区制和四年制之间的转学障碍,还有就是接受转学的四年制高校令人迷惑的、各种各样的,从建立一定的学分平均绩点到合适的空间各种条件限制。专业管辖权冲突理论框架(Jurisdictional Conflict between Professions)可解释这一合作现象①。一些大学为转学学生制定特殊的转学政策,其他的高校则要求协士学位毕业,而不仅仅要求平均分达到 C 以上。

加州高等教育系统作为一个分权的系统,不同校区转学有不同的要求。在加州衔接协议并不是普遍的,仅是课程到课程,学院到大学,缺乏统一清晰的招生和申请过程。尽管课程内容与它们的课程具有可比性,四年制高校还是经常拒绝社区学院获得的学分,宣称课程属于学士学位的高年级课程或者社区学院的课程不能满足它们的质量标准,要求转学学生重新修读同样课程,特别是商学院很普遍。有学生在选择四年制大学同样课程的时候,甚至遇到同样的老师在讲授同样课程的尴尬。很多社区学院的教师,并不知道哪些课程不能用来转学,导致很多学生学习了错误的课程。一些大学拒绝这些与大学平行的职业课程,仅仅是因为认为这些课程不适合在社区学院学习。

五是缺乏学生支持系统(Lack of Student Support Systems)。社区学院缺乏一个制度性的支持转学系统。教师缺乏参与和承诺为学生转学提供服务。实践证明,来自教育机构的有效支撑包括教师、建议者和咨询者等也能够帮助学生转学,但是社区学院并不能有效开展这些转学服务。

---

① Michael L. Skolnik. Re-conceptualizing the Relationship Between Community Colleges and Universities Using A Conceptual Framework Drawn from The Study of Jurisdictional Conflict Between Professions[J]. Community College Review, 2011, 39(4):352-375.

2. 学分损失因素

转学学生学分流失代表不仅浪费学生智力还导致高等教育失败,通常用可应用转学学分衡量一个学校的转学效率。可应用转学学分(The Applicability of Transfer Credit)是指学生转学过程中可以作为授予学位的课程学分。对于接受院校来说,他们不仅能够接受学生学分作为通识教育或选修课程学分,还可以作为主修的课程要求。可应用转学课程学分能够更加准确衡量转学的效率。

一是全美教育统计中心对中等后学生进行长期研究发现,14%的社区学院转学学生损失了90%以上的学分,58%的社区学院转学学生损失了10%以上的学分,28%的转学学生损失的学分介于10%—89%之间①。在2003—2004学年,全美转学学生平均损失13个学分。一般来讲,学生从公立高校转学到其他公立高校损失12个学分,从私立非盈利高校转学到公立大学损失18个学分,转学到营利性高校损失的学分在17—25个之间。美国政府问责办公室最近发现,在社区学院就读的学生转学会丢失很多的学分,甚至有些公立大学要丢失20%的学分②。学分损失意味着学生必须重新学习,延迟毕业时间,花费更多的学费,占用更多的高等教育资源。美国学院完成委员会(Complete College America)调查30个州的学士学位完成者,转学学生平均要完成135个学分。从其他四年制大学转学的学生平均获得140个学分,从两年制转学到四年制的学生平均获得144个学分③,德克萨斯的社区学院转学学生要完成150个学分才能获得学士学位④。

二是无效的转学路径(Inefficient and Ineffective Transfer Pathways)。研究显示,应用课程学分或技术课程学分很难转移。尽管很多州建立了应用学士

---

① Jason L. Taylor and Dimpal Jain. The Multiple Dimensions of Transfer: Examining the Transfer Function in American Higher Education[J]. *Community College Review*, 2017, 45(4): 273-293.

② John Fink. Using Data Mining to Explore Why Community College Transfer Students Earn Bachelor's Degrees With Excess Credits[R]. Research Associate, Community College Research Center Teachers College, Columbia University, 2018: 2-3.

③ Sara Lipka. Academic Credit: Colleges' Common Currency Has No Set Value[J]. *The Chronicle of Higher Educatio*, 2010(Oct): 1-7.

④ John Fink. Using Data Mining to Explore Why Community College Transfer Students Earn Bachelor's Degrees With Excess Credits[R]. Research Associate, Community College Research Center Teachers College, Columbia University, 2018: 2-3.

学位,但是仅仅限于护理、计算机科学、工程等少数领域。四年制高校通常不愿意接受职业的或职业教育项目(应用科学协士学位),特别是这些学分与它们提供的课程不具备可比性的情况下更是如此。1994-1995学年,有57%的协士学位是非艺术(Non-liberal-arts Course)课程,非艺术课程往往被看作是不同于学士学位的课程。大学授予学分的课程几乎都在科学、社会科学和人文课程,在社区学院非艺术课程如职业的、贸易的和技术的课程通常不能转学。美国大学四分之三的社区学院的自由艺术课程学分转学到四年制大学,但是社区学院的职业课程仅有三分之一能够转学到大学,这些非人文艺术课程学分导致学士学位毕业延迟。

三是教师对课程的控制导致学分损失。大学共同治理导致课程决策权转移到教师主管的教授会,他们控制着大学学术事务。教师控制课程在某些类型的大学里很受推崇,认为这是学术自治,具有很高价值。因此,教师必须参与衔接课程的决策过程,而不是把课程的决策权留给专业的行政职员。

第四个障碍来自课程要求不同的影响。尽管基本的课程已经形成了标准化,但是仍然有一部分课程在不同大学要求不一样。

第五个障碍来自大学内部课程决策碎片化。课程的决策在高等教育是分权化的,内部的课程决策,包括主修要求、课程学分、学院要求、通识教育要求都会有所不同,这些不同的决策群体可能是系的教师、学院的教师、通识教育委员会等。两年制获得协士学位,四年制大学颁发学士学位,二者因为教师对课程的控制权不同,导致不能很好地实现学分衔接。

第六个问题是教师对待课程的观点和意识形态(Faculty Perspectives or Ideologies)。除了学科分化,教师对课程专业的意识形态也影响他们的决策。这些意识形态包括质量和严格(Quality and Rigor)、合作的刻板印象(Incorporate Stereotypes)等。这会使教师坚持认为是否另外一所大学的课程有足够的质量和严格程度,以至于可以被接受为本校学位项目的学分。

3. 转学衔接机制问题

根据政策和研究理事会办公室(The Board of Regents Office of Policy and Research)的报告,不充分的衔接是制度的第三个障碍。高校之间的合作和衔接的障碍在殖民地时代的学院就已经存在。殖民地的人们坚信哈佛教育、普林斯顿教育或耶鲁教育都非常独特,以至于试图从一个学校转学到另一个学校的学生都要求重新开始。2016年,有36个州存在可以转移的通识教育课程包政策,有14个州没有这样的全州范围的衔接政策。没有全州范围的衔接协议的州转学衔接协议主要依靠院校之间的单个的衔接协议①。

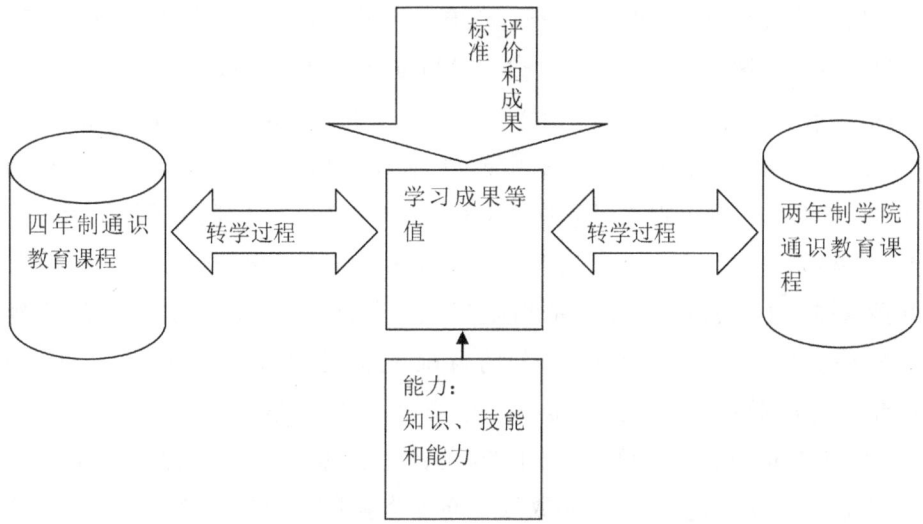

图6-1　四年制和两年制高校通识教育课程转学过程②

学制衔接的障碍一般分为③:学生为中心的问题(Student-centered Problems),如课程选择、学位目标、学术资源、接受学院的要求;课程和教学问题(Curriculum and Instructional Problems),如可以接受的转移学分、年级标准、教师和教学质量;学生服务人员问题(Problems of Student Personnel Services),如转学学生的定位、咨询者有关学校财务资助的知识等;设施和资源问题,如注册配额、优先权和学术日历协调问题。

还有一个问题就是很多的协议仅仅是一个协议而没有法律权威(Agreements without Legislative Authority),这导致协议的执行也是一个弱点。如纽约州立大学(The State University of New York)就确认很多衔接问题是大学和学院之间缺乏信息交流,特别是缺乏必要的系统范围的有关学位和主修要求、课

---

① Jason L. Taylor and Dimpal Jain. The Multiple Dimensions of Transfer: Examining the Transfer Function in American Higher Education[J]. *Community College Review*, 2017, 45(4): 273-293.
② Linda Barnes Tucker. Transfe and Articulation Issues Between California Community Colleges And California State University[D]. University of Verne, 2013:73.
③ Linda Barnes Tucker. Transfe and Articulation Issues Between California Community Colleges And California State University[D]. University of Verne, 2013:78.

程、大纲信息以及测试和安置的政策和程序导致的。

4. 财务损失

美国教育部部长玛格丽特·斯佩林斯(Margaret Spellings)认为,42%的社区学院学生计划转学到四年制学院,仅有25%的人取得了成功,每年都有数百万转学的学生被迫花费更多的金钱和时间重复之前学习的课程,学生必须支付两次费用学习同一门课程。2005年,政府问责办公室(The Government Accountability Office)指出大学不仅积极地阻碍学生转移学分,而且这种持续的实践给学生和纳税人带来沉重的财务负担。有60%的学生在获得学士学位前至少要转学一次,这就达到了每年250万大学生需要转学,导致州高等教育公共拨款损失140亿美元,每年有50亿美元的学分不能累积为学士学位,而延期进入劳动力市场导致的税收损失约为60亿美元,加上其他的学分损失,每年导致大学、政府、学生损失高达300亿美元[1]。如在康涅狄格大学(The University of Connecticut),拒绝了大约25%的社区学院转学学生学分,平均每名学生损失15个学分,仅这一项导致每一位转学学生损失7866美元。这样仅计算转学到康涅狄格大学的学生,每年就将损失330万美元学费[2]。而且损失的学分越多,这些转学学生越不能按时毕业。这种额外支出不仅伤害学生,也伤害康涅狄格州的教育,而这些伤害原本是可以避免的。

5. 时间损失

学分损失会直接导致获得学士学位的时间延长。2005年,美国教育部研究报告显示,社区学院转学到四年制高校的学生平均需要5.4年获得学士学位,四年制转学到四年制高校平均需要5.1年,同时那些没有转学的学生一般需要4.4年的时间获得学士学位[3]。

---

[1] Peter P. Smith. You Can't Get There from Here: Five Ways to Clear Roadblocks for College Transfer Students[J]. *American Enterprise Institute for Public Policy Research*, 2010(5): 1150-1155.

[2] Matthew Dembicki. Study: UConn Rejects Nearly 25% of Credits from Community Colleges[J]. *Community College Daily*, 2017(April): 27.

[3] Dai Li. They Need Help: Transfer Students from Four-Year to Four-Year Institutions[J]. *The Review of Higher Education*, 2010, 33(2): 207-238.

(二) 认识论障碍

认识论障碍(Epistemological Barriers)①认为,尽管学分表面上看起来是一致的,但实际上学分在不同类型、不同层次高校之间是不等值的。在大多数的学分框架中,具体层次和评价学习的量都是建立在学习成果的基础上。学习成果方法夸大了不同类型学习和表面上的相似性。即使学习成果形式上完全一样,也会出现课程方向和不同学习背景中学习经验的不同。认识论障碍认为,学分转移制度建立在假的有关不同类型高校之间学习平等假设的基础上,这是可能导致学分不能互认和转换的主要原因。

一是学分转移建立在一个虚假假设基础上,即不同形式学习是等效的。因为大多数学分框架建立在学习成果基础上,批判者认为,学习成果方法扩大了不同类型、不同层次学习的相似性,如专业教育与学科教育、正式教育与非正式教育、编码知识与能力等。学分转移决定权主要依据衔接协议,就是教师决定一门课程是否能够与本校课程等值或者具有同样的质量。签署一个全校的所有课程的协议可能会涉及有关大学几何知识组成,是否任何两门课程真正的等值的哲学讨论。当跨越大学边界的时候,会让教师认真思考课程等值的决定,即使在同一个大学系统课程也很难自动衔接。标准化学分的努力最后可能会伤害学术自由,就像戴维·瑞斯曼(David Reisman)指出的那样,全州统一的课程编码最大的意味就是全州拥有一门课程,而不是教师拥有这一门课程②。

二是大学和学院学分互认和转换建立在学分接受政策的基础上,他们坚持认为他们是课程开发方面的领导,能够确定转学高级课程合适的基础,所有的初级学院在学术上都是值得怀疑的,需要更严格的学术标准。他们能够对社区学院教师进行有关课程或教学方法的指导,这恶化了社区学院的学术自由。大学管理者也把社区学院作为隔离学术不合格的地方,以便排除这些学生进入高级学院。例如,加州州立大学的三个校区不再接受社区学院微观和宏观经济学课程学分,理由是社区学院里中等代数(Intermediate Algebra)并不

---

① Cathy Howieson & David Raffe. The Paradox of Scotland: Limited Credit Transfer in A Credit-based Lifelong Learning System[J]. *Oxford Review of Education*, 2013,39(3):366-384.

② Gary W. Peterson. Clear the Confusion in Community College – University Transfer: Assess Competencies[J]. *Improving College and University Teaching*, 1981,29(4):169-173.

是学习州立大学这些课程的先决条件。因此,四年制高校的教师和职员必须放弃任何他们比社区学院优越的观点和行为。这种歧视导致转学学生不能平等受到与本校学生相同的对待。社区学院认为学分互认和转换不流畅,是因为学科边界缺乏沟通、很弱规划或者学生的犹豫不决。当然社区学院也有责任,他们开发学术政策和课程的时候应当告知四年制大学,以便双方互相协调政策和学分等值问题。

三是社区学院功能定位的认识问题。一类功能主义者(Functionalists Argues)认为,社区学院应该重申与高等教育的联系,通过加强学术和通识教育核心扭转质量下降的趋势。第二类认为,放弃转学功能,接受其他功能如职业教育和成人教育功能,这样更适合社区学院的学术能力。第三类功能主义者认为,社区学院既不是四年制大学也不属于四年制大学的结构是一个根本的缺陷。① 在这种逻辑下,社区学院不能够充分促进转学教育,因为它是社区的而不是住校的,是综合的而不是自由艺术,是开放入学而不是选拔性入学,是两年制而不是四年制等。

四是大学和学院的使命和特色。伯顿·克拉克(Burdon Clark)认为,学科承担着引导和加强大学与社区学院使命和特色的不同。克拉克把研究型大学分为高强度研究型大学和仅仅授予小部分博士和进行很少规模研究的硕士授予大学,以及学士授予大学。② 大学教师的工作方式不同。这种不同还有学生的类型、用在教学和研究方面的时间,以及不断扩展的专业主义和一部分的专业自治。历史上授予学士学位的高校,与社区学院进入授予学士学位有很大不同,大学会对这种新的学士学位提供者做出反应。社区学院把教学作为主要的使命,为学生完成学士学位做好准备,但是不断增加的非传统学生、开放入学政策以及不断增加的职业主义使这部分学生认为他们的协士学位是终结性的职业学院,以便毕业就可以进入劳动力市场。

五是两种类型学校的教师最大的角色不同在于对研究的认识上。研究是

---

① Carolyn Prager. Transfer and Articulation within Colleges and Universities[J]. The Journal of Higher Education, 1993,64(54): 539-554.
② Michael L. Skolnik. Re-conceptualizing the Relationship Between Community Colleges and Universities Using A Conceptual Framework Drawn from The Study of Jurisdictional Conflict Between Professions[J]. Community College Review, 2011, 39(4):352-375.

大学教师一项主要活动,他们要花费与教学几乎同样多的时间在研究上,但研究并不是社区学院教师期望的角色,甚至这些教师中想进行研究,也会发现他们教学工作负担过重和缺乏学院支持,而使得研究显得异常困难。社区学院通常通过应用研究发展他们的能力,即使是应用研究也不是所有教师期望能做的,总体上,社区学院和大学教师在研究的参与程度上、参与的类型上都存在差异。

社区学院的教师与大学教师还存在明显的专业分割(Professional Segment)。这种不同,表现在学生的学术准备和学术自信上。对于社区学院的教师来讲,他们的承诺是帮助准备不足和处于危险的学生。社区学院的教师不愿意在学术期刊上发表论文。如果要出版学术论文,他们更多关注的是教学和学习事务。社区学院教师身份认同是教学,大学教师身份认同是他们的学科。总之,在作为明显专业群体中,社区学院教师和大学教师有明显的学院期望和典型的责任。

(三) 政治障碍

政治障碍(Political Barriers)[1]来源于教育在社会再生产的地位和特定的教育部门的权力利益。学分转移系统威胁这些权力利益,如试图建立一个平等的职业教育系统和普通教育系统相同的学术标准,打破了竞争位置规则。因此,可能遇到大学的强烈抵制,以及随后的限制学分和拒绝不同教育系统之间学分的转移性。

首先,政治障碍可能没有认识论障碍和制度障碍那么明显,实际上政治障碍可能会隐藏为认识论障碍,或者他们可能会在学分互认和转换制度安排中放大。有权力的高校使用或忽视这些学分制度安排,作为一种大学保持其独特性的司法管辖权。如欧洲的牛津、剑桥、巴黎政治学院以及美国的哈佛大学和普林斯顿大学不愿意认可转学学生的学分就是一个典型的政治障碍[2]。另外,苏格兰资格框架给教育提供者特别是大学自由裁量权,即是否和怎样认可学分,也是这种政治力量的体现。但是政治障碍并不是一成不变的,最近苏格

---

[1] Cathy Howieson & David Raffe. The Paradox of Scotland: Limited Credit Transfer in A Credit-based Lifelong Learning System[J]. *Oxford Review of Education*, 2013,39(3):366-384.

[2] E. V. Dobren'kova. Problems of Russia's Entry into the Bologna Process[R]. Russian Education and Society,2008,50(4): 42-51.

兰政府立法要求大学认可继续教育学分的案例就是一个明晰的例子[①]。

亚利桑那、明尼苏达州的公立高等教育系统要求社区学院和资深大学部门一起工作,但对本州研究型大学和综合性大学则采取更少的限制措施。在全州范围的衔接协议中,给高一级的学院更多自由,而不完全按照衔接协议执行转学学分互认和转换政策,如伊利诺伊、路易斯安那州、马里兰州限制艺术协士学位,要求完成特定的核心课程;限制特定的项目,如南卡罗来纳州、德克萨斯州、华盛顿州,或者允许高一级学院提出额外的要求等。

其次,社区学院抱怨课程控制权、质量公平和评价问题。在课程决策控制权方面,社区学院抱怨它的课程必须与不同大学的课程内容相匹配;二是社区学院抱怨大学允许它们的学院和系创造特殊学位要求;三是社区学院感觉到大学转学要求支配了社区学院课程设置;四是社区学院感觉到大学独断专行变革它们的课程而不及时通知社区学院;最后是社区学院希望在课程决策方面有平等的声音。

在质量公平和评价方面(Issues of Fairness and Assessment of Quality),第一,社区学院感觉大学不愿意接受它们的课程作为平等质量;第二,社区学院抱怨它们的课程在内容上与大学提供的课程高度一致还是不被接受,除非有一个详细的调查;第三,社区学院抱怨大学不接受他们的职业课程,甚至当他们可以应用到学位授予方面也是如此;第四,社区学院抱怨大学,即使两所高校在低年级和高年级是同一门课程,大学也不愿意授予学分,甚至大学自己有时候都不能区分自己课程。第五,社区学院抱怨大学限制了能够应用到一些主修专业如商业或教育方面可接受学分的数量;最后,社区学院抱怨大学要求转学学生比本地学生更高的学分绩点,转学招生的主修专业可能有限制。

(四)学生自身障碍

首先是学术困境(The Academic Dilemma)。高等教育在衔接过程中,既要保证不需要增加转学学生的困难,同时保证学生在初级学院学习的质量,这将是保证学生在高级学院取得成功的基础。还有社区学院的开放入学政策,由于学术基础较弱,学院理事会学术性向测试(The College Board's Scholastic Ap-

---

[①] Cathy Howieson & David Raffe. The Paradox of Scotland: Limited Credit Transfer in A Credit-based Lifelong Learning System[J]. *Oxford Review of Education*, 2013,39(3):366-384.

titude Test)成绩通常比全部大学生的平均水平低。2005年SAT分数社区学院的作文分数是841,四年制的学生分数是968分①。有接近48%的美国高中毕业生缺乏进入学院接受大学教育所必要的阅读、写作和数学技能。在学士学位及毕业长期追踪调查(The Baccalaureate and Beyond Longitudinal Survey)研究中发现,社区学院有超过50%的学生不能为大学学习做好准备,20%的学生需要学习一门阅读补习课程或两门非阅读课程才能获得学士学位。事实上有25%的社区学院学生在完成基本技能课程之前就辍学回家了。

美国政府的研究也发现,大部分社区学院的毕业生不能做基本的工作,如撰写新闻或者比较信用卡利率等②。在堪萨斯州的19所社区学院和6所州立大学进行为期5年的调查发现,社区学院转学学生比本部大一新生有更高的流失率,学术表现也低于本部学生。在洛杉矶社区学院学区调查5000名有转学经历的学生,通过认真分析学生的成绩单,发现只有4%的学生做好了转学的准备③。

其次,学生丢失学分的主要原因是学生不能确定他们的主修专业和目的学院,缺乏早期的个人化的转学知识的建议,这也是学分丢失的主要原因之一。

再次,在年龄方面,社区学院的学生比四年制大学的学生年龄大一些,有44%的公立两年制学院的学生年龄超过25岁,公立四年制仅有10%。80%的四年制学生入学年龄在20岁以下,而社区学院仅有58%,年龄偏大学生加上更多家庭、经济等方面的负担,他们更倾向于通过兼职学习完成学业,这也会导致转学产生障碍。

最后,是学生心理因素。首先,学生在转入四年制大学后的第一学期会出现转学冲击(Transfer Shock)现象,影响学生完成四年制学业获得学士学位。当他们从学院纵向转学到四年制大学,他们需要解决学术质量矛盾的观点,调整自己适应较大的班级规模,管理他们在大学的学术项目。其次,文化冲突

---

① Margaret Elizabeth Allen. The Transfer Function of Community College: Building A Bridge to The Baccalaureate in Maine [D]. The University of Maine, 2011:8-9.
② Amy Laitinen. Changing the Way We Account for College Credit[J]. *Issues In Science and Technology*, 2013, 29(2):62-68.
③ Lovenoor Aulck, Jevin West. Attrition and Performance of Community College Transfers[J]. *Plos One*, 2017(April): 1-23.

(Cultural Conflicts),研究显示在转学过程中,纵向转学学生会遭遇各种社会和文化的刻板印象,通常情况下他们需要克服社区学院学生具有较低的学术驱动力的刻板印象。另外一个文化冲突是转学学生要经历在两种高校中各种课堂结构的变化,前期的研究已经发现,纵向转学的学生可能已经适应了社区学院的 20—30 人注册规模的班级,在问题、评价方面可以与教授们密切接触。这种密切的师生关系能够创造一种更加紧密的关系,教授们知道学生的兴趣、目标、能力。因此,当他们转学到班级规模达到 200—400 人班级的时候①,很难与教授们建立类似的个人关系。大学的项目也创造了额外的一个层级,就是雇佣研究生作为教师与学生沟通的桥梁,研究生成为学生们接触的主要对象。这些冲突迫使学生重新调整适应新的学校系统。

(五)家庭背景障碍

首先,存在族群和性别差异。社区学院是在平等入学机会和平等主义热情下建立和发展起来的,号召那些从来没有受过高等教育的人们接受高等教育机会。少数民族学生、社会弱势阶层、非传统学生把社区学院作为一个促进职业和社会流动的机制。如今这一目标正在消失,少数民族学生的保持率逐渐消失,西班牙裔转学率、少数民族学生的转学率一直比较低。美国社区学院联合会在转学方面报告显示,51%的高加索白人(Caucasian)的转学学生能够完成学士学位,但非裔美国人仅有 20%—29%的学生能够完成学士学位②。

其次,存在家庭学术背景差异。2009 年,15.4%的学生的父母为高中毕业及其以下的学生,在 6 年内获得学士学位,父母为学士学位或更高的学生,有49.4%能够在 6 年内获得学位③。

(六)经济障碍

学分互认和转换的经济障碍常常表现为经济矛盾(The Economic Dilemma)。怎样分配稀缺的资源不至于伤害高级学院,同时还要为所有人特别是

---

① Matthew James Trengove. The Vertical Transfer Student Experience[D]. Florida State University College of Education, 2015:105.

② Shasta Porchia Buchanan. A Qualitative Case Study on Transition Preparation for Community College Students[D]. Grand Canyon University, 2017:59.

③ Eleonora Margareta Rose-Marie Hicks. Inequality, Nonlinearity, and the College Experience: An Investigation of Reverse Transfer in the American Higher Education System[D]. University of Wisconsin-Madison, 2015:62.

不利阶层的学生创造一个高等教育学习机会,这是一个问题。很多研究者认为,社区学院转学政策不能提高转学比例,但是这些研究忽视了一个现实,就是社区学院的学生大多需要解决贫困和地方入学的挑战,如果政策目标是持续地提高这一目标群体的转学比例,那么就需要从经济的角度来考虑解决这一问题的方法和手段。学生进入社区学院最主要的原因是较低的家庭教育成本。如果孩子在家附近就读高等教育,可以工作补偿家庭收入。

六、转学类型

美国大学生转学类型主要有四种:一种是从两年制转学到四年制大学,这是最普遍的、拥有较久远的历史,也是比较成熟的一种学生学分互认和转换的类型;另一个是反向转学,就是四年制高校转学到两年制高校的学生,学生因各种原因从四年制高校转学到两年制高校,完成协士学位课程学分是一种转学类型。前两种为不同层次高校之间的转学,还有一种是同层次高校的转学,称为横向转学,即从四年制转学到四年制高校,或从两年制高校转学到两年制高校的转学。最后一种是一所高校注册完最低转学要求课程之后,在多所高校之间来回转学,最终获得协士学位或学士学位的转学。

2006 年,美国学生数据中心(The National Center for Education Statistcs)发现,在 90 万学生中,33% 在过去 5 年内至少转学一次,在这些转学的学生中,有 29% 的学生从两年制转学到四年制,有 71% 的转学是横向转学,从两年制到两年制,从四年制到四年制,或者反向转学,从四年制转学到两年制,占比 26%。转学比例各州并不相同,从 26% 的南达科他州到 75% 的德克萨斯州。这一数据显示,学生的转学和流动是美国高等教育系统的主要特点,高等教育政策和实践必须适应转学学生的模式。

(一)纵向转学

1. 纵向转学概念

纵向转学(Vertical Transfer)是指学生从社区学院转学到四年制大学,转学效果较好,最普遍,也是行政管理者支持的一种转学类型。传统上社区学院的学生需要至少获得 12 个学分,才能转学四年制大学完成学士学位。

2. 纵向转学步骤

社区学院转学学生要完成学士学位必须完成三个步骤:首先,他们必须在社区学院的指导下完成一定数量可以转学的课程。其次,他们必须转学到四年制大学,并在四年制大学注册。最后,他们必须把社区学院的学分和四年制大学的学分结合在一起,满足四年制大学主修专业学士学位要求。

社区学院转学最主要就是确认通识教育课程学分能够被四年制大学认可,另外就是社区学院专业课程或主修课程的单个课程学分能够被四年制大学认可为学分课程。

这个过程主要有五个层次学分转移类型:一是少于 12 学分,完成少于一个学期的全职学习;二是 12—23 学分,完成一个学期,但是没有超过 1 年的全职学习;三是 24—47 学分,完成一年的学习,少于两年的全职学习;四是 48—59 学分,完成两年的全职学习,但是没有完成协士学位要求的学分数;五是 60 学分以上,完成了协士学位相同的学分数[①]。在调查的高校中,社区学院完成协士学位对转学成功与否至关重要。

3. 纵向转学方法

首先,最主要的方法就是采取州系统的方法(The State Systems Approach)。有几个州已经提供了课程等值评价的机制,以便接收院校能够接收转学学生学分。在转学过程中,需要确认学生学习课程或课程模块中获得的知识、技能和能力,图 6-2 描述了通识教育课程学分转移作为一个模块学分或单个课程学分的过程,而且提供了相关模式。这种方法最主要的是社区学院和四年制大学的互相信任,当然政策、程序、系统机制和专家人员都在这些模式中需要履行特定功能。

---

① Brent D. Cejda. The Role of The Community College in Baccalaureate Attainment at A Private Liberal Arts College[J]. *Community College Review*, 1999, 27(1):1-11.

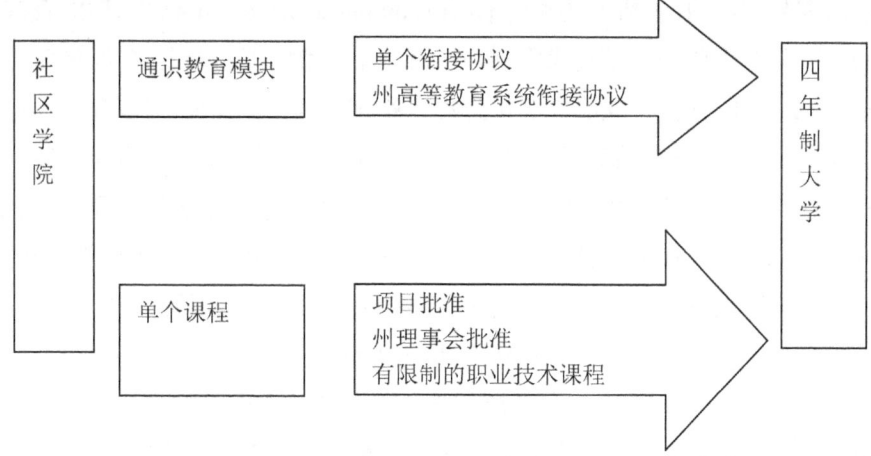

图 6-2 纵向转学程序①

州的系统方法就是把社区学院融合到州的高等教育系统结构中。系统内部的协调合作是促进学生转学的一个关键的部分,最好的衔接协议是清晰界定衔接协议法规。在德克萨斯州和加州颁布了核心通识教育学分作为一个课程模块整体转学到四年制大学的法律文件,有 13 个州则开发了共同课程编码系统促进灵活的单个课程转学。

其次,高校自愿协议方法。纽约州立大学奥尔巴尼校区(The University at Albany, State University of New York)与阿迪朗达克社区学院(Adirondack Community College)签署联合招生协议。阿迪郎达克社区学院学生一旦进入阿迪朗达克社区学院联合招生项目,满足所有描述条件,将被保证进入纽约州立大学奥尔巴尼校区学习,有机会用接下来的四个学年完成学士学位。没有进入这一项目的学生将仍然按照个人审核原则进入奥尔巴尼校区学习。协议项目涵盖的课程修改和扩张将通过年度评价进行协调。并不是所有阿迪朗达克社区学院开设的项目都能够与奥尔巴尼校区的学位项目对接,因此,阿迪朗达克社区学院的学位项目都是双方协议选择的结果。参与联合招生项目学习的学生,完成协士学位将意味着可最大限度转移学分,可以更便利地进入奥尔巴尼校区。

在正式协议中,阿迪朗达克社区学院的课程与纽约州立大学奥尔巴尼校

---

① Richard N. Woodfield, Jr. Transfer Credit Equivalency Models: Improving the Transfer Process[D]. university of Maryland, 2013:78.

区的课程是等值的,包括人文和艺术(Humanities and Fine Arts)[①];艺术、英文;外语:法语、西班牙语、音乐、戏剧、哲学;社会和行为科学:人类学、经济学、地理学、历史和社会研究、政治科学和公共事务、心理学、修辞和传播(Rhetoric & Communication)、社会学;数学与科学:大气科学、生物学、化学、计算机科学、计算机科学与应用数学、数学、物理学;特殊与专业项目:会计学与工商管理、刑事司法(Criminal Justice)、社会福利。上述协议的课程和项目的协士学位毕业生可以保证进入奥尔巴尼校区,继续完成两年的学士学位学习。

除了上述一对一学分互认和转换协议之外,还有其他的单独协议。一对多(One to Many)包括一个学院的协士学位可以转学多个接收高校;也可能是多对一(Many to One),一个接收院校宣布将授予所有英属哥伦比亚公立学院的工商管理证书学分;或者多对多(Many to Many),如工商管理转学指导纲要(The Business Management Transfer Guide)就是多边转学指导纲要,建立在所有参与的院校的课程都是等值的基础上。

三是学生转学的特点。在大一时候全职或近乎全职参与高等教育第一年学习的学生,比那些不是全职参与学习的学生的学士学位获得率高三分之一。田纳西州1995—2004年对社区学院25000名学生调查认为,在第一年获得超过12个学分的学生,有33%成功从1998年到2004年实现了转学完成学士学位,少于12个学分的学生,仅有18%完成了转学并拿到了学士学位。学生在第一学年学习超过6个学分,比其他人更倾向于转学,9个学分的学生也比其他人更倾向于转学[②]。

(二) 横向转学

横向转学(Lateral Transfer)是指学生获得的学分在同层次高校之间互相认可和转换。在社区学院层次,加州社区学院在入学的6年内,有27%的学生从一个社区学院转学到另一个社区学院,北卡罗来纳州社区学院横向转学比例为14%。全美来说,6年内有13%的学生从一个社区学院转学到另一所社

---

① Patrick A. Foti. Transfer Guides: University at Albany[D]. State University of New York. 1994:8.
② William R. Doyle. Impact of Increased Academic Intensity on Transfer Rates: An Application of Matching Estimators to Student-Unit Record Data[J]. *Research in Higher Education*,2009,50(1): 52-72.

区学院①。

有关调查表明,在四年制大学中,有 19.5% 的学生至少有一次横向转学②,家庭收入和背景优越的孩子更倾向于从一个四年制学院转学到另一个四年制学院。横向转学更多地反映出学生个人的倾向性,而不是较低的学术表现。

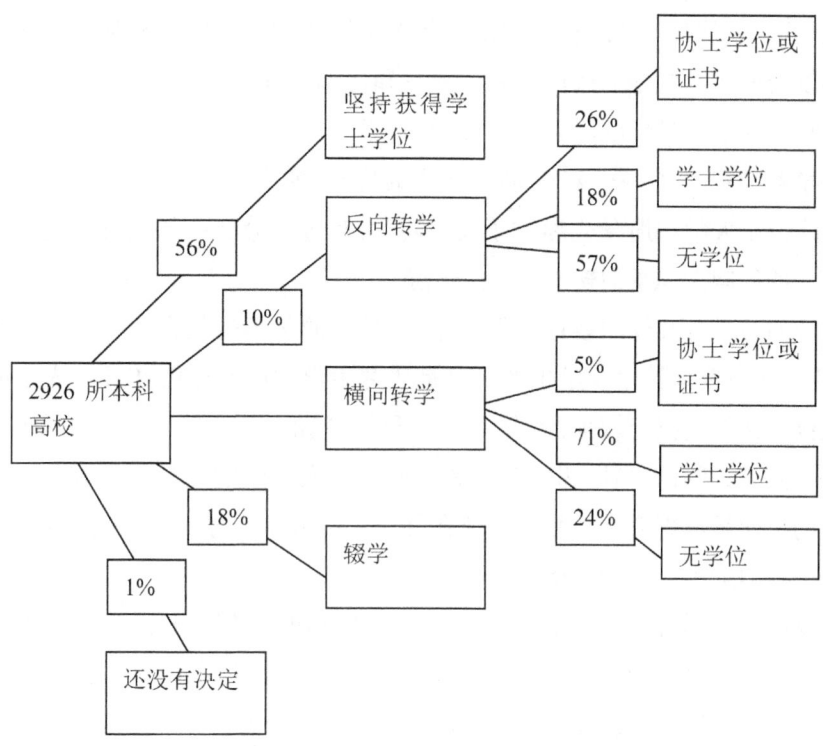

图 6-3　四年制高校转学路径③

在调查 2926 所四年制高校中,有 16% 转学到其他的四年制学院,其中

---

① Peter Riley Bahr. Student Flow Between Community Colleges: Investigating Lateral Transfer[J]. Research in Higher Education, 2012, 53(1): 94-121.
② Sara Goldrick-Rab, Fabian T. Pfeffer. Beyond Access: Explaining Socioeconomic Differences in College transfer[J]. Sociology of Education, 2009, 82(2): 101-125.
③ Debra D. Bragg, Maria Claudia Soler. Shining Light on Higher Education's Newest Baccalaureate Degrees and the Research Needed to Understand Their Impact[J]. New Directions for Institutional Researach, 2017 (170): 61-73.

70%的横向转学(lateral transfers)的学生能获得学士及以上学位①。

(三) 反向转学

反向转学(Reverse Transfer)或下拉转学(The Drop-down)是指在四年制接受大学教育,拥有高级学位或证书或其他形式的资格,在完成学位之前转学到社区学院获得协士学位的转学,包括四年制学院学生在夏季学期在家乡的社区学院学习课程,然后转学到四年制大学短暂学习。反向转学能够加强社区学院与四年制大学的伙伴关系。开发和协调反向转学项目,要求加强两部门的合作关系,包括课程的一致性以及转学学生的服务等。反向转学为学生的转学路径提供了一个获得协士学位的机会,避免学分流失。现在美国有14%的公立大学注册学生参与了反向转学,超过三分之一的经济社会弱势的学生在四年制大学反向转学到社区学院。

反向转学与父母的教育有很大相关,学生的父母受教育水平高于学士学位,更少进行反向转学。学生的父母是研究生学位的更愿意在开始入学的高校就读。父母受教育较少,社会收入较低的家庭的学生,在大一存在学术困难或经济困难,则有更高比例的学生离开四年制大学转学到社区学院。伊利诺伊州的反向转学更多是从私立四年制转学到公立两年学院,北卡莱罗纳州也经历了类似的反向转学经历。

反向转学尽管是在财政紧张下的一种理性决策,但是长期来看并不节省成本,因为他们需要经历多于一次的转学才能获得学士学位,这样的过程会延迟学士学位获得时间或没有获得学位而离开大学。因为大部分反向转学的学生为处境不利阶层的学生,这将影响他们未来生活的机会。与那些留在四年制大学的学生相比,反向转学的学生更难获得学位。非线性的求学路径在获得学士学位的过程中,最终导致了人生机会的不平等。

2012年,有6个基金会发起名为《适时授予学分》(Credit When It's Due)项目,为反向转学项目提供资助,有16个州参与了这一项目和政策②。对于四

---

① Debra D. Bragg, Maria Claudia Soler. Shining Light on Higher Education's Newest Baccalaureate Degrees and the Research Needed to Understand Their Impact[J]. New Directions for Institutional Reseach, 2017(170):61-73.

② Jason L. Taylor. Reverse Credit Transfer: Recognizing and Measuring Transfer Student Success[J]. New Directions for Institutional Research, 2017(170):73-87.

年制转学到两年制学院获得协士学位的学生来说，协士学位证书具有重要的劳动力市场价值(Labor Market Value)，能提高他们被雇佣的可能性。

社区学院也从反向转学的学生中获益，因为更多反向转学学生获得协士学位，提高了社区学院的毕业率和毕业人数。通过反向转学获得协士学位的学生，四年制大学也会提高学生学士学位的毕业可能性，进而提高他们的毕业率。

州政府将从反向转学中获益。因为协士学位和学士学位的毕业率都会提高。在绩效为基础的资助系统(Performance-based Funding Systems)中，州政府据此进行拨款，反向转学也可以在四年制大学中被引入到绩效为基础的贡献中。在田纳西州，100%的州政府拨款都与学习成果和绩效指标(Outcomes and Performance Metrics)联系在一起，州政府最近把反向转学融入资助模式中。对于反向转学的学生，社区学院和四年制学院将分享学习成果资助模式，每一个学院都可接受同等贡献，而不论学生获得学分数量。

各州开发了反向转学政策。密歇根州2012年颁布公共法案201(Public Act 201 in 2012)，要求社区学院与四年制大学开发一个反向转学协议。这些协议要求增加学生学分的价值，要求公立学院和大学对完成学分累积的学生授予协士学位。同年，科罗拉多州颁布反向转学政策，要求科罗拉多高等教育委员会(The Colorado Commission of Higher Education)与两年制学院和四年制学院合作颁布政策，给予反向转学到社区学院并完成相关要求的学生授予协士学位。为保证反向转学质量，学生必须在社区学院完成15个学分，在两个层次的院校累计完成70个学分[①]。学生还必须完成在两年制学院驻校的要求。

2016年5月，宾夕法尼亚州立高等教育系统的14所社区学院和14所州立大学系统签署全州范围的反向转学协议，允许四年制大学生至少获得60个学分，才能申请社区学院获得协士学位。反向转学不论是就业，还是继续攻读学位或取得证书都有助于提升学生潜力。宾夕法尼亚州立大学系统校长弗兰

---

① Lexi Anderson. Reverse Transfer: The Path Less Traveled[R]. The Education Commission of the States, 2015:2.

克·布劳根(Frank T. Brogan)①认为,这个协议是代表学生利益进行合作的典范,对于每一个人都是双赢。协议能够提高宾夕法尼亚社区学院毕业率,获得协士学位的学生更有可能完成学士学位。现在是全州范围的转学协议,使每一位宾夕法尼亚的大学生收益。如果宾夕法尼亚大学系统的学生愿意反向转学到社区学院,州立大学系统将会确认合格完成60个学分后,邀请他们参与反向转学项目。学生填写反向转学表格,他们的州立大学成绩单将会送到社区学院进行评价,如果被批准,学生将会获得协士学位。对反向转学学生不收取任何毕业或成绩单费用。

反向转学的不足。首先,反向转学学生获得协士学位之后更容易进入劳动力市场,确认协士学位的劳动力市场价值,而不是继续完成学士学位学习。从这一点来讲,会影响反向转学学生学士学位完成率。其次,反向转学可能对教育平等产生消极影响,将进一步加剧这些学生已经存在的不平等。再次,如果反向转学仅仅作为提高学位完成率的政策工具,可能会降低协士学位的质量,社区学院可能代替或缩减课程,这样就威胁到协士学位的完整性和综合性。最后,希望转学的学生知道他们反向转学之后可能获得协士学位,可能会更早地转学,这将降低社区学院的注册和注册收入。

(四) 旋转转学

旋转转学(Swirling Transfer)也称为多次转学(Multiple Transfer),就是学生经常在学位授予高校完成最低限度学分要求,同时在多个学校注册学习,不停地在多所高校转学。如学生一开始在四年制大学学习课程,完成12个学分后正式转学到社区学院,获得12个学分,然后再转学到四年制大学获得学士学位,这种转学学生占社区学院转学比例的15%。

---

① Minnesota State Universities Guarantee Admission. Credit Transfer to Minnesota State Associate's Degree Grads[R].Targeted News Service , 2016:6.

第七章
美国学分互认和转换模式与运行机制

美国学分互认和转换的实施主要体现在学生在不同高校之间的转学。根据美国全美学生信息交换中心(The National Student Clearinghouse)数据显示,只有15%一开始就进入社区学院学习的学生,最终在6年内获得学士学位,如果学生能够转移所有的社区学院学分的话,学士学位的毕业率可能得到提高[①]。比尔&梅琳达·盖茨基金会(Bill&Melinda Gates Foundation)研究显示,如果所有社区学院的课程都能够从社区学院转移到四年制大学,那么现在的转学学生的学士学位毕业率从45%可以上升到54%[②]。为提高美国高校学分互认和转换效率,各州立法机关、高等教育董事会通过发布转学规划指导纲要、建立共同课程编码、院校之间签署协议等方式降低学分互认和转换障碍。

一、学分互认和转换衔接协议

(一) 衔接协议概念

全美转学和衔接纲要(The National Guidelines for Transfer and Articulation)认为,衔接包括垂直和水平衔接,它既是过程又是产品。作为过程,这项工作包括建立衔接机制,促进学生和学分之间的顺利转移。作为一个产品,衔接涉及学院之间的正式协议,例如,课程或课程包(Package of Courses)怎样从

---

① George Spencer. Improving Transfer Pathways:The Impact of Statewide Articulation Policies[D]. Harvard University,2017:3-4.
② Mark Keierleber. 4-Year Colleges' Views of Transfer Credits May Hinder Graduation[J]. *The Chronicle of Higher Education*,2014 (Apr).

一个学院转移到另一个学院。衔接协议涉及建立不同高校之间严格的学术课程标准,由于这是一个正式院校之间的协议,衔接为基础的转学有时候也称为正式转学。参与衔接协议的委员会让其他院系的教师集合在一起,让衔接合同签署者、项目建议者、注册者以及其他的人参与到衔接的过程,要求参与各方持对转学衔接协议的承诺(真实、公正、透明和沟通交流等),建立衔接过程的互相信任,共同遵守衔接标准。

(二) 衔接协议目的

政策制定者站在州政府的立场上,认为衔接协议能够使政府受益。因为社区学院是低成本高等教育的提供者,衔接协议创造了一个从社区学院转学到四年制大学的无缝隙衔接协议。如果衔接协议不是无缝隙的,学生可能会重复相关课程或需要更长的时间完成学位,州政府将会投入更多的资金支持转学学生。全州范围内的协议目的是建立课程整合(Curriculum Alignment),特别是把两年制项目课程与四年制合作高校建立连接关系,增加系统转学效率,降低学生学分流失,减少获得学士学位的时间。

(三) 衔接政策发展史

1. 早期衔接政策

最早建立的全美委员会、私人组织和认证机构开始关注衔接和转学,最具影响力的是全国教育委员会(NEA)任命的中学研究委员会(Secondary School Studies)中的十人委员会(The Committee of Ten)。十人委员会最重要的结果是全美广泛接受了卡耐基学分(The Carnegie unit),并作为学分转移的方案。1910年,成立的高中和学业衔接9人委员会再次确认高中的责任是为大学做好准备(Committee of Nine on the Articulation of High School and College)①,最终形成全美一致的学分制度体系。

2. 重要衔接政策和报告

杜鲁门委员会(The Truman Commission)1947年发表6卷本的报告《为美国民主的高等教育》(Higher Education for American Democracy),提出要求对两年制学院给予立即的关注,建议扩大高中规模,要求社区学院为所有公民提

---

① Frederick C. Kintzer. An Historical and Futuristic Perspective of Articulation and Transfer in the United States[J]. *New directions for community colleges*, 1996:6.

供学士学位的前两年以及终结教育、半专业教育和公共服务。这一知名报告要求立即鼓励衔接和转学。在1950—1960年代,最重要的衔接和转学报告是全美社会教育研究55年鉴(The Fifty-fifth Year book of The National Society for The Study of Education)发表的《公立学院》(The PublicJunior College),其中第五章是由格雷斯·博德(Grace V. Bird)撰写的为高级学习做好准备(Preparation for Advanced Study),对加州转学功能特别给予赞誉。博德调查转学学生和本地学生成功学习的分数,指出初级学院转学学生学习成绩几乎与那些四年制本校学生和四年制转学的学生获得一样的成绩,有时候还会高一些,转学学生在第一学期往往有一个较低的平均成绩,但是随后他们就会赶上来。这证明初级学院的学生更需要挽救,否则他们就没有机会进入高级学院。她呼吁在转学政策方面互相理解和合作[①]。

1957年,美国建立了全美学院和初级学院联合会(The Associationof American Colleges and the American Association of Junior Colleges),1958年,成立美国学院注册和招生办公室联合会(The American Association of Collegiate Registrars and Admissions Officers),二者在克莱德·弗罗曼(Clyde Vroman)主持下建立了初级和高级学院联合委员会(The Joint Committee on Junior and Senior Colleges),在主席詹姆斯·沃滕巴格(James Wattenbarger)的领导下联合会制定了一系列的转学指导纲要[②]。1959年,联合委员会要求加州大学伯克利分校高等教育研究中心(The University of California Berkeley Center for the Study of Higher Education)对初级学院转学的毕业生的特点和转学问题进行研究,发表了《从初级学院到高级学院》(From Junior to Senior College)的报告。詹姆斯·尼尔森(James Nelson)成立了在四年制学院和两年制学院之间提高转学的全国项目(The National Project for Improvement of Articulation Between Two-Year and Four-Year Colleges),并在埃索基金会(Esso Foundation)的支持下发表了《提高初级学院和高级学院衔接的指导纲要》(Guidelines for Improving Articulation Between Junior and Senior Colleges)。1960年,利兰·梅德斯克(Leland Medsker)出

---

① Frederick C. Kintzer. An Historical and Futuristic Perspective of Articulation and Transfer in the United States[J]. *New Directions for Community Colleges*,1996:6.

② Frederick C. Kintzer. An Historical and Futuristic Perspective of Articulation and Transfer in the United States[J]. *New Directions for Community Colleges*, 1996:9.

版了《初级学院:进步和希望》(The Junior College:Progress and Prospect),对转学学生绩效、保留率问题以及教师态度进行了较为广泛的研究①。

3. 全美衔接政策实践

在1960年代,美国各州教育董事会还没有普遍建立协调本州中等后公立教育的计划,实际上四年制大学往往由独立的董事会或者某一类型的董事会管理,两年制学院往往在地方董事会管理,只有几个州建立了全州的系统。1972年,美国高等教育法(The Federal Higher Education Act of 1972)颁布,各州根据法律要求进行协调或规划或者任命现存的董事会满足联邦政府的要求。

1960年代早期,高校之间的衔接是专题的方法(Institutional Articulation was The Thematic Approach),政策往往在地方或大学层次,是校园取向的。1960年,加州政府颁布1960—1975年加州高等教育总体规划(The Master Plan for Higher Education in California:1960—1975),建立三个高等教育系统之间的转学政策和程序的协调。其中第五章强调加州衔接会议(The California Articulation Conference),但是这种衔接只是一种自愿形式而不是政府的责任②。这种自愿的四年制与社区学院衔接的全州学分互认和转换协议还有伊利诺伊、密歇根和华盛顿州。

1970年代,很多州都通过了全州范围的转学方案(Similar Transfer Formulas)。从1965—1966年开始,经过10年的协商,1971年,佛罗里达州教育董事会(The Florida State Board of Education)批准了保证所有转学学生都能被该州大学系统接收的转学衔接协议《佛罗里达协议规划》(The Florida Formal Agreement Plan)。同年,伊利诺伊国民议会(The Illinois General Assembly)通过《初级学院法案》(Illinois Legal Based Plan),在102—111条中规定了转学和衔接的政策和程序。

到了1980年代中期,强调全州系统的衔接政策更多了,通常由立法权威和州董事会制定政策。但是最近几十年,很多州的立法机构引入了全州衔接协议,命令所有公立大学和学院参与其中。

---

① Frederick C. Kintzer. An Historical and Futuristic Perspective of Articulation and Transfer in the United States[J]. *New Directions for Community Colleges*,1996:9.

② Frederick C. Kintzer. An Historical and Futuristic Perspective of Articulation and Transfer in the United States[J]. *New Directions for Community Colleges*, 1996:10.

全州的衔接协议是一个综合的政策。1994年,美国学术成就和转学中心(The National Center for Academic Achievement and Transfer)提出州的教育政策要保证鼓励学生无缝隙地获得学士学位:一是重新分配资源,包括财政和人力资源,解决不断增长的转学需求。二是开发K-16衔接机制,特别关注处于辍学风险的学生,建立高中与学院入学一致的招生要求,所有的高中课程都应该为学生进入技术职业或传统的学院做好准备。三是为高中和社区学院合作提供激励机制,特别是提前注册、国际学位、双重入学等,共同提供高中和学院衔接的教育。四是资助建立全州的学生分数记录系统,允许不同高校查询学生分数,同时注意保护隐私。五是建立一个全州范围内的、可以累积的共同核心课程编码系统,促进通识教育课程学分互认。协士学位应该被认为是完成了大学低年级的通识教育要求。六是建立学科课程教师委员会,实施2+2衔接协议,鼓励接收学校和派出学校教师合作和互动。七是创造第三条道路的方法,评价和授予学生学分,为那些从特殊学院转学学生提供支持。八是对学生就学进行财政支持和帮助。九是考虑新的科学协士学位的转学问题,学生完成协士学位之后进入另一所大学完成应用科学学士学位。十是增加地方学士学位项目,满足地方居民的要求。十一是鼓励认证机构促进转学和鼓励学士学位获得作为一个卓越标准。十二是对州外或系统外的学生开放转学讨论①。

表7-1 美国全州的公立高校衔接系统情况

立法	合作协议	转学数据报告	激励和奖励	全州范围的衔接指导纲要	共同核心	共同课程编编码系统
30个州	40个州	33个州	18个州	26个州	23个州	8

2010年,美国有31个州建立了转学协士学位(Transfer Associate Degree)协议政策②。研究显示,拥有很好的、透明的、清晰的学生和家长的沟通政策,将更有利于建立一个无缝隙的转学过程,促进支持州政府提高学士学位毕业率的诉求。

---

① Linda Barnes Tucker. Transfe and Articulation Issues Between California Community Colleges And California State University[D]. University of Verne,2013:39.
② George Spencer. Improving Transfer Pathways:The Impact of Statewide Articulation Policies[D]. Harvard University,2017:10-11.

表 7-2 美国衔接和转移政策表①

州	通识教育共同核心	共同课程编码	全州主修专业衔接协议	整块学分转移	协士学位转学	具体课程转学
亚拉巴马州	X		X	X		X
阿拉斯加州	X			X		X
亚利桑那州	X		X			X
阿肯色州			X	X		X
加利福尼亚州			X			
科罗拉多州			X			X
康涅狄格州						
特拉华州						X
佛罗里达州	X	X	X	X	X	X
乔治亚州	X			X	X	X
夏威夷州			X	X	X	X
爱达荷州	X				X	X
伊利诺伊州	X		X	X	X	
印第安纳州			X		X	X
爱荷华州	X		X		X	
堪萨斯州						
肯塔基州	X		X	X	X	
路易斯安那州	X			X		X
缅因州						
马里兰州			X	X	X	
马萨诸塞州	X			X	X	
密歇根州						
明尼苏达州	X		X	X	X	X
密西西比州	X			X	X	X

① Richard N. Woodfield, Jr. Transfer Credit Equivalency Models: Improving the Transfer Process[D]. University of Maryland, 2013:49.

续表

州	通识教育共同核心	共同课程编码	全州主修专业衔接协议	整块学分转移	协士学位转学	具体课程转学
密苏里州	X		X	X	X	
蒙塔纳州	X	X		X		X
内布拉斯加州	X					X
内华达州	X	X	X		X	
新罕布什尔州						X
新泽西州	X			X	X	
新墨西哥州	X		X	X	X	X
纽约					X	
北卡罗来纳州				X	X	
北达科他州	X	X	X	X		X
俄亥俄州	X		X		X	X
俄克拉荷马州	X		X	X		X
俄勒冈州	X	X		X	X	X
宾夕法尼亚州						X
罗得岛州						X
南卡罗来纳州	X				X	
南达科他州	X				X	X
田纳西州				X	X	
德克萨斯州	X	X	X	X	X	X
犹他州	X	X	X	X	X	X
佛蒙特州						
弗吉尼亚州	X				X	
华盛顿州	X		X	X	X	
西弗吉尼亚州				X	X	X
威斯康星州			X	X	X	X
怀俄明州	X					X
总计	30	7	22	27	29	30

表 7-3　美国各州衔接政策及其描述表

衔接政策名称	描述或定义
共同核心课程编码和通识教育课程包（Common Core Curricula and General Education Packages）	通识教育课程学分能够全部在所有公立高校中转移。
州立法（State Legislation or Stratue）	州立法治理学分转移或一部分学分转移，2010 年已经有 36 个州颁布了法律。
共同课程编码（Common Course Numbering）	在公立高校中低年级课程有共同编码系统，2016 年有 16 个州存在共同编码系统。
社区学院和应用学士学位（Community College and Applied Baccalaureate Degrees）	政策保证职业技术课程可以从应用协士学位转学到学士学位项目，现在有 39 个州提供这样的社区学院授予的应用学士学位。
反向转学（Reverse Credit Transfer）	政策允许学分从四年制高校转学到两年制高校，以便学生能够获得协士学位。2015 年有 49 个州提供这一政策，其中 13 个州立法予以确认。
全州衔接指导纲要和网站（Statewide Articulation Guides and Websites）	有 35 个州有全州范围的指导纲要，给学生和家长提供转学机制和转学要求。
学生动机和奖励（Student Incentives and Rewards）	通过享有优先或保证招生、放弃具体高校通识教育要求、提供大学二年级的地位、转学奖学金（22 个州）的政策鼓励学生转学。18 个州已经颁布以转学标准为基础的拨款公式衡量高校的转学工作。
转学数据报告（Transfer Data Reporting）	政策要求对转学和学生移动数据进行追踪，有 37 个州存在这样的政策。
转学路径和项目主修衔接（Transfer Pathways and Program Major Articulation）	政策允许无缝隙地从两年制高校转学到四年制高校的特殊路径或项目学习。

（四）衔接协议优点

对于学生来说，好的课程和项目衔接能够节省时间和金钱，因为衔接取消了重复的课程，避免学生在另一所高校努力学习的课程得不到承认，同时为学生在某一个特定领域提供一个持续不断的学习经验。衔接协议往往会创造一个全州的共同课程编码系统（The Creation of Statewide Common Course Numbering Systems),有超过30个州已经为大一和大二的课程建立起共同的课程编码系统,保证在协议高校之间转学①。同时开发一个门户网站,主要负责发布展示有关州的转学路径和转学政策的信息,帮助学生和建议教师探索学位的选择,确认衔接项目。

对于高校来说,衔接降低了重复教学,扩展了项目内容,促进教师和管理者之间交流,加强公共关系,提高所选择高校的教师使用效率,增加衔接课程的注册人数,帮助在所有高校层次的招生,促进更加统一的教育系统,提高转入学院的财政收入;当然也扩大了教育市场,在衔接高校之间创造了一个学生流动的管道,共享教学资源和课程开发资源,包括促进课程一致、相关和融合,促进教育机构之间的交流和合作,促进教师和行政管理人员的合作和交流,降低教学重复、扩展项目内容、加强公共关系,增加衔接课程的注册人数,帮助所有层次的教育招生,形成更加统一的教育体系。

对于政府和社会来说,衔接协议能够节省州的教育经费支出。学生能够有效地从社区学院转学到四年制大学而不流失学分,州政府支出更少学费资助;衔接协议还能够提高高等教育运行效率,培养更多更好的高素质人才,促进就业和税收,增加毕业生收入。

二、文件模式

文件模式(The Document Model)主要由立法机构或者州的高等教育董事会颁布政策,对两个或多所高校转学关系进行治理,关注法律为基础的协议、规划指导纲要文件以及自愿协议。文件模式通常采取2+2模式或其他形式开展高校之间的学分互认和转换活动,甚至还包括对转学学生、保持率和学术表现等方面的监督。

文件模式主要有三种:一是法律为基础的模式,二是州系统的政策,三是高校或系统内部自愿的衔接协议。

---

① Annette M. Fetterolf. Pennsylvania Community College Students Interested In Earning Baccalaureate Degrees:A Qualitative Analysis Of Their Decision-making Experiences[D]. Indiana University of Pennsylvania,2018:35.

表7-4 美国文件衔接模式类型及各州实施情况

正式和法律基础的政策（Formal & Legally Based Policies）	州系统的政策（State System Policies）	高校或系统内自愿协议（Voluntary Agreements between Institutions of within System）	特殊的职业技术学分转移（Specializing in Vocationl-technical Credit transfer）
阿拉巴马、亚利桑那州、阿肯色、加州、科罗拉多州、康涅狄格州、佛罗里达州、爱达荷州、伊利诺伊州、堪萨斯州、肯塔基州、路易斯安那州、马里兰州、马萨诸塞州、明尼苏达、密西西比、内布拉斯加州、内华达州、新墨西哥州、俄克拉荷马州、俄勒冈州、南卡罗来纳州、南达科他州、田纳西州、德克萨斯州、犹他州、弗吉尼亚州、华盛顿州、西弗吉尼亚州、威斯康星州	阿拉斯加州、亚利桑那州、加利福尼亚州、夏威夷州、堪萨斯州、肯塔基州、马里兰州、明尼苏达州、密西西比州、密苏里州、内布拉斯加州、新泽西州、纽约、北卡罗来纳州、南达科他州、俄克拉荷马州、宾夕法尼亚州、南卡罗来纳州、犹他州、弗吉尼亚州、华盛顿州、西弗吉尼亚州、威斯康星州	亚拉巴马州、阿肯色州、加利福尼亚州、科罗拉多州、康涅狄格州、特拉华州、爱达荷州、爱荷华州、路易斯安那州、缅因州、密歇根州、蒙塔纳州、新罕布什尔州、俄勒冈州、宾夕法尼亚州、南达科他州、田纳西州、佛蒙特州、怀俄明州	印第安纳州、密歇根州、北卡莱罗纳州、俄亥俄州、俄勒冈州

（一）法律为基础的文件模式

衔接过程的经济利益，不断减少的教育预算，州政府对经济稳定、竞争力的考虑，以及保障本州居民高等教育机会的义务，要求不能把学分互认和转换的责任交给临时的、偶然的、自愿的高校转学衔接安排。在这种情况下，各州中具有规制型董事会（Consolidated State Governing Boards）对一个州的公立高等教育系统内所有高校都有法律权威，同时对本州高等教育拥有预算控制、人事调整、学术项目决策等重大项目的决策权，他们往往采取法律为基础的衔接政策,命令所有公立高校,在有些州还要求非营利性高校,遵守转学衔接协议。2001年,佛罗里达州等30个州把转学协议写入法律①。

法律为基础的文件模式最有代表性的是佛罗里达州和新泽西州。佛罗里达州的社区学院和四年制大学的转学协议——佛罗里达衔接系统(Florida's Articulation System),独特性地创建一个把社区学院作为主要提供大学一年级、二年级教学的机构,完成社区学院协士学位项目的学生可以无障碍地转学到该州四年制本科高校继续学习,以便获得学士学位。全美的调查结果显示,其他的州有一些转学条款,但是没有一个州建立所有高等教育部门之间的衔接。1965年,佛罗里达州教育董事会(The State Board of Education)认为,转学应该不需要行政管理的干预,同时最大限度地保护学院的完整自治。佛罗里达州决定建立一个最激进的立场,即建立全州范围内的衔接协议和标准化的课程编码系统(Standardized Course Numbering System),保证所有在佛罗里达社区学院完成艺术协士学位或获得60个学分的学生可以转学到任何州立大学学习。社区学院的转学课程可以作为大学低年级学生转学到高年级学分,他们主修专业的前期课程可以作为大学艺术学士的选修课程。编码系统由州教育董事会负责管理,所有开设的新课程都需要经过州教育董事会批准。

2007年,新泽西议会通过新泽西议会3968号转学法案②(The Transfer Law),要求所有公立高等教育机构接受全州范围集体协议,为学生完成协士学位到学士学位提供无缝隙转学。法案要求独立学院也可以加入进来,但并不强求加入。新泽西转学法要求参与的高级学院,接受19所所有社区学院艺术协士学位和科学协士学位学分。只要符合大学高级学院招生条件要求的协士学位获得者,可以完全无障碍地转移到学士学位项目中。法案要求所有高级学院制度化申请过程,制度化地解决转学学分争论。转学法要求新泽西高等教育委员会准备年度报告,汇编数据、分析协议对转学过程的影响、转学学生在高年级学院的学术成功,以及对每一个参与的学院符合转学法的条款进行分析。转学法实施之后,有更多社区学院学生获得学士学位,从2008年的

---

① Richard N. Woodfield, Jr. Transfer Credit Equivalency Models: Improving the Transfer Process[D]. University of Maryland,2013:54.

② Mark Allen McCormick. A Case Study of 2-4 Transfer in New Jersey: Implementation of A Transfer Law at Three Community Colleges[D]. The University of Pennsylvania,2017:90.

28%增加到2009—2013年的40%[①]。

二是阿拉巴马高等教育委员会(The Alabama Commission of Higher Education),1993年报告很多社区学院的学生转学到四年制大学会损失一部分课程学分,学生因此变得灰心丧气,不能继续他们的教育,同时不断增加的教育成本和不必要的课程重复,徒增学生、家长和纳税人的负担。1994年,州立法部门颁布《衔接和通识教育学习法》(The Articulation and General Studies Act),建立了衔接和通识教育学习委员会(The Articulation and General Studies Committee),负责执行特定的全州范围的转学和衔接报告系统法定条款(The Statewide Transfer and Articulation Reporting System)。委员会开发了通识教育课程和衔接项目,后来成为全州衔接信息系统(Statewide Articulation Information System)。委员会委员是由3名社区学院代表和2名地区大学、奥伯恩大学(Auburn University)、南阿拉巴马大学(University of South Alabama)、阿拉巴马州立大学(Alabama State University)、阿拉巴马艺术和机械大学(Alabama A & M University)各派1名代表,共10名代表组成。执行主任为非投票成员。委员会在所有的公立四年制大学和两年制学院建立了机构联系点(Institutional Points of Contact),这些联系点的工作人员一起工作,共同解决学生转学过程中出现的问题。根据法律,公立四年制大学接受委员会批准社区学院课程学分,但在社区学院获得协士学位的课程学分并不能保证都被四年制大学认可。亚拉巴马州有10万名学生在社区学院系统就读,项目将对很多人获得学士学位起到关键作用[②]。

三是德克萨斯州高等教育协调董事会(The Coordinating Board),为德克萨斯州的学院和大学建立一个宪法性的全州共同核心课程政策。社区学院为低年级学生提供能获得学士学位的课程准备,主要强调核心课程要求。为保证转学,协调董事会、德克萨斯学院和大学系统建立了一个特殊的联盟建议委员会(A Special Liaison Advisory Committee),该委员会由来自学院和大学的代表组成。为使学生不至于过于集中,德克萨斯协调董事会建议,只有经过区域或

[①] Mark Allen McCormick. A Case Study of 2-4 Transfer in New Jersey: Implementation of A Transfer Law at Three Community Colleges[D]. The University of Pennsylvania,2017:90.

[②] Khristy G. Large. A Study of Statewide Transfer and Articulation Reporting System Approved Courses Completed at Alabama Community College [D]. Mississippi State University,2008:4-5.

全国认证的社区学院课程学分才可以转学,德克萨斯公立大学应该接受任何获得认证社区学院转学学生学分。德克萨斯大学至少提前一年告知所有社区学院核心主修专业的课程,以便在执行这些课程的时候影响社区学院课程工作,协调董事会将建立一个通知的程序;社区学院必须清晰地给出学生每一门课程的分数,负责为转学课程在申请学士学位的限制方面提供咨询和建议。考虑到社区学院学生的学分,大学只认可不超过 66 个学分,也就是不超过二分之一的学士学位要求的学分。除了核心课程之外,如果课程学分低于 66 个学分的话,大学也可以把其他课程算作积累学术学位的大学低年级课程学分。大学认可通过考试获得的社区学院核心课程学分,核心课程包括英语语言能力、文学、政府、历史、自然科学 A、自然科学 B、数学、外语、人文选修课、特殊课程①。

四是 1997 年,北卡罗来纳综合衔接协议(The North Carolina Comprehensive Articulation Agreement),包括北卡罗来纳大学(University of North Carolina, UNC)40 个校区和北卡罗来纳社区学院系统(North Carolina Community College System)58 所,创造一个流畅的从社区学院系统转学到大学系统的机制。2014 年 2 月,两个系统同意更新它们的衔接政策,使学生的转学更加容易。大学系统同意列出一般通识教育转学课程(Universal General Education Transfer Courses)名单,同意这些课程转学到大学系统 16 个校区。学生课程成绩需要在 C 等以上,绩点在 2.0 以上的 60 个学分可以保证转学到大学系统②。新的协议授予转学学生初级学院学生地位,保证他们能够被任何北卡罗来纳州的任何一个校区招生。

五是 1965 年,伊利诺伊初级学院法案(The IllinoisJunior College Act of 1965),其中 102—111 条包括衔接和学分转移③,给予协士学位获得者优先地位,称为学士学位衔接包(The Baccalaureate Articulation Compact),要求该州社

---

① Texas Coll. and Univ. System, Coordinating Board. The Development of Community Junior Colleges in Texas and the Core Curricula for Public Junior Colleges inTexas[EB/OL]. https://files.eric.ed.gov/fulltext/ED027017. 2020-11-10.

② Lisa M. Runyan. Undergraduate Degree Completion:A Study of Time and Efficiency to Degree [D]. The University of Missouri – Columbia, 2011:15.

③ Frederick C. Mintzer. The Articulation/Transfer Phenomenon: Patterns and Directions[J]. *Horizons Issues Monograph Series*. 2008:29.

区学院毕业生可以被公立大学的高年级同一专业接受,经过 2 年及其以上的学习获得学士学位。州社区学院董事会(The State Community College Board)要求公立和私立大学和学院任命衔接协调员(Transfer Coordinators)负责决策,而且是全美第一个颁布转学协调员名单目录(The Directory of Transfer Coordinators of Illinois Colleges and Universities)的州。

从上述各州的法律转学模式可以看出,法律转学文件模式有以下几个共同特点:广泛的可以接受转学的通识教育课程;强调转学前获得协士学位;衔接和转学协议的法律本质如州的法律、教育部门的规章制度或者总体规划;制定了衔接和转学条款。

(二) 全州高等教育系统政策文件模式

全州高等教育政策文件模式往往采用全州系统转学指导纲要,促进全州范围内教育机构学分衔接,或授权开发学制衔接协议,确保院校间课程和学分的顺利转换。

州系统的衔接政策通常是州协调董事会(State Coordinating Boards)颁布,由公立大学和社区学院实施。州协调董事会没有规制型董事会拥有那么多法律权威和分配经济资源的权威,他们仅提供不同的预算和学术项目分配的监督权力,或者只有其中的一种权力。[1] 因此,协调董事会对高校的影响各不相同,从提供有限的咨询建议到强有力的监督权威,他们往往提出全州范围转学指导纲要(Transfer Guides)。

根据美国教育委员会统计,截至 2010 年,有 35 个州提供转学指导纲要,促进全州范围的衔接协议的执行[2]。转学指导纲要是由特定的学科教师制定的学术路线图(Aacademic Roadmaps),作为一个指导路径清晰地界定低年级系列课程,包括通识教育课程和主修专业前置必修课程(Prerequisites for a Given Major)。指导纲要也为社区学院提供系统的咨询,帮助学生选择要学习的项目。因此,学生能够更有效地通过课程学习,转学到所有四年制公立大学,做好获得学士学位的准备。转学指导纲要作为一个承诺,主要克服转学结构中出现的障碍。转学指导纲要主要公布一系列大学高年级学院主修专业的

---

[1] 徐来群. 美国公立高等教育治理的模式及特点[J]. 高等工程教育研究,2008(6):119-123.
[2] George Spencer. Improving Transfer Pathways:The Impact of Statewide Articulation Policies[D]. Harvard University,2017,72.

前置课程目录,在转学指导纲要中出现的课程都能够保证转学到四年制高校同一类型的相关主修专业,完成余下课程获得学士学位。

转学指导纲要是转学路线图,用于确认可转学的课程,如肯塔基社区学院就建立了一个协同课程规划(Coordinating Curriculum Planning),开发了一个综合的转学纲要(The Development of Comprehensive Transfer Guides)。密西西比高等教育协调董事会(The Coordinating Board for Higher Education)建立了转学指导纲要,学生可以在经过认证的公立学院和大学之间转学,也可以作为独立学院转学的标准。亚利桑那、马里兰、北卡罗来纳、罗德岛、弗吉尼亚、华盛顿州宣布建立全州转学衔接指导纲领。罗德岛转学纲要,代表该州最新的全州的标准化的衔接和转学政策。转学纲要指出学分转学的可能性,不受学生纵向转学或横向转学的影响。第二,要求大学制定具体的先前学习经验评价,以及全州授予先前学习经验学分的评价标准。第三,建立一个高校间永久的委员会——中等后教育执行委员会(The Postsecondary Education Executive Council)。第四,要求每一个学院任命一个转学或衔接官员。衔接或转学官员就成为关键人员(The Pivotal Person)。第五,建立统一的课程系统。

(三)高校之间自愿衔接文件模式

在全州衔接协议中,有些州的高等教育董事会仅仅有收集高等教育信息、提出高等教育规划的权利,他们既没有法律上管理公立高等教育系统的权力,也没有分配高等教育经费的权力,更没有监督全州学术项目设置的权力,导致在全州范围的学分互认和转换过程中,因没有足够的法定权力,而只能采取高校之间互相签署转学衔接协议的方式进行[1]。

这些州也称为解制的州(Deregulated State System),他们把协商和执行转学和衔接协议的任务交给了每一所高校。单个高校负责建立课程、项目和学位之间的衔接协议。解制的州依赖高校对州的高等教育董事会建议做出迎合性反应,董事会并没有法律权威授权全州执行转学政策[2]。

这种高校之间的自愿协议(Voluntary Agreements)是建立在类似课程哲学基础上的不同院校之间的转学衔接政策,一旦签署协议,就具有约束签署各方

---

[1] 徐来群.美国公立高等教育治理的模式及特点[J].高等工程教育研究,2008(6):119-123.

[2] Richard N. Woodfield, Jr. Transfer Credit Equivalency Models:Improving the Transfer Process[D]. University of Maryland,2013:79.

的契约。通常这些协议是建立在课程到课程、项目到项目、院系到院系或者学院到学院的基础上,因此主要由各高校的教授会负责这些协议的签署,学科内容和跨部门的联盟委员会作为工作群体。最大限度地参与和协商过程的多元化、独立性、自愿性是这一模式的优点;其不足是很难把委员会决定转换为行动,以及有限的财务支持。只有少数的几个州属于这一模式。

在全美有超过44000个独特的四年制和两年制学院的转学衔接协议①。大学和学院的不同部门自愿达成协议,而不是被政府指导。工作是通过临时联合委员会并肩进行的,自愿合作在沟通、财务、管理等方面存在较大困难。

首先,加州是自愿转学的一个经典例子。1960年的加州高等教育总体规划(The California Master Plan for Higher Education)建立了加州州立大学和加州大学接纳社区学院转学的路径,但是转学的比例并没有随着社区学院注册人数增加而增加。1997年,加州大学校长理查德·阿特金森(Richard Atkinson)和加州社区学院校长托马斯·纳斯鲍姆(Thomas Nussbaum)签署谅解备忘录(Memorandum of Understanding),承诺在2005—2006学年一起努力把加州社区学院转学学生比例增加到加州大学学生总数的33%,同时加州社区学院承诺做好转学学生的转学准备工作。谅解备忘录要求加州大学在2005—2006年,接纳15300名社区学院的转学学生,这就意味着在接下来的7年时间里,加州需要接纳社区学院6%的学生进入加州大学,到2005—2006年转学学生达到注册学生的33%②。自愿转学协议签署之后,加州大学伯克利、洛杉矶、圣地亚哥等高选拔性的校区转学学生的比例都在稳步增加。

这次转学协议有以下成功经验:坚持学术准备,加州大学教授会和加州社区学院教授会合作,为做好学生转学准备做了大量工作。他们坚持在英文写作和定量推理两门课程上下足功夫,这两门课程的技能影响学生跨专业的课程成功。按照加州大学的招生要求,转学的学生必须完成两门英文写作课程和定量推理课程。加州大学的教师评价社区学院的写作课程,保证写作课程内容丰富,并积极接受定量推理课程学习到中级代数以上的学生。通过完成

---

① John Fink and Davis Jenkins. Takes Two to Tango:Essential Practices of Highly Effective Transfer Partnerships[J]. *Community College Review*,2017,45(4):294-310.

② Stephen J. Handel. Second Chance Not Second Class:A Blueprint for Community-College Transfer[J]. *Change*,2007(September/October):38-46.

转学意向专业前置课程,加州大学教师还相信社区学院的学生能够做好转学到特定专业的准备。他们提前告知准备转学的学生需要学习哪些通识教育课程,让学生较早地关注主修专业的课程,并持续保持承诺和专注,为所有转学学生提供包括拨款、奖学金、贷款和雇佣的资助。由于转学学生通常是家庭经济困难的学生,加州大学就采取给转学学生更多的财务资助和更长期的教育投资措施,稳定支持转学学生直到他们按时完成学业。

其次,詹姆斯·麦迪逊大学(JamesMadison University)和北弗吉尼亚社区学院(Northern Virginia Community College)2014年组成团队,在各自学校的荣誉项目建立一个理解备忘录①。合作双方主要关注荣誉项目的转学。签署的是理解备忘录而不是衔接协议,就是反应不断变化和动态本质的荣誉课程和学院。理解备忘录的独特之处在于依赖合作荣誉项目的使命和愿景分成三个部分:合格(Eligibility)、执行(Implementation)和收益(Benefits)。

合格是指学生需要在两年制学院完成一定数量的学分,而且还要展示满足接收院校最低限度荣誉课程学分绩点。任何关于荣誉课程批准的政策都需要在这一部分显示,包括接收院校的合格标准。申请者还需要提供共享成绩单。

在执行这一部分,两所高校同意理解备忘录合同义务,包括派出院校需要完成多少个荣誉学分才能申请接收院校的荣誉项目,以及满足招生所需要的额外荣誉学分,接收院校通常接受不超过项目要求的荣誉学分的一半,如项目需要24个学分,将接受派出院校12个学分。可以转移的学位课程在两所院校之间必须提前签署衔接协议,特别是在不同的州,保证拥有学分的学生能够被合适的荣誉项目和接收院校招生。

收益部分通常包括毕业信息要求。鼓励学生在转学之前或转学之中或者在国外旅行、会议和学徒制期间,参与所有的荣誉活动、事件和组织,包括荣誉的机会、荣誉宿舍、印刷、计算机实验室进入、实习和特定的集合空间,为申请学生提供优先注册、图书借阅时间等。

最后,自愿协议还有超越州的边界——7成员大学学分转移联盟(The

---

① Philip L. Frana, Stacy Rice. Best Practices in Two-Year to Four-Year Honors Transfers[J]. *Honors in Practice*, 2017(13):9.

Seven-member University Credit Transfer Consortium)。在联盟高校中的大一新生学习一门艺术和科学课程获得的学分都可以在成员高校认可通识教育学分,这样就给学生更加灵活的获得学士学位的机会。他们还签署了20多门最流行课程的等值学分协议,这就意味着学生在协议大学中的任何一所完成一门课程都可以被其他大学认可。如学生在假期可以在家乡的大学学习一门课程,获得的学分,作为自己所在院系的学分申请学位。

为保证学生有更多的课程选择计划和更灵活地完成学位,联盟副主席爱德华·里奇(Edward J. Leach)认为,尽管联盟促进了学生进入成员高校的学习,但是因为高校之间差别较大,还存在一定的困难。联盟指导纲要号召学生从学院低年级进入大学的高年级完成学士学位[1],成员高校可以与凤凰大学等高校共享大学咨询和建议服务、使用在线资源、学费打折和奖学金等优惠政策。按照协议,学生可以在完成职业协士学位之后,再学习通识教育课程,就可以获得某种职业领域的学士学位。这种安排就是上下翻转(Upside-down)的2+2模式。因为学生已经学习过职业课程,只需要在大学学习基本课程就可以达到授予学士学位的要求。

(四)具体主修转学路径文件模式

大学发现很难制定一个全州范围的衔接协议融合整个大学项目,因为大学希望提供独特的课程使他们与其他大学区别开来,同时还需要与广泛的社区学院合作,招收更多优秀的学生。有时候尽管存在全州范围的协议,因四年制项目与社区学院的项目不一致,也会形成转学过程的障碍。

为此,俄亥俄州引入转学路线图,确认一系列主修专业可以转学的具体必修课程、导论课程名单。这些主修-具体课程路径(These Major-specific Transfer Pathways),允许学生在社区学院完成低年级课程,然后转学和申请四年制公立大学的高级主修课程。田纳西州2010年通过完成学院田纳西法案(The Complete College Tennessee Act),开发了一个主修-具体转学路径(The development of Major-specific Transfer Pathways)并颁布了52个学术主修领域课程

---

[1] Dan Carnevale. Guidelines Assist Credit Transfer[J]. *The Chronicle of Higher Education*, 2001, 47(42): A31.

目录①。

(五) 文件模式的不足

1. 招生不足

文件模式的转学衔接政策和法律并不能保障所有学生都能转学到四年制大学,特别是在加州,该州注册社区学院的人数较高,招生具有一定的竞争性。在很多州的转学衔接政策中强调政府干预,但是并没有随着政策的实施,增加相关拨款和奖励,而且大学有相当大的自由裁量权,决定是否以及采取何种方式提高协士学位的完成率。

2. 拨款不足

随着州政府立法和拨款的不断降低,政府加大了公立高校的财政责任和绩效问责。因此,提高社区学院转学功能的政策,如果不增加相关拨款支持社区学院进行必要的变革,将很难提高学生的转学比例。

3. 侵犯学术自由

大学自治是美国高等教育的顽强力量和非常重要的转学和衔接力量,特别是在高等教育更加私有化的时代。创造一个更加标准化和效率化的转学体制,挑战了美国大学学术自治的力量。衔接协议立法命令经常有结构性的官僚主义倾向,很少能够理解院系课程复杂的要求。政策制定者经常对大学课程问题的复杂性不感兴趣,他们只想简单地解决学生的转学衔接问题。大学的学者们认为衔接协议在一开始被认为是对学术自由的侵犯,强制转学将把开发学术项目的权利从大学拿走,那么大学就很难完成其使命,而社区学院的教师相信他们的学术课程标准没有被他们的四年制大学同行认真考虑。

美国大学教授联合会康涅狄格分会(The UConn Chapter of The American Association of University Professors)②认为,全州衔接协议将窒息创新和竞争。一个理想的康涅狄格州的高等教育应该是不同高校的教师能够帮助满足不同学生的需要和兴趣,甚至能够在同一所高校的不同层次的学位项目、学院和专

---

① Michelle Hodara,etc.. Exploring Credit Mobility and Major-Specific Pathways: A Policy Analysis and Student Perspective on Community College to University Transfer[J]. Community College Review,2017,45(4): 331-349.

② Matthew Dembicki. Study: UConn Rejects Nearly 25% of Credits from Community Colleges[J]. Community College Daily,2017(April):27.

业学院之间实施。这种一刀切的做法(One-size-fits-all Approach)要求协议有一个严格的框架,不可避免地降低了学院的需求,这在教育学上是不合适的。

4. 不能提高转学比例

全州的转学和衔接协议并不能提高向上流动的比例,这些政策设计的最初目的是阻止转学学分流失。全州的支持转学学分的政策,很少有证据证明转学政策提高了学生的学士学位的获得比例。在有转学衔接法律政策的州,有61%的学生获得学士学位,没有衔接法律的州的转学学生,有57%完成学士学位,这种差别既不是很大也没有统计学差异,通过回归分析发现,拥有衔接协议的州与没有衔接协议的州的转学学生学士学位获得率没有相关性,也就意味着衔接协议与学士学位获得没有相关关系。从完成时间来看,有衔接协议和没有衔接协议的州获得学士学位的平均时间为5.5年,这种差别也没有统计学差别[①]。

衔接协议更能保证一定的学分可以被接受,而不是具体的课程被四年制大学接受。结果就是拥有学分的课程不能转学到某些主修专业领域,而被迫重新学习已经学习过的课程。如转学到加州州立大学的学生,平均需要完成141个学分才能获得学士学位,这些超过的学分并不能在转学的高校记作学士学位学分,从而导致学生获得学士学位的时间延长。其中有20%转学到加州大学社区学院的学生未能在四年内完成学士学位,有三分之一的社区学院学生转学到加州州立大学,未能在6年时间内完成学士学位。

在华盛顿州、威斯康星州、德克萨斯州、俄亥俄州的技术学分转学中,这些州的法律条款都是几十年以前的,通过限制一定数量的可以转学项目,限制技术学分的可转移性,反过来限制了技术学生的转学机会和增加学生的学分流失。

成功的转学需要个人和组织为他们提供更好和最完善的信息。各州转学政策的本质和分配是多样性的和不均匀的,转学操作运行在不同的州是不同的。转学功能尽管提供了社区学院学生转学到四年制大学的机会,但有色人

---

① Josipa Roksa and Bruce Keith. Credits, Time, and Attainment: Articulation Policies and Success after Transfer[J]. *Educational Evaluation and Policy Analysis*, 2008, 30(3): 236-254.

种学生、低收入家庭学生、第一代大学生,在转学和转学经验方面是不平等的,而且现存学院文化和政策并没有设计成支持他们转学的模式。

法律政策主要保护学生在转学过程中的学分,不是引导学生转学,而是帮助已经决定转学的学生。促进高等教育之间的合作,避免重复复制课程,增加额外成本。政策并不关注转学学生面临的挑战,如缺乏支持。现在的衔接政策既不能降低各种个体面临的挑战,也不能改变地方社区学院在高等教育系统的位置。因此,衔接政策更适合评价那些转学后的成果,而不是是否增加了转学比例。

三、支持服务模式

(一) 支持服务模式概念

支持服务模式(The Support Services Model)依赖鼓励学生转学、支持学生转学决定、帮助学生转学如财务资助等,设计目的是帮助学生理解成功转学到另一个学院过程和步骤的复杂性。这可能包括教职员提供建议、财务资助咨询以及考虑转学学生的一般帮助。研究显示,社区学院学生积极参与教师和同辈帮助和支持,与转学能力具有正相关关系。

(二) 支持服务模式策略

1. 支持转学的承诺

高校需要对转学和衔接有坚定的承诺(Institutions Should Have a Firm Commitment to Transfer and Articulation),州政府的领导应当支持转学和衔接目标,帮助学生制定转学目的的愿景。

2. 建立清晰的转学路径

学院必须为转学学生创造一个在两年制和四年制之间转学的清晰的路径。比尔与梅琳达·盖茨基金会(The Bill & Melinda Gates Foundation)、卢敏娜基金会(Lumina Foundation)和美国社区学院联合会(The American Association of Community Colleges)共同努力推动指导路径运动(The Guided Pathway Movement)。加州立法部门拨款1.5亿美元,支持在加州114个社区学院执行指导路径改革(Guided Pathway Reform)①。在这些投资里,美国社区学院联合会支持30所学院接受指导路径改革。指导路径改革必须得到接收学院的支持。纽约古特曼社区学院(Guttman Community College in New York City)把指导路径扩展到接受的纽约城市大学。

首先,在学分互认和转换合作高校中,有证据证明,合作伙伴一起工作创造一个清晰的通往资格和转学要求的路径,能够提高学生学士学位完成率。通常情况下,他们开出一个主修-特定课程路径(Major-specific Pathways)或转学项目地图(Transfer Program Maps),展示给转学学生,告知他们需要在社区学院学习这些课程,并提供后续课程的建议,清晰化主修-具体课程前置要求。

在华盛顿州,社区学院与公立四年制大学合作创建了一个全州范围的学术区域-特定课程的转学协议(Field-specific Transfer Agreements),叫直接转学协议。华盛顿州的艾佛利特社区学院(Everett Community College in Washington)为转学学生提供了课程地图(Course Map),告知学生必须学习哪些课程才能满足华盛顿州立大学大三年级质量要求。在艾佛利特学院,已经在主修-特定课程的基础上进一步把这些协议经常化,使用主修-特定课程转学指导纲要(The Major-specific Transfer Guides),让学生学习转学到主修专业的前置要求课程,或者更换主修专业。有些学生反映,一些前置课程要求在社区学院不容易完成,例如,农村的社区学院不能提供广泛的实验科学课程或者要求使用放映设备的课程。有效的转学伙伴关系确认可以更好地为学生提供服务。如在富朗特·朗基社区学院(Front Range Community College),该校努力为在工程领域的学生做好转学准备,提供2年的特殊课程,在与科罗拉多矿业学院(The Colorado School of Mines)合作的过程中,该校建立了工程领域1+3的转学项目,该校的学生第一年在富朗特·朗基学院学习15个学分,与矿业学院的4年制工程学位联系起来,在第一年之后,学生转学到矿业学院完成工程学士学位②。

其次,经常更新和提高项目地图(Regularly Update and Improve Program

---

① Peg Ferguson Boyd. A Causal-Comparative Study of Two-year to Four-year Bachelor Degree Attainment of Joint Admission Students at a Flagship University[D]. Johnson & Wales University, 2018:73.

② John Fink and Davis Jenkins. Takes Two to Tango: Essential Practices of Highly Effective Transfer Partnerships[J]. *Community College Review*, 2017, 45(4):294-310.

Maps)。项目地图仅能够反映大部分正在运行课程的要求和学位路径,此时它才是有效的。为了项目地图能够正常更新,需要转学伙伴关系的教师和行政管理人员建立积极的项目变革沟通渠道。布劳沃德学院(Broward College)的领导和佛罗里达国际大学建立一个教师和职员定期的年度会议方式,用以评价学生成功数据、讨论课程、教学方法和课程学习成果,这些会议集体确认项目地图优势和差距在哪里。社区学院行政管理邀请四年制大学教师服务于社区学院转学项目评价委员会,提供了一个定期反馈两年制学院提供课程与四年制大学对待这些课程的看法,及时更新项目地图[①]。

最后,四年制大学的建议者和支持职员为希望转学的学生和社区学院的咨询者提供招生、财务资助、入学成本、课程要求的信息。强有力的伙伴关系提供了量身定制的转学学生建议(Strong Transfer Partnerships Provide Tailored Transfer Student Advising),支持和帮助学生做出选择哪一条路径的建议,指导转学过程,提供鼓励和支持。高绩效社区学院优先帮助学生尽可能早地探索和选择学习领域,确定潜在的转学目的地,保证学生学习的课程能够被四年制大学接受为学分。如艾佛利特学院与西华盛顿大学建立一个联合的交流渠道,强调学生较早选择主修专业的重要性。

路易斯安娜州立大学尤尼斯校区(Louisiana State University at Eunice)为新生配备建议者,加速学生确定主修专业。学生第一次与感兴趣的学术领域的建议导师见面,然后当他们进一步缩小学习领域或改变学习领域的时候,鼓励学生到其他建议小组聆听不同意见。在学生转学计划中,社区学院还需要监督学生的进步过程,当学生脱离转学轨道时尽可能快地实施学术干预。要求每一位学生都要制订一个学位完成计划,并与自己项目-特定领域课程教师见面注册所学课程。这些教师密切监督学生进步,督促他们按时完成学位计划。

在佛罗里达国际大学社区学院,转学学生一旦到达佛罗里达国际大学就会给他们分配建议者,佛罗里达国际大学还在布劳沃德学院(Broward College)、迈阿密戴德学院(Miami Dade College)校区雇佣链接建议者(Bridge Ad-

---

① John Fink and Davis Jenkins. Takes Two to Tango: Essential Practices of Highly Effective Transfer Partnerships[J]. *Community College Review*, 2017, 45(4): 294-310.

visors),这些链接建议者帮助申请佛罗里达国际大学的学生寻找他们的主修专业,评价这些学生的进步,以及他们的主修专业、平均绩点、完成前置课程要求,以便确定学生是否做好转学准备(Transfer-readiness)。科罗拉多州立大学领导也改变他们的转学方向指导项目,在夏季即将开学学生返校之前,保证新来学生可以注册到班级,以便不必关闭他们需要的课堂。

3. 建立转学规划

社区学院通过规划,较早展示四年制大学,以便学生提前做好转学准备,为学生转学提供资源。规划可以建立在转学目标基础上,促进转学文化形成,以及转学路径选择,包括学位完成和反向转学。社区学院规划还包括伙伴关系,在每一所学院形成学分的一致性建议,帮助学生做好转学准备。迈阿密戴德社区学院(Miami Dade Community College)开发了一种综合项目,仔细审查学生在入学时的课程,然后监督他们在整个社区学院项目学习情况,通过这个规划,向学生们提供从学院毕业,转学到佛罗里达大学的各个项目要求。这个系统授权每一位被录取学生,按照个人的兴趣学习课程。这个项目成绩有目共睹,在全美转学效率最好的社区学院里有7个在佛罗里达州。

4. 建立转学制度优先权

首先,大学和学院需要从学生进入社区学院第一天开始,一直到他们学士学位毕业,始终把成功转学作为学校最具优先权的事情来抓。一旦社区学院把转学作为学生的优先权的时候,他们的课程就会根据四年制大学要求匹配到转学课程中。同时需要特别重视非传统的、第一代的、低收入和非代表型的学生,把他们的学习作为一个学院很高优先权的事务,保证他们稳定持续就读和按时毕业。其次,四年制大学管理层要把转学功能作为优先权,校长个人的参与转学对于学院间的关系非常重要。在布鲁斯·谢泼德(Bruce Shepard)被任命为西华盛顿大学(Western Washington University)校长的时候[1],转学并不是该大学关注的核心事情,他决定改变这一现状。校长本人亲自与社区学院领导人开会交流,询问怎样才能使西华盛顿大学更好地服务于转学学生,亲自参与这些会议向西华盛顿大学的教职员工和地区社区学院的领导传递一个信

---

[1] John Fink and Davis Jenkins. Takes Two to Tango:Essential Practices of Highly Effective Transfer Partnerships[J]. *Community College Review*,2017, 45(4):294-310.

号——转学将成为西华盛顿大学关注的优先事项。他建立西华盛顿大学夏季桥梁项目,方便社区学院学生获得大学足够的课程和服务,特别是夜校课程。

5. 关注转学学生需求

首先,为转学学生提供访问学校机会,对一些潜在的转学学生,允许他们在四年制大学校园生活一段时间,让他们接近四年制大学的资源,如学术俱乐部、学生组织、同辈指导项目、四年制与两年制学院之间的网络。其次,在社区学院建立转学中心(Transfer Centers),提供咨询支持服务。为来自四年制和两年制学生提供咨询服务,包括大学和项目的衔接协议,转学前的迎新项目(Orientation Program)为即将转学的学生提供咨询建议服务指导。

6. 提高教学质量

在高绩效社区学院,教师关注怎样按照足够严格的要求,不断提高教育教学质量,让学生为达到理想四年制大学教学要求做好充分的转学准备。在艾佛利特学院,工程教师描述他们怎样改变教学方法,以便为学生转学到华盛顿大学(The University of Washington)做好准备。在课程第一年,教师采取手把手和支持方法教学,允许学生重新考试和重新完成纸面作业。随着学生的进步,到第二年,政策开始变得更加严格,慢慢地学生就可以独立完成课程作业,因为这是本科高年级课程教师要求的课程完成方式。社区学院学生还需要具有课堂之外的经验,如实习机会,为高年级的课程做好准备等。

7. 心理支持

首先是激发学生的转学抱负动力。抱负动力(Aspirational Momentum)是指学生清晰界定和持续追求他们承诺的教育目标。实际上很多学生在社区学院一段时间以后就失去了转学雄心和抱负,经常导致非常差的转向比例。转学过程涉及各种困难,因此,构建和保持抱负动力是一个非常关键的措施,可督促社区学院学生持续不断追求转学目标,允许学生保持合适路径,做有意义的进步,最终达到转学到四年制大学的目标。

保持早期的动力,也影响社区学院学生的长期成功。由学院注册和招生官员联合会(The American Association of Collegiate Registrars and Admissions Officers)编著的《美国大学学生转学:被遗忘的学生》(*The College Transfer*

Student in America：The Forgotten Student)[1]指出,在转学学生的转学支持(Support for Transfer)、转学服务使用(Transfer Service Usage)、转学倾向的互动(Transfer-oriented Interactions)和转学信息获得(Transfer Information Acquisition)四个领域中,学生经常利用转学服务将显著影响转学抱负动力,而且转学服务对黑人学生影响比白人学生显著。因此,怎样培养转学抱负动力是学生转学成功的心理学关键。

其次,避免学生进入转学冲击(Transfer Shock)。社区学院应该在转学的前一年给转学学生提供转学定向,建立友谊基础;提供转学前定向课程,提前查看大学的学习资源;提供校园旅游,访问四年制大学的各种校园设施设备;提供与四年制大学建议者接洽机会,帮助学生建立学术的、社会的和生活的环境。转学学生还需要处理来自大学教师和行政管理者、招生和注册官员的负面态度、问题建议以及在住宿、职业规划、学生活动参与、财务资助等方面的迷惑,还必须处理学术成绩、师生互动、建议和规划、职业关注以及社会关注包括自信、校园调适、时间管理和财务,这些都导致转学学生较低的保留率。应尽力避免学生在转学过程中产生的这些转学冲击对转学学生课业的影响。

8. 营造转学文化

营造转学文化不仅需要社区学院的努力,还需要四年制大学以及其他社会机构的努力。霍利约克社区学院(William Messner of Holyoke Community College)校长威廉·迈斯纳(William Messner)通过扩散转学主题,有意建立和持续发展转学文化。他说在与教师和职员谈话中,可以确认哪位教师已经与四年制大学建立伙伴关系。霍利约克转学文化承诺还反映在学院的雇佣实践上,学校优先关注那些已经深刻从事转学工作的员工,这已经成为这里的制度规范。

转学文化在四年制大学的制度承诺表现为对转学学生进行课程纲要指导、大学申请指导以及注册指导等服务。在"提高中等后教育基金"(Fund for The Improvement of Postsecondary Education)的支持下,南加州的公立研究型大学与9所社区学院建立转学合作关系。他们接受为期三年的实验拨款,目的

---

[1] Eileen Strempel. Fostering a Transfer Student Receptive Ecosystem[J]. *Planning for Higher Education Journal*,2013,41(4):12-17.

是在每一个社区学院开发一个严格的转学关注学术文化,解决一直存在的学术准备不足和不充分的学术咨询问题。除了官方目的之外,合作高校也希望提高少数民族学生入学比例,允许两年制和四年制大学教师互动,开展让学生更好地为四年制大学做好准备的对话。

9. 资源投资

提高转学的过程经常需要额外资源,高绩效转学的高校的领导都表达了一个信念,就是提高转学成果超过他们为此付出的成本。佛罗里达国际大学和布劳沃德学院[Florida International University (FIU) and Broward College]合作建立一个离校项目,来自两所高校的教职员一起合作推动项目发展。在埃弗里特学院(Everett Community College),校园创建一个大学中心,合作的大学伙伴的教师可以在这里提供学士学位项目。

10. 财务支持

首先,各级政府财务支持。历史上联邦政府和州政府的政策鼓励院校之间学分转移,提供移动学院资金赞助(Mobile College Financial Aid)。为此,美国高等教育法1965年、1972年进行了修改,1965年的第四章提出为学生提供资助,这一条款在1972年再次得到授权,增加了第四章民权(The Title IX Civil Rights Component)部分,保护所有人民免遭歧视实践[1]。有18个州增加了额外的激励和奖励措施、动机和奖励,鼓励社区学院与四年制大学之间的转学。加州衔接委员会(The California Articulation Council)和加州中等后教育委员会(The California Postsecondary Education Commission),通过财政支持提高加州社区学院学生转学到州立大学和私立大学学士学位授予高校。在加州州立大学有23个校区,承诺保证为所有本州学生提供就学机会,而不考虑是否拥有本州的公民地位。加州梦想法案(The California Dream Act)允许没有正式文件,包括学分证明、资格证书等的学生,申请奖学金和财务援助(Financial Aid),为达到要求的学生免费支付学费[2]。

加州的财务援助包括查菲拨款A和拨款B(Chafee Grant A and B),帮助

---

[1] Richard N. Woodfield, Jr. Transfer Credit Equivalency Models: mproving the Transfer Process[D]. University of Maryland, 2013:10.

[2] Resources for Undocumented Students[EB/OL]. https://www2.calstate.edu/attend/student-services/resources-for-undocumented-students/Pages/default.aspx, 2020-1-20.

提供 4 年的大学学费和杂费；2016—2017 年查菲拨款在不同的校区和学生有不同的要求,最高可以获得 7142 美元财政拨款支持。

加州中等收入阶层奖学金(Middle Class Scholarship)为家庭收入和财产在 15.6 万美元的家庭提供加州州立大学奖学金,同时加州还提供以需求为基础的拨款(Need-based Grant),支付加州州立大学学费,获得支持的学生必须住在加州或是满足其他合格的条件。加州州立大学需求资助的拨款在 2016—2017 年标准是 5472 美元本科学费,教师资格证书的学费是 6348 美元,研究生是 6738 美元。①

印第安纳州学生资助委员会(The State Student Assistance Commission of Indiana)对学生的资助已经超过 30 年,主要依据财务需求、学术表现进行资助。1971 年,该州创造了高等教育拨款项目(The Higher Education Grant Program)强调新的拨款标准。1999 年,预算拨款中 1% 的资金仅按照学习成绩标准给予资助,这一年仅对学生资助就达到 1.09 亿美元,目的是促进学生进入大学或学院就读,提供学费和评估费用。项目包括两个奖励部分：一个高等教育部分和自由选择奖励(Freedom of Choice Awards)部分。高等教育奖励(The Higher Education Award)为所有本州学生提供财务资助,但是自由选择奖励(The Freedom of Choice Award)则主要为进入非营利私立大学学生提供学费补助,补充私立大学和公立大学的学费差。成绩为基础的奖励在 1997—1998 年开始,建立根据学术成绩对高中学生申请进行资助。1990 年,该州引入 21 世纪奖学金项目(The Twenty-first Century Scholars Program),为低收入家庭提供资助,鼓励他们做好学术准备,使大学教育能够负担得起。学生需要做好上大学准备,作为交换,州政府保证支付学生的学费。还有最后一美元项目(A Last-dollar Program),意味着当学生穷尽所有申请之后,获得任何余下的资助。这是作为其他州政府资助的补充政策。在 6 年中,高中毕业生申请项目奖励的学生超过 14000 名,平均来说,这些学生占所有印第安纳州公立学校的 10%,参与学者奖励项目的学生比没有参与的学生每年多获得 1400 美元资

---

① CSC Bakersfield. Evaluation of Transfer Credits[EB/OL]. http://www.csub.edu/admissions/apply/transfer/evaluation_transfer_credits/index.html,2020-2-10.

助①，接受资助的学生也能够更好更快地完成学业。

新泽西社区学院奖励项目中，高中毕业的前20%的毕业生进入社区学院，只要学生每学期完成12个学分，平均绩点不低于3.0，可获免除5个学期学费奖励。该项目2006年扩展到在公立四年制大学的继续学习奖学金。如果学生在社区学院获得协士学位，平均绩点不低于3.0，并被高一级公立院校录取，继续攻读学士学位的话可以获得免除学费的奖学金，州政府连续两年每学期为每名学生拨款4000美元，支持这一项目。2008年，项目提高了标准，从高中毕业的前20%到前15%，平均绩点在3.25—3.5之间获得3000美元奖励，3.5及其以上获得3500美元的奖学金。2012年，继续修改奖学金降低到2500美元，而且限制在家庭收入在25000美元以下的学生②。

其次是大学的财务支持。积极使用学位工作建议软件（Degree Works Advising Software），保证学生按照学位计划前进，不至于因财务资助和其他资源用尽之后而脱离转学轨道。新泽西开发一个预算模板（A Budget Template），预测每一年的学习费用，直到获得学士学位。

四年制大学经常为注册的大一新生分配学校的资助包（Distribute Aid Packages），但转学学生通常晚于大一新生，至少在这些资源的排队中晚于大一新生。有一位学生抱怨说，当我以大一新生的身份申请的时候，我获得了奖学金，但是需要先在社区学院就读，然后我以转学学生身份申请同一所大学，并没有获得奖学金，奖学金到哪里去了？四年制大学的行政管理者承认，财务资助和分配方面的不平等为转学学生完成学士学位创造了另外一个障碍。这些高校能够直接资助转学学生或保证转学学生可以接近广泛的资助计划。在2011年，科罗拉多州立大学校长托尼·弗兰克（President Tony Frank of CSU）③保证新的科罗拉多承诺项目（The new Commitment to Colorado program）将涵盖任何被录取的科罗拉多本地居住学生包括转学学生，这些学生可以获得涵盖所有学杂费的佩尔奖学金。佛罗里达国际大学在高年级阶段为全职的

---

① Jacob P. K. Gross, Matthew S. Berry. The Relationship Between State Policy Levers and Student Mobility[J]. *Research in Higher Education*, 2016 (57):1-27.

② Mark Allen McCormick. A Case Study of 2-4 Transfer in New Jersey: Implementation of A Transfer Law at Three Community Colleges[D]. The University of Pennsylvania,2017:37-38.

③ John Fink and Davis Jenkins. Takes Two to Tango:Essential Practices of Highly Effective Transfer Partnerships[J]. *Community College Review*,2017, 45(4):294-310.

学生设立奖学金,帮助学生完成学业,在 2014 年,这一奖学金涵盖了转学学生。

最后是私人基金会财务支持。杰克·肯特·库克基金会(The Jack Kent Cooke Foundation)和 8 所高度选择性的大学包括艾莫赫斯特学院、康奈尔大学,合作提供 2700 多万美元增加中低收入家庭社区学院的学生转学到这些学校①,同时,两所有影响力的公立大学威斯康星大学麦迪逊校区(the University of Wisconsin-Madison)和弗吉尼亚大学也宣布参加这一项目,增加来自社区学院学生到这些大学的就读机会。在接下来的三年时间内,威斯康星大学麦迪逊校区将会接受超过 150 名额外的社区学院转学学生。接下来的四年时间里,库克基金会期望有 1100 名转学的学生以及其他的学生被其他精英大学录取。

学院之间的项目包括建立于 1983 年的福特基金会都市社区学院转学机会项目(The Ford Foundation Urban Community College Transfer Opportunity Program),主要关注处于弱势群体的学生和少数民族学生,还有福特-ATT-美国大通银行(Chase Manhattan)建立的为非传统的、少数民族学生在私立社区学院的住校生活,培养他们的转学兴趣。梅陇基金会的高等教育衔接项目(The Mellon Foundation)也为美国弱势群体学生完成转学提供财政支持和奖励项目。

11. 建立转学数据库和出版转学手册

首先,建立在线转学数据库。为监督衔接项目进步或成功,很有必要建立一个高等教育委员会收集和报告转学数据。现有 33 个州发布专门的转学学术报告,要求公立大学和学院报告他们的转学比例,在伊利诺伊州转学的学生可以在线查询哪一种转学、转学的过程,以及可以使用的资源等。在线数据库还为学生提供进入课程应用系统(The Course Applicability System),获得更加具体的转学信息,包括哪些课程可以转学,哪些不能转学,以及学分如何应用到他们的学位要求。加州很早就建立了全州范围内的计算机化的课程到课程衔接模式(A Statewide Computerized Course-by-course Articulation Model),通过这一系统,学生能够清楚明白哪一种课程可以转移满足四年制大学低年级

---

① Stephen J. Handel. Second Chance Not Second Class: A Blueprint for Community-College Transfer [J]. *Change*,2007(September/October):38-46.

的毕业要求。

其次,出版转学手册。加州衔接政策和程序手册(California Articulation Policies and Procedures Handbook)每年都会出版,手册对衔接官员角色和责任进行了列举:作为倡议者,为学生转学提供咨询建议,通过衔接过程,寻找访问转学学生;作为信息资源人员,为学生、教师、行政管理者、咨询人员、转移中心人员提供有关课程、衔接和相关事务信息;为学生、职员、合适的院系和校区传播精确衔接数据;提供合适的校园委员会服务,如通识教育、课程、学术政策,输入和输出有关校园政策变化和课程变化信息;作为促进不同跨校项目的参与者,如课程身份编码系统(Course Identification Numbering System)、地区转学事务、跨部门合作委员会、低年级转学项目讨论;管理衔接的每一个阶段,紧随院系和教师及时做出回应和决定;管理最新校园衔接数据,为内部和外部的参与者提供年度转学相关课程变化的信息;课程大纲的看门人,提供跨部门通识教育转移课程、加州州立大学通识教育范围协议、学士学位名单、可转移课程名单以及其他数据;积极主动地提高现存衔接效率;倡议在不同高校之间教师批准的衔接协议;作为教师和校园学术项目的倡议者;作为其他衔接机构的倡议者,负责精确地传递交流信息以及教师关注的课程信息;当出现问题或不一致的时候,在衔接院校之间作为中间人员;作为全州校园联盟办公室。

12. 社区学院设立应用科学和技术学位项目

为解决社区学院职业技术类课程学分互认和转换难的问题,从1990年代开始,政府允许社区学院授予应用科学(Bachelor of Applied Science)和应用技术学士学位(Bachelor of Applied Technology)。首先,这一策略是回应不断增加的对学士学位的需求。美国应用科学和技术项目倾向于具有背景性的教育教学和工作基础学习,能够应用于职业教育学生,鼓励他们接受教育。那些非传统学生能够通过这一途径获得学士学位,为社区学院学习者获得学士学位提供一个非传统路径。其次,不断增长的社区学院获取学士学位压力或全球竞争压力。社区学院技术课程和学术课程很难被四年制大学认可,不能像传统的学术学生那样完成学士学位。

1990年,社区学院开始授予应用技术和科学学士学位,在1994年,仅有11个州的21个社区学院提供128个学士学位项目,到2010年,有54所社区学院在 18 个州开办了 465 个项目①。目前,美国社区学院学士联合会(The Community College Baccalaureate Association)统计表明,22 个州的立法机构已经立法授权社区学院授予学士学位,17 个州的立法机构正在制定法律,许可社区学院授予学士学位②。

佛罗里达社区学院学士学位(The Community College Baccalaureate)是佛罗里达社区学院系统的创新,14 所社区学院扩展他们的使命,通过增加四年制大学项目,满足广泛的专业学位需求,同时增加薄弱人群进入高等教育的机会。佛罗里达是全美最早提供社区学院学士学位的州,如果州政府的拨款继续减少,佛罗里达州可能会加速社区学院学士学位的发展。

社区学院试图获得学士学位授予权毫无例外地遭到四年制大学的反对,反对者认为,把社区学院学士学位融入社区学院会导致机构漂移和使命蔓延(Institutional Drift and Mission Creep),他们坚信社区学院的使命是促进学生转学至四年制大学获取学士学位。

四、学术模式

(一) 学术模式概念

学术模式(The Academic Model)是指建立在教师引导基础上的教和学,把教师放在转学过程和要求的中心,强调关注课程内容、学术绩效目标和学术能力、两年制和四年制教师的合作、行政管理领导和支持以及系统追踪转学学生有效性等方面。

学术模式建立在几个高等教育生活假设基础上,认为学生绝大部分时间花费在大学校园的课堂上,教师有唯一独特的机会影响学生思维和学术进步。其次,认为学院转学决定是有关课程内容和学术绩效标准的学术决定(Course Content and Standards of Academic Performance),而教师适合判断转学学生资格,包括课程转移条件、学生学术绩效能力。再次,假设两年制和四年制大学

---

① Michael L. Skolnik. Re-conceptualizing the Relationship Between Community Colleges and Universities Using A Conceptual Framework Drawn from The Study of Jurisdictional Conflict Between Professions[J]. *Community College Review*, 2011, 39(4):352-375.

② Debra D. Bragg, Maria Claudia Soler. Shining Light on Higher Education's Newest Baccalaureate Degrees and the Research Needed to Understand Their Impact[J]. *New Directions for Institutional Reseach*, 2017 (170):61-73.

有不同的大学文化,四年制大学的教师对社区学院学术质量的怀疑主义,两年制教师对转学学生的承诺,这些是两年制和四年制大学的教师一起建立共同的课程、学术标准和教学的绝佳理由。学术模式寻找最大限度地降低因缺乏理解、缺乏协议等导致不能成功转学的障碍,采取共享教学、课程开发、教师专业发展以及对学生绩效的承诺,把转学障碍降低到最低限度,从而在两年制和四年制大学的教师之间形成了互相尊重的文化氛围。

(二)学术模式类型

学术模式的核心问题是两年制和四年制学院课程缺乏相似性,课程内容和学术决策成为转学的主要障碍。因此,建立一个两年制学院和四年制大学等值学习成果是学术模式的核心,包括建立共享课程,开发共同的方法标准、教学方法,共同评价转学课程。

学术模式有关转学课程控制权主要有三种类型:一种是传统的大学控制转学课程决策权,一种是社区学院控制转学课程决策权,还有一种是综合的课程等值模式。

1. 大学控制转学课程

美国历史上第一个模式就是所有的决策权都在大学,大学在理论上有权决定是否要接收社区学院的学分、接收多少学分以及转学学生需要履行哪些要求。这种转学可能需要临时的单个学生提交成绩单,进行单独评价,或者全校范围负责衔接的院系对整个社区学院的课程进行评价。

2. 社区学院控制转学课程

与大学做出决定完全相反,社区学院证明(Certify)课程作为转学层次的课程,主要是社区学院承担大学一定的通识教育或核心课程教学的责任。另外,社区学院可证明学生完成了整个通识教育课程,这种情况下大学可能不会再对通识教育课程做出额外要求。

无论是大学控制还是社区学院控制转学课程决策权,都给予一个院校教师和管理人员控制另一个院校学术项目的重要权力。这种模式经常导致冲突。只要社区学院学生转学到大学的比较少,大学不接收那么多社区学院的学生,特别是大学控制这些转学衔接程序,冲突都是可以控制的。如果出现大规模学生转学现象,大学控制模式和社区学院控制模式都不是很好的学术模式。

3. 等值模式

等值模式是一种在大学和社区学院之间的妥协模式,是指州立法或州系统的政策确定共同的课程内容或一整个模块课程内容作为州内学分转移标准而不会遇到挑战。等值模式(Equivalency model)提供一个系统程序,评价一门课程或一个模块课程的核心知识、技能和能力,帮助学生转学。等值模式最重要的是认识到共同的学习成果将是一个什么样子,以便系统能够确认它们。如果这一评价责任由接收院校负责,学生可能需要重复学习以前学习过的课程,花费额外的人力、州和联邦政府资源,降低学位进步。从这一点上说,州协调董事会或州立法部门可能运用各种策略,确认这种等值标准,如全州合作委员会,全州范围教师参与,州层面促进转学的官员或制定学术等值相关政策细节。其次,等值模式能够为参与的高校收集学生绩效数据,更好地保证合作高校之间的课程在真实水平上等值。社区学院和大学教师合作评价学生的学习成果将会促进每一个学院学生成绩提升,全程参与的教师联合委员会允许协议收集分析数据和制订提高计划。

(1)课程等值模式——共同课程编码系统。

共同课程编码系统(Common Course Numbering Systems)是一个跨学校的课程身份系统,用共同的描述符识别转学课程系统课程,分门别类地给主修专业和共同核心课程编码,从而提高不同高校之间课程学分的互认和转换。课程编码系统内每一所学校都会列出本校开设的课程编号。如果社区学院和四年制大学课程编码系统一致,学生选择不能转学的课程的可能性就会大大降低。目前有16个州使用共同课程编码系统,确定全州范围内通识教育核心课程能力、课程内容,保证学习过社区学院核心课程、准备进行转学的学生更可能被接收大学接受。

表7-5 2016年各州系统层次学分互认和转换政策①

州或高等教育系统	可转学的共同核心课程	可转学的协士学位	共同课程编码
佛罗里达	有	有	有

---

① Lidia Vasseur Tuttle. Financial Aid and The Persistence of Associate of Arts Graduates Transferring to A Senior To A Senior University[D]. Florida International University,2007:40.

续表

州或高等教育系统	可转学的共同核心课程	可转学的协士学位	共同课程编码
田纳西	有	有	有
加州州立大学	有	有	特别是在社区学院
肯塔基	有	有	特别是在社区学院
北卡罗来纳	有	有	特别是在社区学院
华盛顿	有	有	特别是在社区学院
纽约州立大学系统	有	有	没有
佐治亚大学系统	有	有	没有
纽约城市大学	有	有	没有,有共同学习成果
德克萨斯州	有	有	特别是在社区学院
俄亥俄州	有	有	没有
加州大学	有	有	没有

(2) 共同的课程编码系统类型。

一是开发一个共同课程目录(Common Course Inventory),每一门课程都有独特身份编码,而不管学生在哪所大学或社区学院学习。佛罗里达州采用共同通识教育课程编码,任何学习英文101课程的学生都可以从社区学院转学到四年制大学。佛罗里达州所有参与共同课程编码的学校,包括私立的和所有公立的大学和学院,必须使用中心课程库(The Central Repository)的课程目录,开设第一年和第二年的课程。现在该州的共同课程编码系统超过40000门课程[1],保证任何在此系统的课程都具有可转移性。一门可转学的课程必须被认为与接收转学学生大学的课程具有同等的学术价值。所有的共同编码课程都是在线的,系统的信息不仅能够帮助评价可转移的课程学分,而且是一个主要的提高课程信息的数据库,并可进行课程规划和评价。1987年,立法机构要求佛罗里达州立大学系统分配给每一门课程四位数课程编码,以便使其提供的课程可以标准化,州立大学根据提供的低年级和高年级课程接受不

---

[1] Articulation Study by the Florida StateBoard of Community Colleges' Task Force on Articulation. The Role of Florida Community Colleges in Articulation[EB/OL]. https://eric.ed.gov/? id=ed300042,2020-10-30.

同的拨款。这种模式比较容易转学,缺点在于很难对共同课程纲要进行变革,对于大学来讲失去了独立自主和课程控制权。

二是自愿合作模式。德克萨斯州共同课程编码系统(The Texas Common Course Numbering System)为学生和建议者提供一个共同的、统一的课程名称,让他们自己决定两个课程的等值和确定转学学分。当学生在两个签署协议的高校之间转学的时候,需要派出高校与接收高校课程有同样名称,但是转学的学分数量由两所高校协商确定①。北卡罗来纳州 2014 年更新和批准了全州的综合衔接协议(Comprehensive Articulation Agreement),然而大学可以决定任何主修-具体课程(Major-specific Coursework),据此产生了 1280 个转学衔接协议。该州 16 所公立大学与每一所社区学院 80% 的项目都在使用这一协议②。

1983 年,加州议会 851 法案(Senate Bill 851)导致在加州公立中等后教育机构建立一个编码系统。后来,加州教育法 565 章(Education Code,Chapter 565)直接产生了课程编码系统。1988 年,三个公立高等教育系统建立了跨部门通识教育转学课程,这个课程是州议会 1725 法案(State Assembly Bill 1725)指导加州三个高等教育系统——加州大学系统、加州州立大学系统、加州社区学院系统联合开发的,保持和传播共同核心通识教育课程,以便学生顺利转学。加州衔接编码系统(The California Articulation Number System)的目的是提供全州范围衔接系统和简化转学学生对多种课程编码的迷惑。各个学院可以按照加州课程编码系统,在旁边列出自己学校的课程编码和题目,以便进行比较,但所列课程并不是完全一样的。每一个校区保留自己的课程编码、学科前缀和名字,如课程编码系统中的 CHEM 2 设计,增加在课程编排目录中,以便任何寻找该信息的人能够顺利找到这一信息。参与课程学习的学生能够确认加州课程编码系统的课程,能够被任何参加这一系统的加州高校接受为具有同等质量课程。编码系统中的每一门课程被分配一个号码和学科前缀,如"CAN ENGL 2.",学期课程执行偶数(VEN Numbers),季度课程执行奇数(ODD Numbers),如"CAN ENG 1."。CAN 是共同衔接课程编码,ENGL 表示

---

① Finola Finlay. Credit Transfer:Models and Systems in BC, North America and Beyond[R]. BC Council on Admissions & Transfer,2009:35.

② Lidia Vasseur Tuttle. Financial Aid and The Persistence of Associate of Arts Graduates Transferring to A Senior To A Senior University[D]. Florida International University, 2007:40.

英文学科,2 表示学期课程。

系列课程包括一门或更多课程的内容之和,用字母命名,如"CAN ENGL SEQ A"。课程编码系统的监督是由加州课程编码系统协调委员会负责(The CAN Coordinating Council),每年召开 1—3 次会议,监督全州课程编码系统执行、制定政策和建立目标。协调委员会作为一个交换信息的论坛,可以讨论编码系统出现的问题,讨论解决办法。代表们来自三个高等教育系统的官员、全州的学术评议会、社区学院和加州州立大学的衔接官员以及独立学院的人员。

课程编码系统中,教师教学是最主要角色和主要专业领域权利,教师对课程过程集体监督。教师通过学术评议会的建议和程序扮演监督角色。通过课程委员会机制,保证学术评议会政策和程序得到执行,以便使经过批准的课程和项目质量得到保证。加州课程编码系统是可以在教师与教师的对话中和衔接协议中预测到的,课程评价和工作量的比较都是建立在高校之间教授会的合作基础上。每一个学科负责实际课程内容评估,确认可以比较课程,授权可以接受课程,一旦经过评估、确认,形成可以接受课程之后,这一门课程就称为可以衔接的课程。衔接过程是一个不同高校教师之间的参与、交流和合作过程,教师成为课程开发和制定衔接课程标准和要求的主要力量。

课程描述是由跨院校教师委员会学科教师决定开设一个可以比较的课程指导纲要,以便能够在课程编码系统中获得身份。在目前情况下,加州 114 所社区学院,23 所加州州立大学和一个加州大学、四所独立学院参加了加州社区学院课程衔接编码系统,共有 7186 门社区学院课程被社区学院教授会批准,而且每年都在增加[①]。

三是在美国国家层面存在一个跨州的共同课程编码系统。美国有 13 个州建立了共同课程编码系统,[②]以便具体的课程能够精确转学到另一个州立学院,而不需要任何进一步的行政审核要求,包括加州、科罗拉多州、佛罗里达州和乔治亚州。

四是共同成绩单制度。1971 年,佛罗里达州协议明确了共同成绩单(The

[①] Janis Perry. The California Articulation Number(CAN) System:Toward Increased Faculty Participation [R]. The Academic Senate for California Community Colleges,1998:6.

[②] Richard N. Woodfield, Jr. Transfer Credit Equivalency Models:Improving the Transfer Process[D]. University of Maryland,2013,29-30.

Common Transcript),进一步保证了社区学院和大学学生课程成绩得到同等的评价。当学生从一个学校转学到另一个学校的时候,共同成绩单降低了学生数据误解的机会。该州 1984 年建立了一个共同的高中成绩单,学生可以用电子成绩单转学到社区学院和大学。通过全州的计算机网络——佛罗里达信息资源网络(The Florida Information and Resource Network),电子成绩单转学过程中可以节省大量的时间和金钱。全美的测试机构也可以和佛罗里达合作,促进测试数据的传输,帮助招生。现在还需要进一步的努力,完善共同成绩单,使其在转学和衔接过程中更加快速和精确,衔接协调委员会的共同成绩单常务委员会(the Articulation Coordinating Committee's Common Transcript Standing Committee)负责此事。

4. 学分等值

学分转移等值模式(Transfer Credit Equivalency Models)保证低年级转学和申请的通识教育课程以及一些主修专业的前置课程在全州系统内不同高校所有项目之间转移,主要目的就是降低学分转移障碍和提高毕业证书和学位完成率。转学协士学位并不能保证进入高级课程学习,四年制学院会灵活要求完成具体主修专业前置课程,作为转学前提条件。2010 年,俄亥俄州引入转学保障纲要,并建立一个全州范围的课程等值系统(Statewide Course Equivalency System)作为保证成功转学建议课程的学分。该州董事会与大约 600 名来自两年制和四年制大学的教师座谈,目的是建立一个新的课程等值系统(New Course Equivalency System),每一个具体学科教师,确定新的转学保证纲要路径中具体主修专业的学习标准、能力,以便顺利转学到四年制大学。然后教授会评价社区学院前置必修课程,检查是否满足了四年制大学课程 70% 的等值标准,由新成立的俄亥俄衔接编码(Ohio Articulation Numbers)委员会负责确定课程标准。如 X 社区学院开设一门心理学导论课程《心理学 101》,如果该门课程内容和成果标准与心理学转学保证纲要(The Psychology Transfer Assurance Guide)中被称为心理学导论课程(Intro/Fundamentals of Psychology)、俄亥俄衔接编码是 OSS021 的课程等值的话,那么课程学分就可以转学。

现在确定课程领域已经达到40个①。可转移到四年制大学的课程分为四种学分类别,分别是通识教育学分(General Education Credit)、通识选修学分(General Elective Credit)、主修专业特殊课程学分(Specificcourse Credit in A Major Field)、主修专业选修课程学分(Major Field Elective Credit)。

5. 课程时效

等值课程评价仅仅是当学生完成这一门课程的那一个学年,这就限制了课程等值有效性,特别是对非传统的学生造成很大障碍。如果一位学生用四年多的时间完成课程,这就是一个问题,因为社区学院的非传统学生很多。一般情况下,课程的学习时间对转学学分不构成影响,但是路易斯安那大学有一个政策,要求超过10年以上的课程申请学位需要院长批准。南巴顿罗格(Southern-Baton Rouge)不接受超过6年的课程学分②,其他的高校没有课程完成年限的限制,但是如果课程内容经过大幅度变革的话,学生需要重新学习,以便能够为后续课程学习奠定基础。同时,被接受为学分时间较长的课程可能在接收学院已经不存在与之并行的课程,不可能作为申请学位的学分。

6. 共同通识教育课程

共同通识教育课程也称为通识教育转学模式(General Education Transfer Model),在2014年美国有35个州建立了全州的共同核心的通识教育课程③,保证通识教育课程学分能够在州内公立高等教育系统内转学,或设计一个转学的协士学位保证转学学生进入大学高年级学习。

首先,1959年佛罗里达州建立第一个衔接协议——通识教育协议(The General Education Agreement),保证所有的社区学院的通识教育课程可以转移,禁止大学要求社区学院学生进一步学习通识教育课程。通识教育协议要求学生获得36个通识教育学分才能获得学士学位。1971年,重新签署了新协议,认为协士学位作为一个可以转学的学位,再次确认通识教育协议和通识教

---

① George Spencer. Improving Transfer Pathways: The Impact of Statewide Articulation Policies[D]. Harvard University,2017:74-75.

② Anne Lastilla. Credit Transfer Policies at Louisiana Colleges and Universities. A Report in Response to Senate Concurrent Resolution 120 of the 1972 LouisianaLegislature[R]. Louisiana State Coordinating Council for Higher Education, Baton Rouge. 1973:26.

③ Maria Millard. Students on The move: How States are Responding to Increasing Mobility Among Postsecondary Students[J]. *Transfer & Articulation*,2014:39.

育课程的价值。为此,建立了共同的学院成绩单制度和共同的课程编码系统,以及共同的校历和衔接协调委员会(The Articulation Coordinating Committee)。委员会作为一个司法调整机构,解决高校与学生之间的矛盾冲突、解释协议、提供建议以及其他转学事宜。委员会开始只有三个代表,一位来自社区学院系统,一位来自州立大学系统,一位来自教育委员会办公室(The Office of the Commissioner of Education)。组织间的协调(Interorganizational Coordination)通过边界活动或者正式的组织间协调结构。1983年,委员会成员扩大到公立学校和职业教育。1988年,委员会增加3名学生,来自职业教育、社区学院和州立大学系统①,代表性越来越广泛,转学的范围越来越广。

其次,德克萨斯大学和学院系统协调董事会(The Coordinating Board of the Texas College and University System)修改通识教育学术课程政策,统一了通识教育学术课程标准,并建立了学分转移常务委员会,要求在初级学院和大学前两年实施,核心课程可以自由地在所有德克萨斯州经过认证的公立高等教育系统转移。通识教育学术课程(General Academic Courses)名义上涵盖了学士学位前两年的项目,自由转移是指全部被授予的学分都可以直接转移到四年制大学的高年级阶段。每一所德克萨斯大学都需要一名衔接官员负责协调学分转移评价。只有很少的几个州要求任命衔接官员,衔接官员将向高一级的行政管理人员报告工作,同时帮助转学常务委员会制定政策。常务委员会成员包括学生、教师、行政管理者、财务资助官员、注册人员、招生人员、学生成绩记录人员、学生事务人员。第二个变革就是开发非传统模式,包括全国测试注册课程,对非学位工作获得的经验学分或之前的学习很有帮助。这些扩展学分由接收学院控制。工作建议学分由美国教育委员会(The American Council on Education)颁布,生活经验学分由教育测试服务(The Educational Testing Service)颁布,二者都是广泛接收的学分文件。

再次,从1991年开始,所有的加州社区学院都需要提供合适的课程名单,学生可以自由选择满足加州州立大学或加州大学校区的通识教育要求的课程,数学、英语、艺术、人文、体育、生物和社会科学等通识教育课程可以算入学

---

① Articulation Study by the Florida StateBoard of Community Colleges' Task Force on Articulation. The Role of Florida Community Colleges in Articulation[EB/OL]. https://eric.ed.gov/? id=ed300042 ,2020-10-30.

士学位要求的学分。加州跨院校通识教育转学协议(Intersegmental General Education Transfer Curriculum)中社区学院的学生完成34—39个通识教育学分,就可以满足加州大学和加州州立大学通识教育要求,但每一个校区对通识教育课程学分要求会有略微不同。

最后,1996年1月1日,新墨西哥州大学低年级35个共同的通识教育核心课程(The New Mexico Lower-Division General Education Common Core Curriculum)开始实施,大部分新墨西哥州社区学院和大学认可核心通识教育的教学,同意作为学士学位的学分要求。核心课程包括写作、数学、科学、社会和行为科学、人文和精美艺术。每一所学院和大学必须接受这部分核心课程,并用于学士学位授予的学分。

其他各州情况有所不同。阿肯色州最低35个通识教育学分可以转学到州立学院。2001年,科罗拉多州立法保证通识教育课程(The Guaranteed General Education Curriculum),完成35—37个学分的通识教育课程将会接收到转学学分以便完成学士学位。在马里兰州,仅允许30—36个通识教育学分保证转学,爱达荷州教育董事会颁布新的核心课程要求36个学分,伊利诺伊州的通识教育核心课程(The Illinois General Education Core Curriculum)要求有37—41个学分可以转移到大学,蒙塔纳州完成30个学分的核心课程,就可以与接收院校低年级通识教育课程具有同样的学分要求。

上述几个州的通识教育核心课程的要求都是分配模式,要求学生必须在某一些领域完成一定的学分,如艺术、科学和人文等。通识教育课程学分有弱势的和强势的两种,弱势的转学学分可能会被接收高校拒绝或不认可,强势的通识教育课程协议要求高校必须接受。弱势的州有阿肯色、加州、科罗拉多、乔治亚、蒙塔纳、新墨西哥、纽约、德克萨斯,强势的州有亚利桑那、佛罗里达、爱达荷、伊利诺伊、北卡罗来纳州。

7. 区块转学

区块转学(Block Transfer)也称整块学分转学模式(The Block Credit Transfer Model),是学生成功完成一个项目获得相应证书、资格或一个课程群获得的区块学分,都可以被认为具有学术整体性或完整性(An Academic Wholeness or Integrity),而且可以建立与学位项目或其他资格有意义的联系过程。一个区块学分可以是一学期、一学年或其他任何形式的学分总和。区块转学也是一系列完成的课程、项目、证书转学到另一个学院的时候,不需要按照课程到课程的评估(Course-by-course Assessments),直接被接受为可以授予学位的一系列课程、项目或证书学分。

(1) 学院驱动的2+2模式。

首先,学院驱动系统(Institution-driven Systems)是指转学路径和衔接协议中的低年级课程可以为进入高年级做好准备。学院驱动系统主要想开发一个更具融合性的低年级主修要求,以便在全州实施学分等值或在2+2模式中实施。在课程等值系统,大学灵活地决定转学学生是否满足了所有低年级要求,并做好了进入高年级课程学习的准备。

2+2模式在全州范围内或州系统内为转学学生和建议者提供了更加清晰的转学学分和可以应用到具体的主修专业学分。因此,学生必须尽早选择他们的主修专业。2+2模式中几乎所有的主修专业课程都可以转学到四年制大学相关专业学习,这样就可以在社区学院毕业两年时间内获得学士学位。佛罗里达、田纳西和纽约州城市大学系统、佐治亚大学系统和加州州立大学系统都有2+2模式。佛罗里达有最长期的2+2政策,该州命令所有社区学院艺术协士学位和一部分科学协士学位都可以被四年制州立大学接受。2+2政策要求学生需在社区学院完成60个学分,然后转学到其他四年制大学学习。但并不是所有的项目都适用2+2模式,佛罗里达州的教师资格、音乐、戏剧或档案评价的视觉艺术项目不适用于2+2模式,想进入这些项目的学生必须满足招生院校的要求。

其次,职业技术学院有三分之一的学生希望通过技术协士学位转学到四年制大学获得学士学位,有超过50%的社区学院的主修专业是职业技术,主修商业和办公室的占27%,主修健康的占26%,主修计算机和数据处理的占17%,主修贸易和产业的占10%,主修工程技术的占7%。[①] 与本科生相比,这些职业项目的学生年龄更大,具有较低社会经济地位和学术准备。社区学院传统上通过学术项目的转学,很少有职业项目的转学。2+2模式可以让更多的职业技术协士学位获得者,获得应用科学学士学位。例如,一个两年制林业

---

① Richard W. Zinser, ect.. Improving Access to the Baccalaureate: Articulation Agreements and The National Science Foundations' Advanced Technological Education Program[J]. *Community College Review*, 2006,34(1):27-43.

项目的毕业生,学习的课程中很少或没有课程可以累积到转学的四年制大学授予林业学士学位。但是在双边区块转学协议中,来自一些社区学院林业证书项目的学生,有资格或者将其在社区学院获得的一年或两年的课程学分转移到州立大学的林业学士学位项目中。

(2) 2+0.5+1.5 模式。接收院校授予全部两年制证书获得学位,但是因为考虑到学生某些领域的学术背景较弱,一些课程还需要在第三年的第一学期完成,学生必须在四年内完成学位。

(3) 2+0.5+2 模式。接收院校授予两年制证书项目学分,但是因为考虑到学生在某些学术领域还存在不足,要求他们在一学期学习一门或两门衔接课程提升知识和技能,学生应该在 4.5 年内毕业。

(4) 2+3 模式。接收学院授予 1 年完成两年制证书项目的学生学分,学生能够在额外的三年内获得学分或整个 5 年内获得学分,在某些情况下,接收学院仅仅授予一小部分课程学分,这样的话需要学生用 6 年的时间完成学位。

(5) 倒置模式(The Upside Down Model)。接收院校授予两年证书项目学分,但是很多证书课程等同于接收院校的高年级课程,学生需要在接下来的两年时间里学习该校低年级的通识教育课程,学生应该在四年内毕业。

(6) 60 学分保证模式(The 60 Credit Guarantee Model)。接收院校保证两年制证书项目的学生进入大学学位项目,确定很多课程等值。不能等值的课程在区块课程中授予选修课课程学分。这就意味着只要学生完成所有区块课程,将会收到接收院校的学分积累,并展示转学学生已经完成了前置要求课程,学生应该能够在四年内或更多一点时间完成学士学位。

(7) 区块之内的课程到课程模式(The Course to Course within The Block Model)。这是比模式 6 更加自由的模式,一旦作为区块转学的原则被接受,接收院校评价所有课程的等值性,授予所有不等值课程选修课程学分。所有信息通过区块转学指导纲要发布出去,通过这个过程,所有证书完成的课程都会收到某种形式的学分。转学学生通过课程到课程衔接模式,应该在四年内或更多一些时间毕业。

(8) 双边多边模式(Bilateral, Multilateral Models)。尽管很多区块转学协议都包含双边协议,接收和派出院校之间的协议,但有时候也有例外,联盟模式(The Consortium Model)就是一组接收院校合作统一转学标准。一个证书项目被一个联盟成员高校接受,同时就会被其他所有高校接受。招生模式(The Admissions Model)在这种情况下,接收院校不与单个派出高校签署协议,而是宣布接受一定证书类型作为申请的一个过程。

(9)不拘一格模式(The Eclectic Model)。学院或项目关注学生中心和灵活的招生政策,尽可能开放地、最大限度地转移学生获得的学分,通过区块转移以前学位、证书或毕业证、工作和之前的学习经验学分,或者非传统的认证学分授予学士学位。

(三)双重招生模式

双重招生(Dual Admission)或联合招生(Joint Admission)指学生同时被两所学校——社区学院和四年制大学同时录取,在学术计划方面同时接受两所大学的咨询指导①。这种模式是社区学院和四年制大学签署项目到项目的协议,希望获得项目领域学士学位的学生在社区学院开始他们的高等教育,保证他们修读的课程学分能够与四年制高校衔接,把四年制高校的课堂迁移至社区学院。这个模式将提供一个可以替代的或不很昂贵的学士学位。纽约州立大学奥尔巴尼校区(The University at Albany, State University of New York)与阿迪朗达克社区学(Adirondack Community College)签署联合招生协议(Joint Admissions Agreement),允许被招生进入阿迪朗达克社区学院的学生也是奥尔巴尼校区的大一新生,他们将被作为奥尔巴尼大学学士学位初级地位。候选人进入联合招生项目,将会收到一封来自奥尔巴尼大学招生办公室的信,当他们在阿迪朗达克社区学院完成两年的协士学位项目,就会自动转学到奥尔巴尼校区完成最后两年的课程,获得学士学位。

新泽西州的罗格斯大学与当地社区学院建立联合招生协议,进入社区学院的学生同时也被允许进入罗格斯大学(Rutgers University),罗格斯大学还分配给学生大学咨询者,如果学生能够达到协议要求的学分绩点,便可以无缝隙地从社区学院进入大学渴望的专业。转学之后的保持率比那些没有联合招生委员会的高校高出不少。联合招生合作关系在怀俄明州、马萨诸塞州、德克萨斯州也存在。研究发现,参与联合招生项目的学生也更可能获得更多的学分,

---

① Krumpelmann Jeanne. Perceived Barriers to Articulation: Institutional characteristics[J]. *Clinical Laboratory Science*, 2002,15(2):99-101.

至少提前一个学期完成他们的四年制学位课程,学位的完成比例远高于没有加入联合招生项目的学生。学生转学后还会获得更高的平均绩点成绩,参与联合招生的学生也更可能坚持到完成学位。

五、能力模式

(一) 能力模式概念

能力模式是说明一个学生的进步通过成功掌握特定能力而不考虑花费多少时间。这种模式完全不同于传统的时间输入教育模式,允许学生按照个人化的方式学习,每个人在每一步和每一个方案中要掌握的能力根据学生自己确定。能力为基础的教育促进传统的学术机构从学术关注(An Academic Focus),即关注毕业生从学术的视角应该知道什么,到工作场所关注(A Workplace Focus),即关注毕业生在一系列工作环境中需要知道和怎样做,而不仅仅是分数或他们接受的教学时间数。

(二) 能力模式发展

1990年,新成立的西部州长大学(Western Governors University)是由西部州长联合会建立的,采取以能力为基础的模式。学分获得联邦政府的资助,国会特地采取了一种替代性方案,使用直接评价学习能力的方式资助西部州长大学。新招生的学生通过评价他们已经拥有的能力,制订学习计划帮助他们掌握余下的知识、技能。

学生要求掌握120个能力,而不是标准的学士学位学分。西部州长大学有正常的学生互动时间,但是教师并不从事教学,他们的主要功能是导师,帮助学生接近需要学习的教育资源。西部州长大学半年学费是3000美元,平均获得学士学位的时间是30个月,共支付14000美元学费。雇主非常满意西部州长大学的毕业生。在哈里斯互动(Harris Interactive)公司调查中,98%的毕业生等于或更好于其他大学的毕业生,42%的毕业生好于其他大学[1]。

2012年10月份,南新罕布什尔大学创造了一个5000美元的能力为基础

---

[1] Amy Laitinen. Changing the Way We Account for College Credit[J]. *Issues In Science and Technology*, 2013,29(2):62-68.

的硕士学位项目,成为第一个使用这种方式的美国高校①。洛杉矶地区建立一个新的范式,就是允许转学的教育建立在学生学习能力的基础上,而不是学生在座位教学的时间和传统的课程完成(Instructional Seat Time and Traditional Course Completion)基础上。他们实施一种先前学习评价(Prior Learning Assessment),然后开发一种能力为基础的教育项目(A Competency-based Education Program)。先前学习评价的高校允许学生节省时间和金钱,避免获得多余的学分,鼓励学生完成学位,吸引具有工作经验的人进入高等教育。先前学习评价还意味着对社会生活经验的公正评价,特别是被雇佣的学生、军队服役人员以及经济不利地位的人员。先前学习评价的方法主要包括标准测试(Standardized Exams),美国大学先修课程考试(Advanced Placement)、学院水平考试(College-Level Examination Program);个人化的评价(Individualized Assessments),教师对学生的档案进行评价;考试,学分考试;非学院项目评价(Evaluated non-college Programs),如全美学分建议服务(National College Credit Recommendation Service)、美国教育委员会(American Council on Education)。

美国7个区域高等教育认证机构要求先前学习评价与学院提供的学习经验具有可比性,每一个认证机构有不同的有关先前学习成果评价的指导纲要。一些认证指标限制在先前学习评价学分,其他的限制在本科学位项目,一些认证指标具有特殊的实践标准,其他的指导高校运用标准进行判断。

(三) 能力模式类型

1. 能力构成运行机制

在佛罗里达能力为基础的衔接项目(The Florida Competency-Based Articulation Project)中,从参与项目的每一所大学和学院选择6名教师参与项目,确认很多学士学位的能力,通过李克特量表(包括必须、应该知道、很高兴知道)对学生三个层次的能力进行调查。在第一个层次,包括一系列的能力陈述;在第二个层次,包括不超过10项的能力,每一个能力领域不超过10个一般技能。第三个层次,每一个能力下面又包括更小的一般能力,每一次的考试都进行排名,进一步确定8个一般能力,分别是有效交流(Effective Communication)、问题解决

---

① Amy Laitinen. Changing the Way We Account for College Credit[J]. *Issues In Science and Technology*, 2013,29(2):62-68.

(Problem Solving)、批判思维(Critical Thought)、历史意识(Historical Awareness)、个人和群体行为(Individual and Group Behavior)、艺术和美学(Arts and Aesthetics)、理解和应用科学(Understanding and Applying Science)。

8个能力下面有50个一般技能。能力排名的过程需要遵循下面建议陈述的标准：

（1）生存和社会贡献的基本能力，一般能力反映出学士学位的预期成果（知识、技能、态度），使个人不仅能有效地履行社会功能，而且能够对社会文化做出贡献。

（2）本质上一般的能力作为组织原则，促进相关的次一级能力的发展。

（3）能力开发。这些包含在一般能力的次一级的能力，可以说明从具体技能和更加复杂的综合行为发展出的等级能力。

（4）具体行为的能力，但不是琐碎的能力。能力陈述在抽象层次上是指毕业生目标，对毕业生的批判性思维和行为目标进行评价。一个能力陈述既不能太模糊，有很多种解释，也不能太琐碎。

能力为基础的衔接一定是反映个体独特的性格、能力、认知风格、经验、年龄、目标、环境等，因此应该满足个体需求，而不是让广泛的个体适应一个现存的教育系统。

行政管理和支持系统中的能力描述、招生要求、记录和监督学生进步、注册、学费支付、住宿要求、毕业要求、学术保持、教学时间问责、最大和最低限度的辅导等都需要考虑这些学生的特殊需求，给予特殊支持。

能力在大学四年一直在增长，转学学生一般能力需要在一定范围内，这种范围就成为转学熟练程度范围。学生在大一入学的时候，就在所有能力的要求领域对其语言和定量熟练程度以及一般能力进行评价，如果学生能够达到最低限度的熟练程度能力范围，就可以被接受为高年级学生。如果没有通过考试，他们会被建议继续参加考试。在具体案例中，有的学生已经通过生活经验或非正式教学获得了能力，能够通过教师委员会提出的诊断测试。一个士兵罗伯特在部队服役，之前没有正规的大学层次的教育，他在当地社区学院经历了一次诊断性评价(Diagnostic Assessment)，达到了学院水平的阅读理解、写作、数学等基本学术技能，但是他没有掌握基本的有效交流、艺术和美术、个体和群体行为能力。在这些领域，他注册了基本课程。在问题解决和科学探究方面,他展示了掌握的能力。因为他在部队是汽车修理工(An Automobile Mechanic),所以他能学习数学和科学导论性更高级的课程。在价值观和自我认知方面,他能够在导师的建议下自学完成。最后在批判性思维方面,他选修了演讲和逻辑学课程。经过1年的勤奋学习,他掌握了协士学位要求的最低限度的能力。由于社区学院与州立大学已经建立衔接合作,所有学分都可以转移,他可以以掌握大学低年级基本能力的学生身份进入大学高年级学习。其他的学生如果没有这样广泛的非正式教育背景,或将用两年或更长的时间完成要求展示的数量程度的能力。

在以能力为基础的衔接系统中(The Competency-based Systems of Articulation),来自低年级的教师和高年级的教师参与转学过程,共同合作建立能力(The Competencies)、评价程序(Assessment Procedures)、成绩标准规范(Performance Standards)。六个纵向柱子代表6个必要的能力领域,由低年级和高年级教师达成一致。如学士学位的能力领域可能包括有效的沟通交流、问题解决、批判性思维、科学探究、价值 、美学①。

能力发展↑	交流	问题解决	批判思维	科学探究	价值观	美学	
							学士学位出口的熟练程度层次
							高年级
							可以接受为高年级的熟练程度(proficiency)范围
							低年级
							入学水平的定量和语言熟练程度水平

图7-1 能力模式图②

2. 能力原则

能力为基础的衔接(Competency-based Articulation)包括四个基本部分:用可测量的技能展示一系列能力;清晰的界定评价任务和能力层次;合适的学习资源;合作的行政管理支持系统。

---

① Gary W. Peterson. Clear the Confusion in Community College - University Transfer: Assess Competencies[J]. *Improving College and University Teaching*, 1981,29(4): 169–173.

② Gary W. Peterson. Clear the Confusion in Community College - University Transfer: Assess Competencies[J]. *Improving College and University Teaching*, 1981,29(4): 169–173.

(四) 能力模式策略

1. 考试

考试在其他产业很普遍,律师需要通过律师考试才能成为实习律师,医生必须通过委员会考试才能成为实习医生,很多专业资格考试授予那些通过考试的拥有最低能力的人资格证书。能力考试包括先前学习评价(The Prior Learning Assessment, PLA)、大学水平考试项目评价[College Level Examination Program(CLEP) Assessment]、美国大学预科考试[Advanced Placement(AP) exams]、国际学士学位(International Baccalaureate)等。在加州,转学学生可以通过参加加州州立大学组织的外部考试获得学分,在通识教育广度课程中,历史、宪法和美国理想可以通过标准化外部考试成绩展示能力。实施考试获得学分的州包括夏威夷、肯塔基、路易斯安那州、北达科他州、俄勒冈州、弗吉尼亚州和华盛顿州。

2. 先前学习认定

美国学者托马斯(Thomas A.)在《先前学习认定:无声的变革》(Prior Learning Assessment: The Quiet Revolution)一文中指出,先前学习是检验、评估与认证学习者在经验性与非正式学习、非正规教育中获得的知识、技能的实践活动[①]。通常情况下,先前学习评价(Prior Learning Assessment)通过两种模式获得认可:一是通过生活经验(Credit for Life and/or Work Experience)获得学分,二是通过档案袋方式(Credit-by-portfolio)获得学分。

(1) 生活经验学分。

生活经验或工作经验学分是在正式的学术环境之外授予的学分,与大学学院学分具有同样的价值。有的学院的生活经验必须是30个小时才能获得1学分(Learning/Experience Credit is 30 hours)[②]。大学针对生活经验学分的学术可信性必须保持一致,同时在正规的大学之外认可学分必将对学习产生重大影响。如果要确保大学学分和学位的完整性,大学一是要降低各种各样的主观技术评价,如教师委员会和评估委员会;二是授予学分的程序要有一致性;三是实践上需要认真记录学分,授予学分足够多的细节,使学分能够被其

---

① 王振龙.陕西高等教育继续教育学分银行[M].北京:科学出版社,2015:14.
② Charles W. Meinert and Sherry Penney. Credit for Life Experience: Establishing Institutional Policy and Procedures[J]. *The Journal of Higher Education*, 1975,46(3):339-348.

他大学和雇主理解和接受。

在布鲁克林学院（Brooklyn College），30年前就已经授予生活经验学分（Life-experience Credits），现在有100多所高校也在授予生活经验学分①。有五种生活经验可以授予学分：一是通过纸面考试评价的经验和相等的课程经验（考试）；二是通过展示技能的经验（能力模式）；三是在非学位授予的专业、商业或技术学院获得的课程经验；四是与一些学院相关项目有关，尽管这些项目的特殊课程并不相等；五是经验并不与特定的课程、主修或项目领域相关，但是这些可以作为选修课程获得相应学分。

（2）文件经验的学分。

文件经验的学分（The Documentation of Experience）通常是指档案评价学分（Portfolio Review Credits），是美国成人和经验学习委员会（The Council for Adult and Experiential Learning）开发的一系列怎样使用他们之前相关学习工作的档案和军队经验档案，包括可以证明的能力，授予学分的一种方式。普遍做法是整理学生的学习档案，这种档案通过写作陈述、推荐信、成绩册、工作描述、项目建议等予以展示。学生通过详细的自传体叙事，有机会反思他们宣称的学习。这些档案要接受学院评价，这一点非常重要。任何学分转移，不论是美国大学预科考试学分（Advanced Placement Credits）还是从社区学院转学到四年制大学的学分，或者任何学分，都必须接受学位授予高校一定程度的自由裁量权。

档案模式下，如果要清晰地评价先前学习成果，很难。先前学习成果和生活经验评价获得的学分，通常不能按批次大规模地转学，一般采取逐案方式进行。申请者在招生过程中申请学分，这一过程也成为非正式转学（Informal Transfer），每一个学生的成绩需要单独按照学期评估。这个过程可能会要求学生提交他之前获得的课程大纲或课表，或各种文件档案以及生活经验作为可以授予学位学分的证据。

六、跨区域转学模式

美国的学生跨州流动较为平常，根据美国国家教育统计中心2004年数据

---

① Charles W. Meinert and Sherry Penney. Credit for Life Experience: Establishing Institutional Policy and Procedures[J]. *The Journal of Higher Education*, 1975, 46(3): 339-348.

摘要(The National Center for Education Statistics 2004 Digest)显示,有超过20%的学生到外州学习,尽管财政资助不鼓励跨州学习,现在仍然有45万大一新生跨州追求学位。

(一)学生跨区域流动现状

最主要的跨州学生流动有三个地区:首先是东北部地区,有相当多的知名私立大学位于这一区域,跨州的短途通勤是另一个便利条件。第二个是两个大的南部州——德克萨斯州和佛罗里达州,尽管两个州都没有较大比例的外州学生,但是由于绝对规模较大,这两个州仍然有数以万计的外州学生学习。第三个是加州,与德克萨斯州和佛罗里达州类似,尽管没有很高的外州比例的学生就读,但是由于学生基数大,每年有20000名外州大一新生到加州学习①。下面是前五名和后五名的外州学生比例州的统计。

表7-6 前五和最后五名大一新生外州学生比例和数量情况表②

前五州名	外州大一新生百分比	全部学生数
哥伦比亚特区	90%	11350
佛蒙特	68%	6343
罗德岛	59%	15388
新罕布什尔州	48%	12430
北达科他州	42%	9477
后五名的州	外州大一新生百分比	全部学生数
新泽西	8%	57564
德克萨斯	8%	205221
密歇根	9%	88078
加州	11%	259869
阿拉斯加州	12%	2760

(二)西部高等教育跨州护照计划

由卡耐基基金会支持,成立于2011年10月的西部高等教育跨州委员会

---

① Sean Junor and Alex Usher. Student Mobility & Credit Transfer: A National and Global Survey[R]. The Educational Policy Institute, 2008:13.

② Sean Junor and Alex Usher. Student Mobility & Credit Transfer: A National and Global Survey[R]. The Educational Policy Institute, 2008:12.

(The Western Interstate Commission for Higher Education)采用跨州护照计划(Interstate Passport Initiative)[①]解决跨州学生的转学问题。为解决跨州学生转学课程重复学习导致的时间和成本的增加,由加州、夏威夷、北达科他州、俄勒冈和犹他州5个州的28所高校形成一个通识教育核心课程协议。该协议主要建立在自由教育和美国承诺必要学习成果[The Liberal Education and America's Promise(LEAP) Essential Learning Outcomes]的基础上,该成果主要在美国大学和学院联合会(The Association of American Colleges and Universities)建立的自由教育和美国承诺(The Liberal Education and America's Promise)学习成果指导下工作。

在地区水平上,护照计划将在自由教育和美国承诺必要学习成果的基础上介绍一种新的转学框架,主要关注低年级的核心课程和共同课程,作为一个整体而不是单独的课程进行区块转移。

在这一项目中,通识教育核心是指口语交流、写作交流、定量推理三门课程。现在该项目已经扩展到15个州,其中11个州有全州的通识教育核心课程,包括亚利桑那州、加州、科罗拉多州、夏威夷州、蒙塔纳、新墨西哥州、北达科他州、俄勒冈、南达科他州、犹他州和华盛顿州;4个州,阿拉斯加州、爱达荷州、内华达州、怀俄明州没有全州的核心课程。只有加州、蒙塔纳州和犹他州认可和确认自由教育美国承诺必要学习成果的核心课程。

学习成果包括四个领域:通过学习科学和数学、社会科学、人文、历史、语言、和艺术掌握有关人文的、物理的和自然世界的知识;智力和实践技能;个人和社会责任;综合和应用学习。不同州要求的核心课程不同。

表7-7 西部跨州通识教育核心课程要求[②]

州名	通识教育核心课程要求	州名	通识教育核心课程要求
阿拉斯加州	34学分	新墨西哥州	32—38学分
亚利桑那州	35—37学分	北达科他州	36学分(学期学分)

---

① Western Interstate Commission for Higher Education, Overview of State Policies on Lower-division General Education Core in the WICHE States[EB/OL]. https://eric.ed.gov/?id=ed540128,2021-02-08.

② Western Interstate Commission for Higher Education, Overview of State Policies on Lower-division General Education Core in the WICHE States[EB/OL]. https://eric.ed.gov/?id=ed540128,2021-02-08.

续表

州名	通识教育核心课程要求	州名	通识教育核心课程要求
加利福尼亚州	39学分加9个高年级学分	俄勒冈州	31学分(季度学分)
科罗拉多州	31学分(学期学分)	南达科他州	30学分
夏威夷	31学分	犹他州	12学分
爱达荷州	36学分	华盛顿州	12学分
蒙塔纳州	30学分(学期学分)	怀俄明州	30—36学分
内华达州	全州最低学分要求		

（三）南部地区教育委员会学分互认计划

2002年,美国南部地区教育委员会（Southern Regional Education Board）建立区域转学和衔接委员会（Regional Transfer and Articulation Committee）,负责协调区域内高校学分互认和转换。他们以在线教育的学习方式,对经过认证的高校项目,学分绩点在平均成绩以上的学生,都可以按照协士学位整体进行转学。他们还建立一个促进学生跨州流动,等于本州学费的学术共同市场项目。项目在15个州的1900个本科生和研究生学位项目中推广[1]。因此,参与转学的学生必须是这15个州的某一个州的居民,在某一所大学的某一个项目注册,并在本州的高等教育理事会网站上选择一个特定项目。

七、美国学分互认和转换政策运行机制

美国学分互认和转换政策必须得到双方高校教师的同意、行政管理部门的支持以及教师参与充分的酝酿时间,协议的过程还必须在内部建立一个行政管理者负责的运行机制,同时学分互认和转换的文件必须在协议高校之间广泛宣传,以便统一认识,凝聚共识,并得到顺利执行。

（一）学分互认和转换政策阶段

1. 政策研究阶段

（1）理性线型阶段。第一代认为衔接政策执行作为理性的和线型的,只关注政策输出,最能得到认可的理论是自上而下的方式,认为政策就是等级

---

[1] Sothern Regional Education Board. Academic Common Market[EB/OL]. https://www.sreb.org/academic-common-market,2020-1-20.

的、理性的和线型的,政策制定者主要负责执行和保证政策成功。自上而下的学者认为只要按照项目协议和指导纲要正确执行,政策成果将会实现。最主要的批判是政策制定者几乎控制了所有的、关键的、影响政策执行的过程。

(2) 理性到行动的复杂性阶段。第二代政策执行理论家从系统的理性决策过程到承认从政策到行动的复杂性,关注政策变量。第二代政策执行研究者认识到地方行政管理对政策执行过程的影响,他们建议一个政策的成功与否主要存在于地方层次的执行者,更多是自下而上的政策执行方法。这种转变从政策的输出到影响项目成功或失败的变量,确认执行者在政策成功执行中扮演关键角色。

(3) 互动阶段。第三代的政策执行的学者试图综合第一代和第二代的观点,更加关注政策执行的动力本质。第一代关注政策执行效率到第二代关注政策执行者的角色,第三代更加注重分析政策制定者和政策执行者之间复杂的关系。他们把政策执行作为一个互动的过程,关注政策执行者的认知过程的知觉决定角色,也关注社会文化对政策执行的影响,提供更具有洞察力的关注政策。当利益相关者被制度性解释为多元性意义的时候,能够影响政策的执行。

2. 政策程序阶段

一般来讲,全州衔接系统的政策程序阶段(Policy Process Stage)包括问题确认(Problem Identification)、政策形成(Policy Formation)、政策批准(Policy Approval)、政策执行或使用(Policy Implementation/use)、政策评价或调整(Evaluation/Policy Adjustment)等几个阶段,可以概括为四个主要阶段。

第一个程序阶段是确认衔接问题。衔接委员会(The Articulation Committee)是收集这些衔接问题的机构。一旦收到问题就会评价问题,要求进一步分析收集来自各个专责小组(Task Force)的建议。

第二个程序阶段是关注政策开发倡议(Developing Policy Initiatives)。专责小组收到来自各个大学代表的反馈的同时,评估问题信息,开发解决的政策;然后向衔接委员会提出建议,衔接委员会再向协调董事会(The Coordinating Board)提出建议。校长委员会(The Council of Presidents)向治理董事会(The Governing Board)提出建议,治理董事会可能也向协调董事会提供建议。

第三个程序阶段是政策执行(Policy Implementation)。协调董事会随后把最终的政策建议递交给治理董事会,代表所在校区执行政策。

最后,是政策评价和调整(Policy Evaluation and Adjustment)。

表 7-8　学分互认和转换政策过程①

政策过程阶段 (Policy Process Stage)	治理和协调层面(Governance and Coordination Level)	全州衔接系统层面(Statewide Articulation System Level)	高校层面(Institutional Level)
1. 问题确认 (Problem Identification)	1. 从成员那里收到的问题(Issues Received from Constituents); 2. 将一般性议题列入政策议程(Places General Issues on Policy Agenda); 3. 推动全州层面的衔接工作(Forwards to Statewide Articulation System)。	1. 收到问题(Receives Issues); 2. 将具体问题列入他们的政策议程(Places Specific Issues on its Policy Agenda)。	1. 收到组织单位的问题(Issues Received from Organizational Units); 2. 推动全州层面的衔接工作(Forwards to Statewide Articulation System)。
2. 政策形成 (Policy Formulation)		1. 全州的行政领导或政策领导把问题递交给合适的委员会; 2. 委员会请求来自高校的反馈,并形成建议; 3. 委员会向政策委员会提供建议。	1. 高校向全州委员会就政策问题提供专业知识反馈(Institutions Provide Expertise and Feedback on Policy Problem to Statewide Committees)。
3. 政策批准 (Policy Approval)	1. 政策建议递交给规制或协调董事会(Policy Recommendations Sent to Governing or Coordinating Boards); 2. 政策批准(Policy Approved)。		1. 政策建议送交到高校(Policy Recommendations Sent to Institutions); 2. 政策批准(Policy Approved)。

---

① Holly Winthrop Carpenter. The Development if Conceptual Framework to Understand Statewide Articulation System Design[D]. Arizona State University,2008:192.

续表

政策过程阶段(Policy Process Stage)	治理和协调层面(Governance and Coordination Level)	全州衔接系统层面(Statewide Articulation System Level)	高校层面(Institutional Level)
4. 政策执行或使用(Policy Implementation/Use)	1. 请求或接收有关政策实施状态报告(Request and Receives Reports on Policy Implementation Status)。	1. 政策领导指导执行过程； 2. 全州委员会协调全州的执行程序； 3. 政策领导向治理和协调层面报告执行情况(Policy Leadership Reports on Implementation to Governance and Coordination Level)。	1. 高校制定实施全州范围政策的政策和程序(Institution Put Policies and Procedures in Place to Implement Statewide Policy)； 2. 高校报告政策执行状态(Institutions Report Status of Implementation)； 3. 高校使用政策(Institution Use Policies)。
5. 政策评价和调整(Policy Evaluation/Adjustment)	1. 可能收到问题报告(May Receive Reports of Problems)； 2. 请求和接收政策调整需求报告(Requests and Receives Reports on Policy Adjustment Needs)。	1. 全州委员会向政策领导报告问题(Statewide Committees Report Issues to Policy Leadership)； 2. 一旦需要调整政策,政策过程重新开始(If Policy Adjustment Needed, Policy Process Begins Again)。	高校向全州委员会报告问题和议题(Institutions Report Problems and Issues to Statewide Committees)。

（二）学分互认和转换政策结构

设计全州范围结构和程序创建全州范围的衔接政策，至少有四个方面需要研究：一是设计必须解决全州的决策，但是这可能会挑战全州的高等教育多样性的治理结构和协调结构。二是设计必须促进不同部门专家的合作，以及跨组织单位专家的合作，这些工作直接或间接与高校内部衔接事务相关。三是系统的设计必须解决一系列的工作或程序，协调政策权威和合适的专业知识输入之间的关系。四是在大学内部和大学之间设计必须考虑原则和功能，能够体现、提供复杂的文化和权力关系。

1. 政策形成的前期准备工作

现在各州都在转向建立全州范围的衔接政策和程序(Statewide Articulation Policies and Processes)，提高学生学分在不同高校之间的转移。社区学院与大学之间的衔接已经发展到更加广泛和更加复杂的阶段。这种衔接的增长由转学学生的不断增加以及对顺利转学路径的日益增长的关注引起。衔接也从小的跨学院之间，发展到全州范围内的复杂的转学程序。

首先，衔接涉及复杂的实践，从信息交换到创建政策和程序。早期的衔接关注协调招生信息和政策，分配衔接相关事宜职员，通过访问或会议交换职员和教师共享信息，开发相关协议。今天的衔接包括全州范围内的衔接协议，开发转学课程，开发和使用衔接协议数据库和其他转学相关信息。

其次，衔接涉及一系列复杂学院内部功能。衔接的一系列功能由大学和社区学院不同部门实施，包括招生、注册和成绩记录、教学和建议。其他的功能可能包括学院与学院之间的关系，衔接组织作为一个独立组织的功能，学术事务管理(Academic Affairs Administration)，甚至涉及校长和治理董事会。有效的全州范围内的衔接要求所有这些办公室之间的协调，包括他们各自大学和跨机构的协调。这种协调要求所有政策开发和执行过程的每一个阶段，都需要参与者在不同的时间扮演不同的角色。

再次，全州范围内的衔接涉及复杂的人群和机构。这种网络工作可能关注一定范围内的一对大学或地区大学群或者一群大学。运行良好的衔接，要求不同使命的高校和学生校区之间的合作，以及广泛的组织单位和跨校区之间的合作。有效的衔接还要求很好的管理系统(A Well-managed System)，包括交流和信息渠道，以及创建、执行和保持政策和程序以便衔接顺利进行。

最后，全州范围内衔接复杂是因为一系列的结构和系统的多样性。不同的州开发出不同的衔接机制(Articulation Machinery)，包括一系列衔接相关政策、程序和行动。衔接机制的目标是更加有效地交换信息和开发政策和程序，促进学生转学路径更加流畅。各州衔接机制从碎片的到中央的、集权的，从自愿的到立法授权的，包括很多不同类型的参与者和程序，涵盖了一对高校和一群高校的正式的和非正式的活动。

2. 学分互认和转换的政策开发结构

一是外部相关利益相关者参与学分互认和转换。在亚利桑那州,衔接协议的全州会议或学科的联合会会议有几次都是在全美专业协会召开的。专业协会不是唯一的机构,在全州或全美层次的认证委员会或资格委员会,包括专业的和学科的委员会,也有可能参与衔接协议的制定。

另外一种学院外组织可能参与衔接协议的,是全州的治理或协调董事会成员甚至是立法职员的成员。随着多校区大学系统的出现,以及协调董事会的出现,就出现了一些专业的职员为大的董事会或协调董事会提供服务(Governing or Coordinating Boards),甚至有专业职员从事学术事务或转学事务。

立法机关也有专门的教育或高等教育部门,他们涉及大学的预算。还有一些独立的组织也能产生影响,在亚利桑那州,社区学院校长和社区学院董事会都有自己独立的组织,他们都有专业的职员提供服务。任何一位职员都有可能被选出参与全州衔接委员会的活动(Statewide Articulation Committee Activities)。

二是系统结构问题。第一个需要解决全州衔接系统中,州政府、大学治理和协调机构之间的权力结构协调问题。权威和执行的价值来自授权的政策(Mandated Policy),然而有一些州是一个自愿的全州衔接系统,在这样的系统中,州政府可能提供一个开始的点,其他的自愿群体可能实际上会开发一个协议。这三种群体都可能参与其中。州政府给大学或协调董事会(The Institutional Governance Coordination Boards)指导,或者直接指导大学。也可能三种群体同时参与一个联合委员会。亚利桑那州的衔接系统就是把治理、协调和大学努力链接在一起的系统。

三是关注衔接系统政策开发结构人员组成。有四种选择可以考虑。第一个选择是考虑谁参与全州衔接系统(The Statewide Articulation System)和委员会成员组成。可以选择不同的人参与到衔接活动中去。第二个选择是考虑特殊负责的委员会和怎样影响成员。在委员会的开发有两个重要问题:一个是组织必须有一个精确地反映其成员共同关注问题的使命和范围;其次,成员在开发过程中有类似的相关利益时必须坚持平等原则。第三个选择是,委员会应该直接或代表参与政策衔接。代表成员可能在大的委员会里是必需的,然而在初级和高级学院纲要联合委员会(The Joint Committee on Junior and Senior

Colleges),代表委员会制度必须解决三个问题:有效地与大学交流而不是直接地与代表交流;在代表中建立轮流的责任;保持人员的连续性。第四个选择是,由初级和高级学院联合委员会(The Joint Committee on Junior and Senior Colleges)选举的常务委员会是一个永久委员会。可能需要一个临时委员会解决特殊的问题,永久或常务委员会解决长期的问题,如学科领域的衔接问题。

3. 衔接政策层次结构

第一个层次是治理和协调层次(The Governance and Coordination)。位于实际的全州衔接系统之外,但是产生一些与全州衔接系统的影响和互动。这个层次代表全州的政策输入和确定政策权威(Policy-making Authority)。政策决策权威在全州衔接系统中非常重要,开发一种政策要求所有本州大学接受,而不是自愿选择是否接受政策。这将涉及复杂的治理和协调结构。治理(Governance)主要为整个学院或一系列学院解决合法的权威指导或制定政策;协调(Coordination)解决的问题是怎样在多个机构中行动和谐,以便保证效率和有效使用资源。

例如,加州大学、加州州立大学、加州社区学院建立了一个非正式的跨院校规划委员会,形成了把转学中心作为一个综合的致力于确认和帮助潜在转学学生的服务项目,为潜在的转学学生提供转学的建议,学习哪些转学课程,帮助提供金融支持和招生申请程序。在加州社区学院校长办公室(The California Community Colleges Chancellor's Office)建立一个复杂转学和衔接的部门——转学和衔接单位(Transfer and Articulation Unit)。它的使命是通过与加州大学、加州州立大学、加州独立学院和大学联盟(The Association of Independent California Colleges and Universities)合作工作提供高质量的领导,保证社区学院的转学学生能够接近必要的课程,为成功转学到学士学位授予权高校提供服务。主要职能是:代表全州社区学院校长办公室建立全州支持转学和衔接目标的委员会;为支持转学和衔接活动的全州、跨部门项目提供领导;为院校在转学和衔接领域提供管理技术帮助;建立转学和衔接人员交流网络,加强社区学院与校长办公室双向交流。

加州开发了各种各样的衔接系统,帮助衔接转学,包括加州大学的转学招生保证项目(Transfer Admission Guarantee Program at the University of California)、加州州立大学的加州衔接数字系统、跨部门通识教育转学课程,包括加州大学、加州州立大学和加州社区学院通识教育转学项目,然而每一所大学都有权决定学分等值性。这些信息通过每一个项目和大学的网站向外面传播。

佛罗里达州使用的是州任命的衔接协调委员会(Articulation Coordinating Committee),在华盛顿州,华盛顿高等教育协调董事会(The Washington Higher Education Coordinating Board)和州社区学院教育董事会(The State Board for Community College Education)制定衔接协议,建立衔接专家组成的自愿的跨部门的华盛顿高中-学院关系学院间关系委员会(Washington Council on High School-college Relations Intercollege Relations Commission)。北卡罗来纳州使用的也是跨部门自愿的学院转学联合委员会(Joint Committee on College Transfer Students)。俄克拉荷马州的衔接协议是俄克拉荷马州高等教育董事会(The Okalahoma State Regents for Higher Education)开发的政策。在制定一个全州范围的平等的通识教育课程的政策中,董事会创建了由中央控制的教师委员会,建立等值的课程(The Establishment of Equivalencies),大学校长挑选了代表11个学科的11名大学教师组成教师转学课程委员会(Faculty Transfer Curricular Committee)。学术副校长与衔接委员会一起工作,提供支持和鼓励。一旦这种课程等值的工作在全州层次的委员会建立起来,他们就会发送到各个大学去执行。

第二个层次是院校层次(The Institutional Level)。在校园层次,大学学术副校长负责维持和更新已经建立的课程等值系统。学术建议者也在这个系统中提供帮助。校园学术建议者给学生提供建议,并及时向学生和行政管理者反馈学术建议委员会年度会议精神。这种等值还建立了数据库系统,由州教育董事会负责编辑。

在大学里,教师负责制定学术政策,学术服务单位的行政管理者负责执行。这些学术行政管理者扮演建议者角色,开发和执行政策,以便使政策和程序的开发不但有效,而且效果很好。作为教育者,教师解释课程纲要,把他们转换成学生的学习经验。他们还作为学科专家或者通过院系委员会、全校委员会创造课程,最终通过共同治理机制,在学院的学术标准上扮演重要角色。在转学衔接政策开发中,教师不仅应该而且必须在课程衔接协议上扮演关键角色。其他的学术服务单位(Academic Service Units)也在课程和衔接方面扮演重要角色,如注册和成绩记录办公室(The Registrar and Records Office)、招生办公室(The Admissions Office)、建议和咨询(The Advising or Counseling Office)办公室、具体衔接办公室(Specialized Articulation Offices)。

除了教师和专业人员之外,高级行政管理单位可能也参与衔接过程。在教师层面,系、学院和院长组织和管理学科具体事务,他们像高级学术官员一样向学术副校长或教务长报告,学术服务单位如注册、招生、建议咨询办公室的官员在学生事务副校长的领导下工作。高级学术或教学行政管理单位可能作为协调者或倡议者参与衔接过程。一些职员可能会代表他们所在高校参与全州的联系委员会制定政策或监督政策执行过程,职员还可以组织和参与旨在建立全州衔接开发活动的会议。然而不同的功能也可以通过州层面或全美层面的专业协会,如美国学院注册和招生办公室官员联合会(American Association of Collegiate Registrars and Admissions Officers)、全美学术建议委员会(The National Academic Advising Association)进行。这两个组织机构在全美积极讨论衔接协议,在某种情况下还作为在州层面讨论衔接问题和政策(Articulation Issues and Policies)的地点。

在密西西比州社区学院,已建立一个由社区学院代表组成的高等教育学习大学学术官员二级委员会。他们作为非投票人员提供相关咨询信息。衔接二级委员会在文本编辑上的更改,不需要进一步的批准,然而任何课程或转学学分方面的修改建议需要经过以下程序:

(1)咨询首席学术官(Chief Academic Officers)。每年的5月15日,每一个学院应该确认衔接二级委员会代表(Articulation Subcommitteere Presentative)提出的衔接协议的变革建议。

(2)在每年的5月16日到6月10日,高等教育学习机构衔接二级委员会代表与每一个提供项目的院系或院长办公室的学术代表参与讨论衔接协议的变革。

(3)被高等教育学习机构二级委员会批准的修改建议应该与社区学院的代表共享,社区学院的代表将在6月30日前对修改建议提出意见和评价。

(4)高等教育学习机构衔接二级委员会和社区学院的代表将开会讨论衔接协议的变革。这一次会议将在7月1日和7月31日至今完成,会议由包括高等教育学习机构和社区学院委员会的衔接委员会成员组成。

(5)在8月份的会议上,高等研究机构首席学术官将考虑批准建议的衔接变革。

（6）衔接变革应该与大学和社区学院在 9 月 30 日前完成沟通和交流，以便在秋季学期执行。任何这些变革的出版日期需要经过高等教育学习机构首席学术官和密西西比社区和初级学院学术官员联合会批准。经过批准，这些变革建议才能出版并分发到各个大学和学院①。

第三个层次是外部实体(The External Entities Level)层面。它们处于实际的衔接系统之外，可能与衔接系统互动也可能不互动。这个层次的组织既不是治理结构的一部分也不是大学，而是在某些方面扮演一些实体角色。如学院关系办公室(The School and College Relations Office)在两年制和四年制之间作为边界扳手(A Boundary-spanner)提供服务。社区学院把他们的课程递交给学院关系办公室官员，由他来评价和评估这些课程名单，然后把这些课程名单递交给大学的院系进行评价。大学院系评价课程是否可应用于主修专业的要求和毕业要求，学院可能还会评价系的决定。然后这些决定就会送回学院关系办公室，他们再把这些信息递交给社区学院。

最后一个层次是全州衔接系统(The Statewide Articulation System Level)。它本身包含一系列的跨组织的结构和程序(Interorganizational Structures and Processes)，为开发和执行衔接政策正式地连接在一起。这一层次由来自治理、协调、大学、外部实体的代表组成。

---

① Mississippi State Board for Community and Junior Colleges, Articulation Agreement between the Mississippi Board Of Trustees of States Institutions Of Higher Learningand the Mississippi Community College Board [EB/OL]. https://eric.ed.gov/? id=ED449841,2020-20-19.

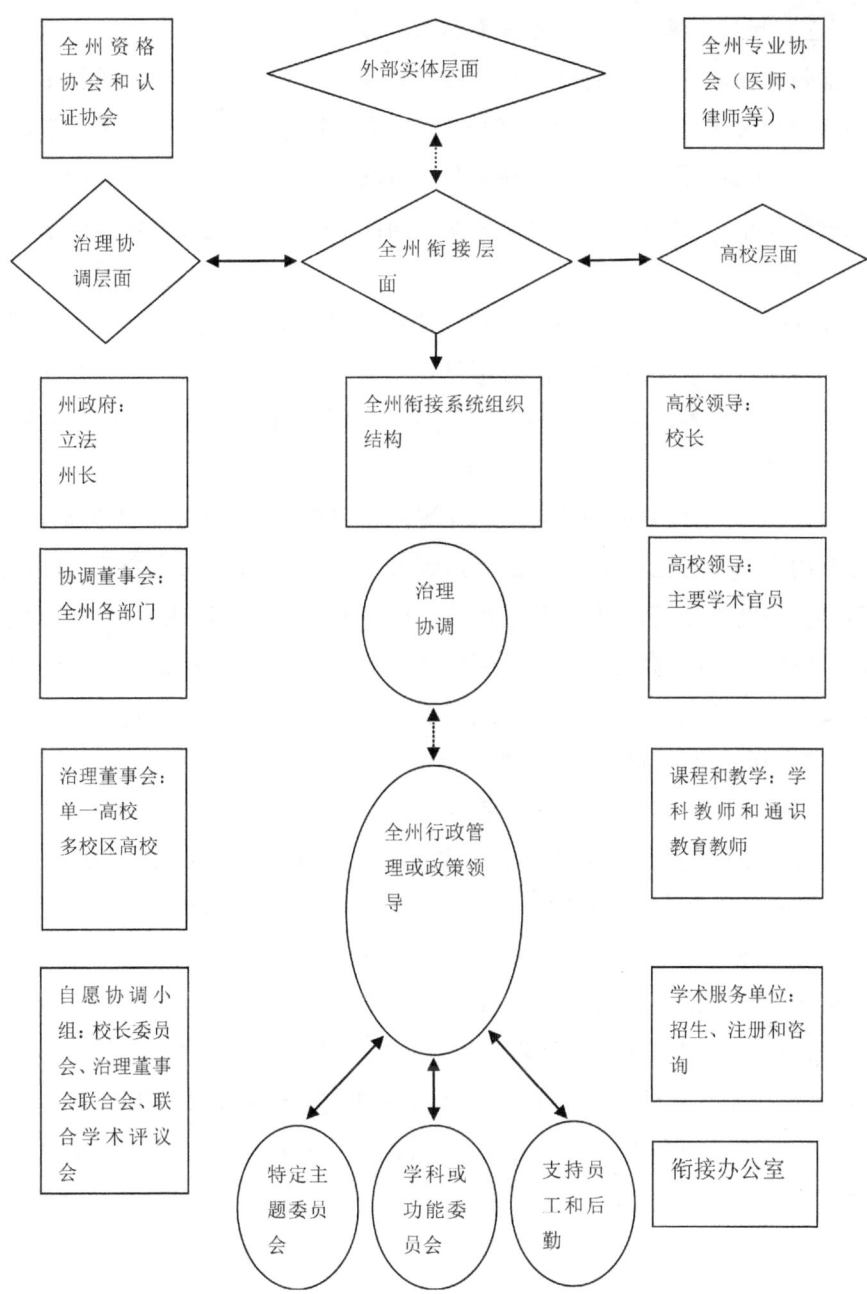

图 7-2 全州学分互认和转换协议治理结构①

---

① Holly Winthrop Carpenter. The Development if Conceptual Framework to Understand Statewide Articulation System Design[D]. Arizona State University, 2008: 180.

(三) 加州课程学分互认和转换具体措施

加州课程学分互认和转换协议,描述学生在社区学院完成的课程怎样转学到四年制大学。这个信息对转学学生来说非常关键,确保完成课程学习之后,能够进入高年级学习。但是创建衔接协议需要大量艰苦的工作,社区学院的教师和四年制大学的教师,每年需要共同评估数百门课程,确认哪些学术准备是合适的。

在加州公立高校中课程到课程的衔接协议有10万多个。尽管如此,衔接协议仍存在一定争议,政策制定者想建立一个无缝隙转学过程,但是社区学院的教师对改变和重新设计课程持反对态度,同时教师们批判衔接协议太慢和麻烦。

首先,课程衔接要成功就必须在课程内容和必要技能方面签署确认协议,在教学内容掌握、技能和能力发展上达到事实上一致,以及采取合适的顺序进行教学。除此之外,教师和行政人员的支持对于参与双方达成协议也很重要。其次,在社区学院和高一级的高校创造沟通交流,以便建立转学课程标准和学生必要的准备达成一致。最后,衔接协议需要经常评估,以保证它们能够很好工作,融合新的课程,满足学生、教师、新机会的需求。

1. 加州州立大学与社区学院课程衔接协议

2010年,加州通过学生转学成绩改革法(The Student Transfer Achievement Reform Act),要求社区学院的学生完成协士学位,满足加州州立大学和加州大学的转学要求后,有资格转入加州大学和加州州立大学系统攻读学士学位。立法的目的就是简化转学程序,使完成社区学院课程的学生能更容易地从社区学院转学到加州大学和加州州立大学。每一个学科都有两个内容:一个是州的内容;一个是具体到每一个学校的内容,更好确认转学学生具有合适的课程基础。当然这两个内容都要求最高转60个学分到加州大学和加州州立大学高年级。

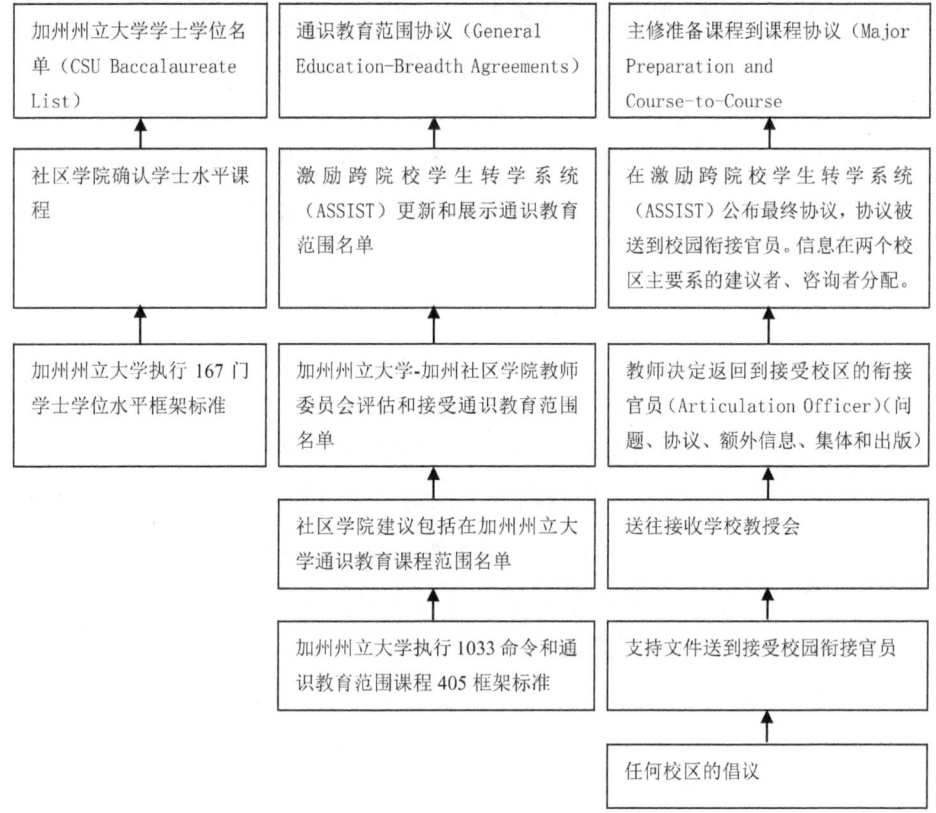

图 7-3 加州州立大学衔接一般过程①

2. 加州州立大学转学要求

加州州立大学转学(California State University)系统,作为适合转学的要求,申请者必须至少完成60个学期或90个季度可转学学分,而且还必须满足下列要求:

(1) 申请者至少完成30个学期或者45个通识教育课程(30 Semester/45 quarter Units of General Education Courses)季度学分,每一个社区学院都有具体的满足转学要求的通识教育课程名单②。

(2) 申请者必须完成加州州立大学通识教育课程 A 类别中的课程,并且

---

① Linda Barnes Tucker. Transfe and Articulation Issues Between California Community Colleges And California State University [D]. University of Verne,2013:2-3.
② Linda Barnes Tucker. Transfe and Articulation Issues Between California Community Colleges And California State University [D]. University of Verne,2013:86.

在写作交流、口语交流和批判性思维等课程达到 C 等及以上分数。

（3）申请者必须完成一门可转学的加州州立大学通识教育课程 B4（CSU GE Category B4），包括数学或定量推理（Mathematics or Quantitative Reasoning），分数在 C 等及以上，数学课程希望学习过中等代数（Intermediate Algebra）作为先决条件，除非申请者已经完成课程 B 证书或者学生已经从社区学院获得协士学位；

（4）学生必须在可转学的社区学院平均学分绩点在 2.0 以上；

（5）学生需要在最后一所学院或大学保持良好的学术信誉。

3. 加州州立大学通识教育学分要求

加州州立大学通识教育转学，要求所有转学到加州州立大学的学生必须完成通识教育课程的学分。加州州立大学通识教育要求最低获得 48 学期学分或 72 个季度学分，其中至少 39 个低年级学期学分或 58.5 个季度学分和至少 9 个学期学分或 12 个季度学分的高年级课程。学生在转学到加州州立大学之前，必须完成在社区学院低年级课程 39 个学期学分要求。

4. 加州州立大学通识教育广度要求

加州州立大学通识教育广度要求是低年级 39 个学期学分。转学的学生必须选择下列领域的特定课程①：

（1）领域 A：英语语言交流和批判性思维（Area A——English Language Communication and Critical Thinking）；

（2）领域 B：科学探究和定量推理（Area B——Scientific Inquiry and Quantitative Reasoning）；

（3）领域 C：艺术和人文（Area C——Arts and Humanities）；

（4）领域 D：社会科学（Area D——Social Sciences）；

（5）领域 E：终身学习和自我发展（Area E——Lifelong Learning and Self-Development）。上述五个领域都有最低的学分或课程要求。

现在加州社区学院和加州州立大学可转移课程协议（Transferable Course Agreement）确定了 167 门学士学位课程，这个课程也被称为学士学位课程名

---

① Intersegmental General Education Transfer Curriculum. Don Bosco Technical Institute（as of Summer 2006）Fashion Institute of Design and Merchandising、Heald Colleges（as of Summer 2010）、Humphreys College（as of Fall 2008）Marymount California University.

单(The Baccalaureate List),帮助学生、行政管理者和教师在转学过程中了解相关课程情况。

5. 加州大学与社区学院课程衔接协议

社区学院课程转学到加州大学有两个原则:一是课程需要与加州大学低年级课程具有可比性;二是如果转学课程与加州大学的某一个课程并不均等,该课程必须适合加州学位课程的目的、范围和深度。

加州大学与所有加州社区学院签署了课程转学协议[①],这些协议具体到获取加州大学学士学位的每一门课程。所有的加州社区学院与加州大学校区协议确定具体的可转学课程学分,以满足各种各样的通识教育广度课程和主修专业课程要求。这些协议保证学生学业继续发展,并最终获得加州大学学士学位。

(1) 学生限制转学学分。

所有在任何学院或联合机构获得的低年级课程转学到加州大学,最高认可 70 个学期学分或 105 个季度学分。加州大学承认社区学院授予的低年级学分会有一定限制:英语作为第二外语限制 8 个学期学分或 12 个季度学分;体育教育课程最多 4 个学期学分或 6 个季度学分。加州大学对之前学习过重复的课程或通过考试获得的学分不予认可。

(2) 每年修订转学课程目录。

每年加州大学都会与每一所加州社区学院的转学官员接触,要求其提供帮助,更新可转学课程。加州大学会给他们寄送一个相关转学课程衔接信息、最近的衔接协议和特定的教学方法评价,并更新协议内容。社区学院会给加州大学寄送最新的课程名单,接受加州大学的评估。加州大学每一个校区都建立了特定的可转学课程衔接协议信息,每一个加州大学校区的学院院长决定可转学课程学分,校区的招生衔接官员在社区学院和加州大学校区院长之间建立经常性工作联系。

---

① Transferable Courseagreements [EB/OL]. http://admission.universityofcalifornia.edu/counselors/transfer/advising/transferring-credits/,2020-1-20.

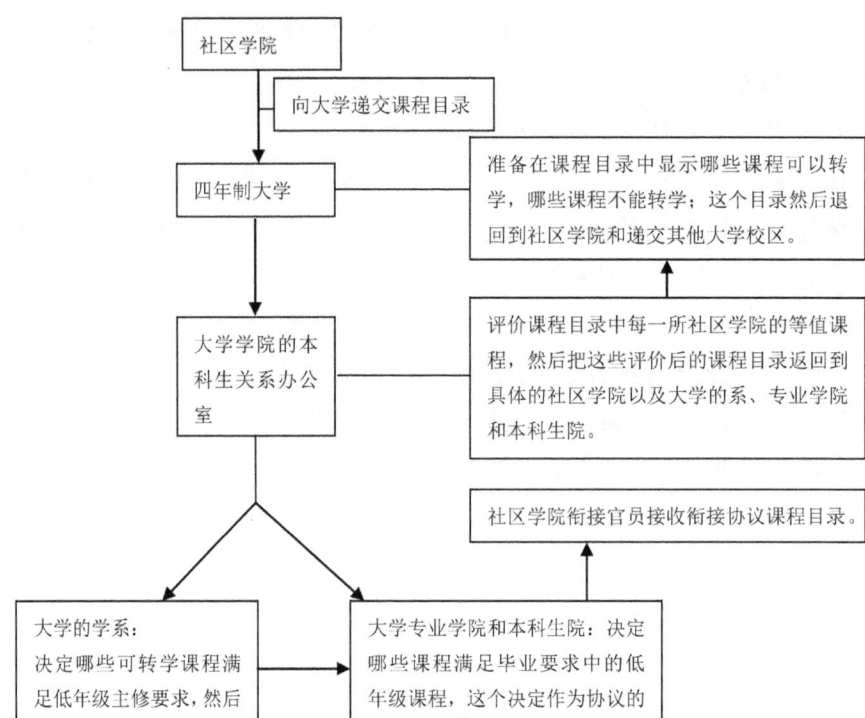

图 7-4 社区学院与加州大学等值课程目录程序图①

（3）通识教育广度要求协议（General Education/Breadth Requirement Agreements）。这个协议主要是特定的社区学院通识教育广度课程满足特定加州大学校区学院的通识教育课程要求。

（4）主修要求协议（Major-preparation Requirement Agreements）。主要是社区学院的主修课程满足加州大学校区某个主修专业或项目的特定要求协议。课程协议（Course-by-course Agreements）是特定的社区学院的课程与加州大学特定校区可比课程之间的协议②。

---

① Holly Winthrop Carpenter. The Development if Conceptual Framework to Understand Statewide Articulation System Design[D]. Arizona State University,2008:56.

② transferable course agreements [EB/OL]. http://admission.universityofcalifornia.edu/counselors/transfer/advising/transferring-credits/.

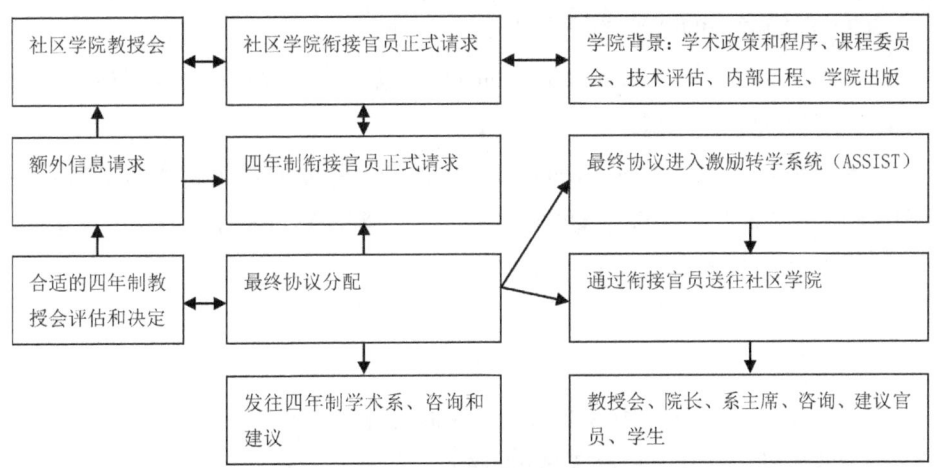

图 7-5 加州课程和主修准备衔接协议一般模式①

曾经正式注册加州大学的学生想回到加州大学,或者现在的学生从加州大学的一个校区转到另一个校区,只要学术信誉良好,学分绩点在 2.00 及以上的都被认为是可以录取的。如果学术信誉不好,那么学生可以咨询各个校区的学院咨询者,了解怎样提高他们的学术标准。所有在加州大学某个校区完成的课程、获得的分数、学习单元,不论是春季、冬季、夏季或秋季学期,都可以转学到另外一个校区。

来自其他院校的学生,尽管加州大学没有提前批准与加州社区学院之外的转学课程的正式协议,经过区域认证的或者通识教育单元的课程,如果能够与加州大学校区提供的课程具有可比性,也能够转学;如果课程没有可比性,这一门课程必须与加州大学的学位或项目的目的、范围和深度相适应。

(5) 一些课程不能被转学,如补习英文。英文写作课程低于学院第一学期要求水平;低于学院代数的数学成绩;技术或技能课程,如怎样使用计算机软件的课程。

(四) 衔接协议评价

衔接协议评价标准:

(1) 合法的指导纲要或政策,涵盖大学和学院的所有协议种类。

(2) 州政府的政策。

---

① Linda Barnes Tucker. Transfe and Articulation Issues Between California Community Colleges And California State University [D]. University of Verne, 2013:87.

（3）已经建立的高校之间的协议。

（4）转学的成分（Transfer Components），包括学位相关的促进转学的各个方面，涵盖职业和技术课。

（5）教师参与（Faculty Involvement），在多大程度上两年制和四年制大学教师实际上负责和维护全州的转学协议。这一判断标准从1991年开始，已经由21个州应用到衔接协议的评价中。

八、小结

（一）欧美学分互认和转换系统存在的问题

1. 欧洲学分互认和转换系统的问题

一是欧洲学分互认和转换系统是能力输出模式，采取的是以常模参照评价方式。这一评价方式与欧洲大部分国家的标准参照的成绩评价有冲突。德国甚至已经重新回到传统的标准参照评价方法，仅把欧洲学分作为辅助分数，用以解决欧洲学分与德国学分之间的水土不服问题。

二是欧盟国家内部的分数等级不同，大学基于传统的学术自治和学术自由，确定各个学科之间优秀等级、良好等级、及格等级的分数各不相同，这就导致同样的分数在不同的大学就读会产生截然不同的结果，形成幸运的和不幸运的转学学生，影响教育公平公正和高等教育资格的合法性。

三是能力模式在学术界批判较多的是，用行为主义的方式以外显的行为作为评价学生的学习成果，忽视了对学生的学习态度、情感、价值观以及学习过程、学习整体性的关注。

四是行为主义外显成果的客观性与后现代主义强调的多元、主观、背景性的真理观不同，遭到后者的批判。

五是欧洲学分互认和转换系统运行了很多年，与美国学分互认和转换系统相比受益人数较少，还处于比较精英的地位。

2. 美国学分互认和转换系统的问题

美国学分互认和转换系统属于时间输入模式，以课堂学习时间作为学分计算的基础，更加关注正规教育中的学分获取，以此作为决定学分分配和课程是否等值的基础。各州范围内高校间的学分互认和转换政策以及跨州的学分互认和转换政策的初衷主要是解决学生转学过程中学分损失问题，较少关注学生的学习动机激励、学术认知发展,因此不能较大幅度地提高转学比例。

大学与社区学院在很多方面存在差异。社区学院课程质量一直受到大学和学院质疑,尽管如此,法律为基础的协议解决了这些质疑,但同时也侵害了教师对课程决策的控制权。

自愿型学分互认和转换协议保护了大学的学术自由和学术自治,但也导致效率低下。指导型学分互换模式因处于两者之间,学术自由和学分互换能在某种程度上达到平衡。

(二) 欧美学分互认与转换系统共同问题

1. 行政推动产生的问题

不论是欧洲学分互认和转换系统还是美国学分互认和转换系统,都是政府为减少不同国家或不同州的学术壁垒,便利欧盟成员国之间或美国各州内大学生流动颁布实施的高等教育一体化政策。政府政策往往是强调整齐划一,具有一刀切的特点,不能周全地考虑不同学术组织单位多样性需求,以及学分互换的复杂性。这在欧洲学分互认和转换系统、美国规制型学分互认和转换系统表现较为明显。行政推动的学分互认和转换政策往往会侵犯传统的大学学术自治和学术自由。

2. 学分授予标准导致的问题

两种学分互认和转换系统都存在统一的评价标准与多样性的学分评价结果之间不一致的问题。

欧洲采取的常模参照评价标准与47国不同高校不同的标准评价系统导致学习成果等级在不同国家产生很大差异,这种差异容易导致某种幸运学生和不幸学生,破坏了学生学习成果的一致性。

美国尽管没有47个国家,但是50个州全州范围的学分互认和转换协议也体现出这种多样性。美国全州范围的学分互认和转换协议主要有三种:一种是全州统一的学分互认和转换系统,一种是全州指导的学分互认和转换系统,一种是自愿衔接的系统。由于大学是一个底部沉重的组织,学术事务的决策权在教师,院系和全校的教授会决定学生的学习成绩,从而产生学分标准不一致现象。另外,美国缺乏全国性的学分互认和转换标准,跨州学分互认和转换协议的分布并不广泛,使得跨州学分转移存在诸多不便。

3. 精英大学抵制导致的问题

不论是欧洲学分互认和转换系统还是美国学分互认和转换系统，精英大学都采取各种措施抵制普通高校学分转移至本校，以维护自己的精英高等教育的优越学术和市场地位。这些大学的教授们认为，外校的学术成果价值不能等同于本校的学术成果，因此不能被直接认定为本校学分。不论是欧洲牛津大学、剑桥大学、巴黎政治学院，还是美国的哈佛大学、斯坦福大学都采取类似的措施增加学分互换的壁垒。

总之，欧洲学分互认和转换系统更多地关注学习成果，强调非正规教育与正规教育学分互认和转换的便利性，忽视了对学习过程的关注，以及学习成果认定中的行为主义嫌疑。学习成果的常模参照评价与欧洲大多数国家的标准参照评价存在一定的冲突。如果学习成果的评价以标准参照为基础，将能更好地融合民族国家的分数等级评价，也更有利于欧洲学分互换系统行稳致远。

美国学分互认和转换系统则要求正规教育中师生课堂互动学习时间作为学分互认和转换的标准，忽视了非正规学习成果互认。如果采取学习成果的认定，分数等级的标准评价，则更能够兼顾非正规教育与正规教育之间的学分互认和转换。

因此，不论是欧洲学分互认和转换系统还是美国学分互认和转换系统，都有自身不可克服的系统缺陷，我们在建立学分互认和转换系统的时候需要明白，不论以学习成果为基础还是以时间输入为基础的学分，都存在不可克服的缺陷，需要克服其不足，而不能盲目借鉴。

第八章
我国普通高校学分互认和转换与政策建议

我国早在民国时期就实行了学分制,新中国建立后我们采取的是学年制,改革开放之后,由武汉大学、南京大学等少数重点大学实施学分制度,但学分互认和转换制度的实施较晚。

国家教育事业发展"十三五"规划着重指出深化本科教育教学改革,加快建立国家资格框架和终身学习制度,实现学分在不同类型、不同层次高校间、职业教育与普通教育、学历教育与非学历教育的学分互认和转换机制。

目前我国已经与欧盟 19 个国家、美国以及"一带一路"沿线国家签署了多个学位、学历和文凭互认协议。2019 年 2 月,中共中央、国务院印发了《粤港澳大湾区发展规划纲要》,指出,充分发挥粤港澳高校联盟作用,鼓励三地高校探索开展相互承认特定课程学分、实施更灵活交换生安排等方面合作交流。2019 年,国务院学位委员会印发《学士学位授予管理办法》通知(学位〔2019〕20 号),支持学生辅修专业和攻读双学位,具有学士学位授予权的普通高校之间可以授予全日制本科毕业生联合学士学位,这些都需要对学生修读课程的学分进行互认和转换。多个全国性和区域性以及省级政府颁布的文件都在支持不同层次不同类型和同层次同类型普通高校之间、正规高等教育与成人高等教育、职业高等教育与普通高等教育之间学分的互认和转换。

目前,我国已经形成大学内部学分互认和转换、区域性学分互认和转换、国际学分互认和转换等多种形式,呈现出北京学院路教学共同体、武汉七校联盟、上海市西南片和东北片学分互认以及多种形式的高校联盟学分互认和转换模式,形成各具特色的学分互认和转换经验。

一、我国学分互认和转换类型

(一) 基于地理区域的学分互认和转换模式

地理区域内的学分互认和转换模式从最小的高校之内到全球跨国国际学分互认和转换,主要有高校内部学分互认和转换、大学城形式学分互认和转换、省域内学分互认和转换、国内学分互认和转换以及国际学分互认和转换。

1. 高校内部学分互认和转换

高校内部学分互认和转换是指学生在同一所高校因更换专业、项目学习进行的学分互认和转换,全校通识教育课程可以互相认可,专业课程的互认主要涉及辅修专业、双学位学生。这需要学院和专业之间协商确定。

2. 大学城模式

大学城模式学分互认和转换主要是同一座城市的高校之间签署学分互认和转换协议,开展一种开放选课、互认学分、教师互聘、联合办学培养双学位、辅修专业等形式的办学合作,促进大学城内高等教育资源优势互补,提高办学效率,提高高等教育教学质量。大学城模式由于地理接近、交通便利、师资资源丰富,成为我国最为普遍的一种学分互认和转换模式。

表8-1 国内大学城学分互认和转换合作案例

所在城市	合作名称	组成学校	合作内容	效果
北京	北京学院路教学共同体	北京师大、北京航空航天等17所高校	教务处联席会议领导下的互选学科、互认学分、辅修专业、一个校区办学模式、互聘教师、开放实验室、互派学生	开设1200门、受益学生超10万,占所有选修课的40%
天津	开放选课	南开大学、天津大学	互相选课、互认学分、互聘教师、建立联合学术项目	

续表

所在城市	合作名称	组成学校	合作内容	效果
南京	南京仙林大学城	南京师范大学、南京邮电大学等高校	资源共享、学分互认、课程互选、教师互聘、学生互派	
上海	东北片（14所）和西南片第二学位	上海交通大学、复旦大学、同济大学、华东师大等	课程互选、学分互认、辅修专业和双学位、教授互聘	西南片2018年21285人获得辅修专业证书和第二学士学位；东北片每年有3000人参与，共计5万余人参与
武汉	七校联合办学	华中科技大学、武汉大学、华中师范大学等教育部直属高校	课程互选、跨校辅修专业和双学位、联合办学委员会领导下的轮值制度	合作时间超过25年
杭州	下沙、滨江等大学城	杭州师范大学、浙江中医药大学等37所高校	资源共享、课程互选、学分互认	
广州	广州大学城	中山大学、华南理工大学、华南师范大学等10所高校	课程互选、学分互认、教师互聘	效果不明显，所有学生加起来不足3000人，仅占全部学生的2%
宁波	宁波大学城	中外合资大学、本科高校、专科高校、高职以及中职学校7所	互相课程、学分互认、教师互聘	
长沙	研究生教育优质课程互选协议	中南大学、湖南大学、湖南师范大学、国防科技大学	课程互选、学分互认、教师互聘	16000名学生可参与其中

续表

所在城市	合作名称	组成学校	合作内容	效果
贵阳	花溪大学城	贵州师大、贵州财经、贵阳医学院、贵阳中医学院	课程互选、学分互认	8门课程,1600名学生参与
福州	福州地区大学新校区高校联盟	福州大学、福建师范大学、福建医科大学、福建农林大学等8所高校	课程互选、学分互认、教师互聘、名师共享、后勤共享	
重庆市	重庆市大学联盟	重庆大学、西南大学、第三军医大学、西南政法大学、重庆医科大学、四川外语学院等6所高校	促进学生尤其是研究生跨校交流和培养、辅修专业和双学位教育、共享优质教育资源	规模较小,2019年四川外国语大学新闻传播学院选派4人到西南大学,国际商学院选派6人到西南政法大学学习

3. 省域内学分互认和转换模式

2005年,山东省教育厅下发《关于推进高等学校学分互认人才培养模式改革的通知》,推动该省普通本专科与高职院校本专科之间的学分互认,要求山东高校之间、院系之间、相同或相近的学科之间、本专科学历层次之间在教学内容和人才培养等方面实施学分互认,采取1+X、2+X、3+X单向或双向学分互认工作,其中X为修业年限,原则上不少于两年,通常采用2+2模式①。

2014年,贵州省在省属高校之间开展课程互选、学分互认等试点,以此推动优质教育资源共享,激发学生的学习兴趣,先从通识教育的必修课、选修课以及精品课程开始,在全省试点学分互认和课程互选。

在广西,随着研究生招生规模不断扩大,有11所具有研究生招生权的高校实施研究生跨校课程选修和学分互认机制②。

---

① 青岛日报编辑部.实现高校之间、专业之间和区域之间优势互补、资源共享[N].青岛日报/2005年/11月/7日/第001版.

② 梁军等.资源共享优势互补:广西高校研究生跨校课程互选与学分互认可行性思考[J].长春理工大学学报(高教版),2009,4(8):9-10.

2010年1月19日,湖北由华中师范大学为主导的16所高校建成高校师范教育联盟,联盟内高校可以攻读双学位、课程互选、学分互认,甚至校际游学等。甘肃省组建了由西北师范大学等26所高校组成的甘肃高校教师教育联盟,促进教师教育资源优势互补,学分互认,课程共享合作①。

4. 跨省高校联盟模式

我国知名大学或同层次同类型大学的战略联盟模式实施学生交流、课程互选、学分互认比较多。这些大学基本上都跨越了省级区域,如中西部高校综合实力提升工程,重点支持中西部没有重点大学的13个省和新疆生产建设兵团的一所高校,建设成为有特色和高水平的大学。2018年2月,河北大学、山西大学、内蒙古大学、南昌大学、郑州大学、广西大学、海南大学、贵州大学、云南大学、西藏大学、青海大学、宁夏大学、新疆大学、石河子大学等14所高校签署合作协议,在学分互认、课程共享等方面开展合作。其他还有创建世界一流大学的C9联盟,包括北京大学、清华大学等9所冲击世界一流大学的国内知名高校,以及卓越联盟的北京理工大学、华南理工大学、哈尔滨工业大学等理工见长的高校开展的学分互认和转换联盟,都属于跨地理区域的高校合作联盟,也都开展了课程互选、学分互认和互派学生等方式,促进学分互认和转换合作。

5. 中外合作办学模式

中外合作办学是参与合作的中外高校保持各自独立的身份和地位,在自愿协商基础上成立合作办学机构,合作高校对合作的条件、内容、形式自愿协商,承担相应义务,享有相应权利的一种具有广泛性和持续性学分互认和转换模式。2018年6月,经审批机关审批的中外合作办学本科层次机构65个,合作项目789个,本科以上层次高校或机构43个,其中上海纽约大学等5所高校具有外资法人资格②。这些都是通过中外合作办学的方式与国际或者港澳台的高校开展的学分互认和转换模式。

(二)基于高校层次、类型的学分互认和转换模式

学分互认和转换主要由同层次同类型高校和不同层次不同类型高校之间

---

① 孙亚斐等.我省8所师范院校将实现学分互认[N].兰州日报/2012年/10月/17日/第006版,民生.

② 编辑部.中国教育国际合作与交流新进展[J].世界教育信息,2013(9):64-66.

的学分互认和转换两种。

1. 同层次同类型高校间学分互认和转换

同层次同类型高校之间在课程质量、学校声誉、学科建设和教师素质等方面具有一定同质性,学分互认和转换遇到的障碍和阻力较小。如北京大学、清华大学、浙江大学等9所冲击世界一流大学的高校组建了C9联盟,开展学生互换、本科课程学分互认。

2003年,长三角6所高校包括浙江大学、复旦大学、上海交通大学、东南大学、浙江工业大学、浙江理工大学签署《长三角高等教育合作研究项目实施协议》,建立学分互认、课程互选、转学、跨校导师等合作[①]。其他的还有中西部大学联盟,包括教育部提升工程的郑州大学等中西部高校,成立学分互认和课程互选。卓越联盟(Excellence 9)是具有理工特色的北京理工大学、大连理工大学、哈尔滨工业大学等9所高校成立的,以便进行学分互认和课程互选。

2. 不同层次不同类型高校间学分互认和转换

不同层次不同类型的学分互认和转换受限于我国普通高校管理体制的限制,案例较少。知名的主要有山东省应用型本科院校与高职高专院校"2+2"校际学分互认模式探索,这是对不同层次学校间学分互认的有效尝试。最主要的就是部分城市的学分银行模式,以学习成果为基础建立不同类型、不同层次高校之间的学分互认和转换。

(三) 基于课程的学分互认和转换模式

课程学分互认和转换实质上是学习成果的转移和认可,体现在课程上主要表现为知识点,知识点也是课程基本组成部分,按照国际教育成就评价的课程结构分析,学习成果包括学科知识、学科知识相关的技能以及与内容和技能有关的思想、情感、道德价值观等三部分。课程学分互认和转换实质上就是知识点的衔接,合作双方不仅要关注课程的名称,更要关注课程的知识点的相同或相似程度,即彼此之间所含知识点的数量和类型。课程的衔接还需要注意不同层次高校不同级别课程的要求不同,如专科、本科层次,专业课还是选修课等区别。课程内容本身还分为掌握、理解和选学等不同要求。

课程全部内容应该按照课程大纲确定知识点个数所占比例,确定学分可

---

① 曹畅.欧洲学分转换系统研究[D].西南大学,2008:56.

互认和转换比例。同级别课程因教学内容相同，需要一定的转换系数确定知识单元相似程度。课程相似度＝两校课程相同知识单元数量/选课学校课程知识单元数量，所得数值最高为1，低于0.5则认为课程相似度较低，不能承认课程学分。

1. 跨校选课

跨校选课是我国高校开展校际学分互认的主要形式之一，合作高校的学生可以互选对方高校开设的课程。一般是各个高校有特色或突出优势的课程，学生完成课程所有学习工作量，考核合格可以被本校认可。跨校选课在我国物理空间比较接近的大学城学分互认和转换模式中较为常见。另外，随着新冠疫情在全球的肆虐，使用在线课程实现跨校选课方式成为较为普遍的一种形式，特别是慕课。各大慕课平台开设的课程被所在学校引进作为通识教育课程，完成课程所有学习任务后获得相应学分。跨校选课一般涉及学分不多。根据跨校合作协议，这些课程学分都可以算作学生完成毕业要求的一部分，因此是一种较为常见的课程学分互认和转换模式。

2. 开设辅修专业和双学位

开设辅修专业和双学位培养实质上类似模块转学，对于学有余力的学生，如果想学习第二专业和第二学位，可以申请合作高校开设的辅修专业和双学位课程。一般申请者免学通识教育课程，只需要完成相关专业必修课程和专业方向课程，获得学分往往只有普通学士学位课程的一半，就可以授予第二学士学位，辅修专业的学分会更少一些。武汉七校合作办学的双学位和辅修专业以及上海市东北片和西南片的合作，都是基于这种模式进行的。

3. 校际学生交流

合作高校根据学生能力，个人申请到对方高校学习一个学期或一个学年，经合作双方同意，学生即可到对方学校学习，课程考核合格，可以被所在学校认可为学位学分。

4. 课程免修课

课程免修是指学生完成培养方案中某些相关课程内容，获得课程证书或各种资格证书，表明学习者已经具备了相关后续课程所要求的知识、能力和价值观、态度，可以免除后续课程学习的一种学分互换模式。如大学英语课程，可以通过参加四六级考试获得一定分数，予以免修大学英语的制度。

（四）基于互联网技术模式

基于技术学分互认和转换模式主要是指利用互联网技术开设各种在线课程、远程教育的一种学分互认和转换模式。如慕课学分认证课程,学生在慕课平台上或高校引进的慕课课程平台学习,完成课程要求即可获得相关学分。慕课学分的发展一定要有一定的质量保障体系,才能完成慕课学分的转换。因为慕课课程的学习不同于传统的课堂学习,很多学习环节和认证环节都与传统课堂学习存在差异,因此要确定相对统一的学分转换标准、程序和算法。2014 年,杭州师范大学在其本科生通识教育课程中引进上海交通大学的慕课课程,学生完成慕课学习考核合格,就可以获得相应课程的学分。

2012 年秋,全国教师教育网络联盟联合北京师范大学、华中师范大学等 7 所学校,依托教师网联公共教学平台开展专升本网络学历教育,积极实施课程互选和学分互认。合作协议要求参与互选的学生在整个学习期间应该修读一门外校公共课程,所选课程学分统一认定为 3 个学分。公选课程课程信息包括名称、课程编码、开设学校、学分数、适用专业、类型、考核方式等都公布在平台上,由学生根据自己情况选修。教师网联学历教育可以吸引更多师范类高校参与其中,跨越更多的学历层次、专业类别和课程,更有利于运用现代技术开展学分互认和转换。

2001 年,教育部启动现代远程教育关键技术与支撑服务系统,建设基于天地网的远程教育示范工程,实现上海交通大学、西安交通大学、浙江大学、宁夏大学、西藏大学合作,进行课程互选和学分互认和转换的实践。运行以来,已经有 24000 多名学生选修了平台开设的计算机科学与技术、电子商务、金融学、国际经济贸易、行政管理、工商管理、旅游管理、会计学、法学、汉语言文学、护理学等 11 个专业的 96 门课程,有力实现了对西部高校的支持,促进了优质教育资源共享[①]。

[①] 李志茵. 中国学分互认第一案例调查[J]. 中国教育网络,2005(1-2):17-21.

（五）学分银行模式

1. 学分银行概念

学分银行是指以学分为计量单位和流通工具的终身教育管理制度。学分银行对社会成员的学习成果进行记录、储存并据此为各教育机构之间的学习成果认证和转换提供支持服务,并最终积累为各种资历和资格。因此,从制度角度看,学分银行制度可以协调学校、教师、学生关系的行为准则;从功能角度看,主要是实现学分存储和转换功能的教育教学管理制度;从个人来说,为所有人提供了终身学习的制度平台,保证每一个人的终身学习机会;对社会来说,学分银行提供了不同教育机构连接的桥梁,是教育与劳动力资源整合的工具,是学习型社会的基础。

2. 学分银行功能

学分银行有三个功能:一是学分的认证和转换。基于国家的相关标准对学习者的学习成果进行认定和鉴别,以便确定能够转换成多少标准的学分,因此学分银行必须具有独立的第三方资格,有一定的权威性和合法授权,能够履行学分的认证和转换,并确定学习者学习成果的认证和转换。二是学分积累,是指经过认定的学分的记录和积累,按照一定的标准储存起来,是终身学习标准化的功能;三是积累的学习成果可以转换为不同的奖励,包括资历、学历以及一般精神和物质奖励。

3. 学分银行类型

学分银行制度主要有三类,第一种是基于国家资格框架的制度模式,框架+标准的有英国、澳大利亚、南非、中国香港;框架+协议,如欧盟。第二种是基于协议式的制度模式,适用于教育分权制国家,如美国、加拿大。第三种是基于学分银行的制度模式,国家专门立法,如韩国。

4. 我国学分银行建立

我国在 2010 年《国家中长期教育改革和发展纲要》中明确提出建立终身学习社会,完善各种教育立交桥机制,积极推动学分银行建设。其实早在 2009 年 11 月,浙江省慈溪市颁布了《慈溪市民银行管理办法》,这是我国第一个县级市终身学习制度。2011 年,教育部提议由中央广播电视大学成立国家开放大学,并以此为契机,实行学分银行制度。上海市 2011 年 1 月颁布《上海市终身教育促进条例》,建立终身教育学分积累与转换制度,实现不同学习成果的互认和衔接。2012年7月,上海市终身教育学分银行正式运营。2012年12月27日,陕西省"高等继续教育学分银行"正式试行,成为我国首批学分银行建设试点①。

二、我国学分互认和转换的困境与反思

我国学分互认和转换存在的困境主要是因为学术自由和学术自治,导致教师在学术决策权方面产生对其他高校教育教学质量的严格把握,在此基础上产生了学分互认和转换困境。另外,我国还存在独特的因学分收费问题、政府支持缺位等方面产生的学分互认和转换困境。

(一)按学分收费问题

1. 学分收费类型

我国高校学分制实施以来,基本上采取学年学分制。学年学分制能够弥补学年制和学分制的不足,但学年学分制不能有效反映学分市场价值。因为在高校中不同专业学分成本是不一样的,教育教学成本也不相同,那么按照同一个标准收费,而不考虑学生学习了多少课程,使用了多少教育教学资源,使得学习不能有效反映学生个人消费的教学资源,也不能有效调动学生学习积极性,进而影响学分互认和转换政策制度的落地和实践。

高校收费也不相同。有的按照学年收费,如我国大部分高校、美国斯坦福大学每年缴纳39000美元等;有的按照学分收费,美国大部分高校,如哈佛大学每学分收费1000美元,以此类推,学生本科4年需要修满120个学分,学费则高达14万美元,当然这只是一个平均价格,有的专业一个学分高达1500美元,四年要花掉18万美元。加州大学学分约合500美元,相对较低②。但我国仅有小部分高校实施按照学分收费原则。

在我国,实施学分制收费的方法主要有两种:一种是按照全部学年制学费标准,根据培养方案规定课程学分总数,修完所有学分应缴纳学分总额,然后计算出每一学分的收费标准,基于这一标准,按照不超过学年制学费总额收取学费。1997年,上海大学率先打破学年收费进行改革,按照学年制总学费数

---

① 孙冬喆. 中国学分银行制度建设研究[D]. 华东师范大学,2014:77.
② 吴平等编. 完善高校学分制的思索[M]. 武汉:武汉大学出版社,2012:94.

除以学分数得到每个学分学费,学年初学生按照选课门数缴纳学费。另外一种是按照注册费和学分学费分开办法,全校确定一个共同学分学费,同时根据专业培养成本不同,确定注册费。多个实施学分收费的省份采取的是第二种模式。

2. 学分收费优点

学分收费有以下益处:一是可以有效减少欠费,因为财务部门缴费系统与教务处选课系统是联系起来的,欠费学生如果没有缴纳学费就无法登陆选课系统,除非有特殊文件证明学生可以缓交学费,这样就在一定程度上促进学生积极缴纳学费。第二个是按照学分收费可以增加学校收入,按照高等教育成本分担理论,谁受益谁缴费的原则,多使用学校资源的学生理应多缴纳学费,如重修学费、延期毕业的注册费等。三是学分收费可以提高学生学习责任意识,让学生真切感受到学习成本问题,认识到每一个学分都需要自己花费真金白银,督促学生认真听课、上课,调动学生学习积极性[①]。学生意识到教育投资性质,符合市场公平原则,改变学生被动学习地位,把学生作为购买高等教育服务的主体,有助于体现等价交换原则和提高高等教育教学服务。学生经费充裕、学习能力强,可以多学习,缩短学习年限;能力弱、经费较差的学生则可以根据情况少学一些学分,适当延长学习年限,建立真正弹性学制。四是同时按照学分收费有利于形成一种优胜劣汰机制,教学能力强、效果好的教师,选课学生多,收入多,反之则少,有利于督促教师不断提高教育教学质量。五是学分收费也可以提高全校教学成本核算,有效进行教学管理。实行学分收费教师创造多少学费收入,院系教学成本核算、教师绩效考核都能清晰显示出来。

(二)教师短缺问题

我国高校教师队伍整体短缺,特别是新建本科高校,各种资源较为紧张,特别是教师资源紧张。如果学生选修外校课程较多,那么本校教师课程就会较少,本校同门课程的教学也会受到影响,从而影响课程教师团队的稳定性。

(三)经费不足问题

一方面,实施学分互认和转换收费之后,一些较弱的院校包括高职院校、

---

① 刘雅静.学分制收费改革高校教学管理模式创新[M].桂林:广西师范大学出版社,2019:28-29.

成人院校、新建本科高校的学生就会选择老本科和重点本科高校的课程,那么这些高校的收入就会减少,甚至威胁这些高校的生存。另一方面,老本科高校和重点高校则吸纳更多来自低层次高校学生选课,并授予学分和学位,在一定程度上会引起降低本校社会美誉度的担心,他们也不愿意更多低层次高校选修他们的课程,他们更希望同层次高校的合作。

(四)管理机构改革阻力

学分互认和转换涉及合作双方或多方教务系统数据对接,转出学生课程和学分与转入学生课程和学分精确自动对接,这就需要调整传统的教务管理方式,在学籍注册、学分管理、毕业审核等方面为学生提供更切实有效的服务。

(五)学校主体动力不足问题

学校主体功能不足很大程度上影响学分互认和转换合作事业发展,有时候甚至决定其成败。武汉七校联合办学、北京学院路教学共同体、上海市西南片和东北片教学协作组的学分互认和转换运行模式的成功,主要得益于作为主体高校主动积极作为,注重细节,学分互认和转换才能行稳致远。相反,广州大学城、南京仙林大学城等在学分互认和转换过程中实施不尽如人意,很大程度上可以归咎于高校注重合作的形式,轻具体衔接细节落实,重视项目的启动,轻后续资源的持续投入,导致的结果。

(六)技术准备不足问题

在管理技术方面,学分互认和转换提出了更高的要求,不但要开发能够维护更大规模的课程资源运行数据库,还需要配套改革选课系统、学分计量和累积系统、财务系统与教务系统对接系统、学生学籍系统与毕业生审核系统等各方面的衔接。这一套庞大复杂的计算机管理系统对系统维护和管理人员提出更高要求。同时系统维护需要较高投入,包括技术更新和相关人员补充和培训的投资,以及合作高校在系统对接方面的投入,都将影响学分互认和转换的顺利进行。

(七)政府协调不足问题

我国高校学分互认和转换合作主要是高校之间自愿衔接合作,仅山东省2+2模式有政府介入,并没有提到财政支持力度,欠缺西方发达国家在学分互认和转换上的政府统筹协调。无论是欧盟学分互认和转换系统中,项目支持资金拨款还是政府政策大力支持,抑或是美国联邦政府和州政府在公立高校之间学分互认和转换立法、财政支持以及其他方面的资源支持,都显示出政府在学分互认和转换方面的独特作用。

政府的作用主要是颁布学分互认标准,协调各层次高校按照资格框架标准和学分界定标准,立法推动学分互认和转换,这一点欧盟做得比较好;政府特别是省级政府在公立高校学分互认和转换中引导和支持,包括督促州内高校签署学分互认和转换协议、支持共同核心通识教育课程互认和转换、建立共同课程编码、建立2+2、双重招生等各种促进学分互认和转换协议,这一点美国做得比较好。

我国政府不论是中央还是地方都有文件支持和鼓励学分互认和转换原则,但是缺乏学分互认和转换的整体构想和设计,更没有从国家和地方推出学分互认和转换的学分认定标准、国家资格标准、相关财政支持标准等指导性和落实性的文件制度。

三、H省普通高校学分互认和转换策略

(一) H省普通高校现状

按照教育厅公布的高校数,H省普通高校有本专科院校141所,其中本科高校57所,公办38所;专科高校84所,公办64所。在校大学生214.08万人,本科114.08万人,专科100万人,本专科之比5.3:4.7,普通本科高校校均规模25107人,高职高专为9043人[①]。大部分高校分布在郑州、洛阳等核心城市,仅中原城市群所占高校就达到70%。而且H省仅有少数高校实施学分制,建立学分互换、课程互选的华北水利水电大学、河南农业大学、河南理工大学、郑州航空工业管理学院、河南财经政法大学中,实施学分收费高校仅有河南理工大学,其他高校都还处于学年学分制传统运行体系,这个学分互认和转换联盟是河南省第一家学分互认和转换协议。

根据教育部2019年6月15日统计数据,H省有普通高校141所。其中郑州市本科26所,公办16所,民办10所;专科36所,公办27所,民办9所,共有本专科62所。

---

① 河南省2018年教育事业发展统计公报[EB/OL], http://www.haedu.gov.cn/2019/04/15/1555295281651.html,2020-1-25.

表8-2　H省普通本专科高校数统计表(教育部2019年6月数据)①

高校类型 地市名称	公办本科	民办本科	公办专科	民办专科	合计
郑州市	16	10	27	9	62
开封市	1	1	3	0	5
漯河市	0	0	2	1	3
洛阳市	3	0	3	1	7
平顶山	2	0	3	1	6
许昌市	1	0	2	1	4
新乡市	5	2	2	1	10
焦作市	1	1	3	1	6
济源市	0	0	1	0	1
安阳市	2	1	3	0	6
南阳市	2	0	3	1	6
三门峡市	0	0	2	0	2
商丘市	1	2	3	0	6
周口市	1	1	1	0	3
驻马店市	1	0	2	0	3
濮阳市	0	0	2	0	2
信阳市	2	1	1	2	6
鹤壁市	0	0	1	2	3
河南省	38	19	64	20	141

---

① 教育部.2019年全国高等学校名单[EB/OL].http://www.moe.gov.cn/jyb_xxgk/s5743/s5744/201906/t20190617_386200.html? spm=zm5006-001.0.0.1.OA9p1q,2020-1-23.

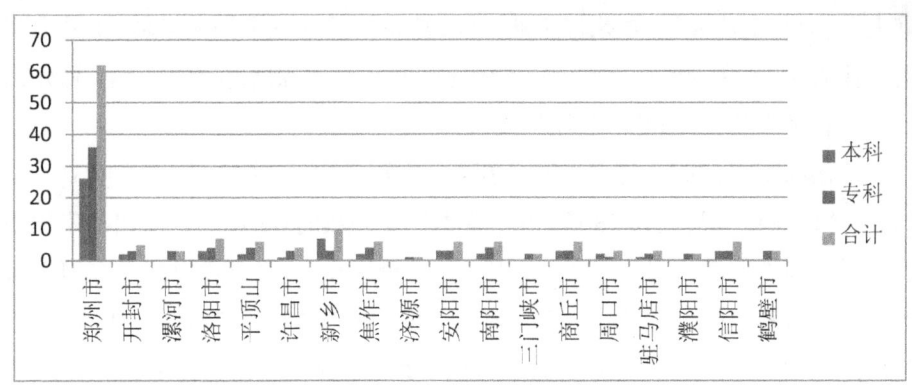

图 8-1　H 省各市本专科情况统计图①

从表中可以看出,郑州市以本专科学校 62 所占据首位,其次是新乡市 10 所,洛阳市 7 所。

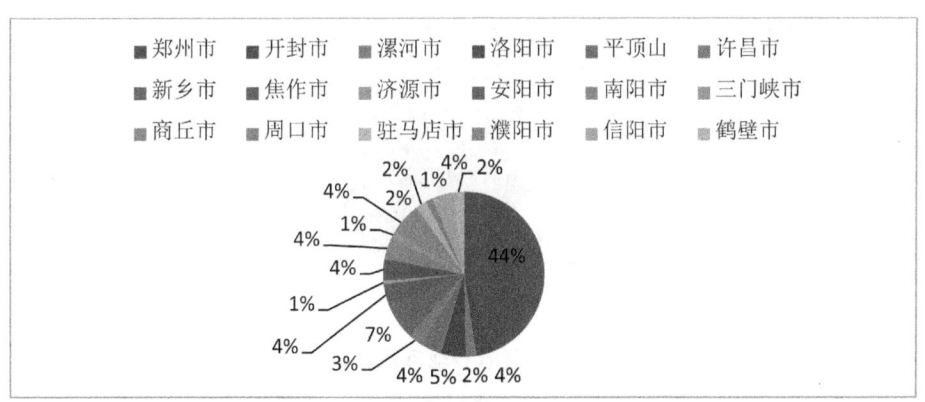

图 8-2　H 省各地市普通本专科所占比例图

郑州市有本专科 62 所,占全省本专科高校的 43.97%,本科 26 所,占全省本科的 45.61%,郑州市完全可以以大学城的方式进行学分互选和转换。郑州大学城分为南部的龙湖大学城,主要有中原工学院、河南工程学院、郑州升达经贸管理学院、中原工学院信息商务学院、河南工业贸易职业学院等高校;北大学城位于惠济区文化北路英才街,主要有郑州工程技术学院、郑州师范学院、河南牧业经济学院、河南艺术职业学院、郑州财经学院、河南科技职业学院等;西大学城位于郑州国家高新技术开发区,主要有郑州大学、解放军信息工

---

① 教育部.2019 年全国高等学校名单[EB/OL]. http://www.moe.gov.cn/jyb_xxgk/s5743/s5744/201906/t20190617_386200.html? spm=zm5006-001.0.0.1.OA9p1q,2020-1-23.

程大学、河南工业大学、郑州轻工业大学;郑东新区的龙子湖大学城,主要有河南农业大学、河南中医药大学、河南财经政法大学、华北水利水电大学、郑州航空工业管理学院、河南警察学院等高校。

郑州都市圈(郑州、许昌、开封、新乡、焦作)有本专科87所,占全省高校数的61.7%,其中本科高校38所,占全省本科高校数的66.67%。郑州都市圈轨道交通和高铁能够打造半小时经济圈,形成同城效应,完全可以通过政府形成的力量打造都市圈大学城学分互认和转换,开展辅修专业和双学位工作,建立共同课程编码特别是大学生通识教育核心课程共同编码,促进通识教育学分互认,有效利用资源,提升教育教学质量。

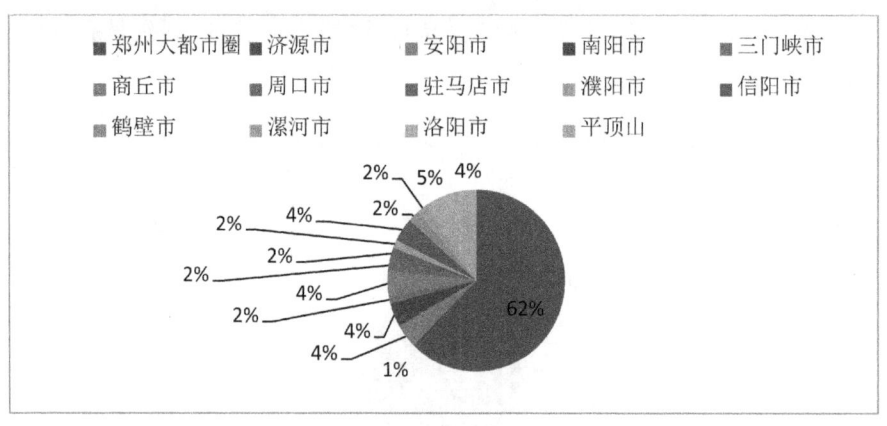

图 8-3　郑州都市圈与 H 省各地市普通本专科高校比例图

(二) H 省部分高校大学生学分互认和转换问卷调查

为了解 H 省普通高校大学生对学分互认和转换的看法,课题组在郑州大学、河南财经政法大学、河南理工大学、许昌学院、许昌职业技术学院随机抽样调查,我们向这些学校共发放150份问卷,回收145份,其中无效问卷7份、有效问卷138份,有效率为95.2%。问卷分为以下几个部分,首先是学生基本状况包括性别、年级、所在学科、高校类型等,其次是对学分互认和转换的看法以及实施学分互认和转换的难度和政策支持态度等。

表8-3 调查对象基本状况(问卷1、2、3、4题)

性别		学校类别		年级				学科							
男	女	普通专科	普通本科	大一	大二	大三	大四	文学	理学	工学	管理学	经济学	法学	艺术	教育学
85	53	27	111	27	52	49	10	3	40	19	2	2	62	1	9
61.6%	38.4%	17.4%	82.6%	19.6%	37.7%	35.5%	7.2%	2.2%	29%	13.8%	1.5%	1.5%	44.9%	0.7%	6.4%

调查对象中男性占61.6%,女性占38.4%,普通专科院校学生占17.4%,本科院校占82.6%,大一新生占19.6%,大二占37.7%,大三占35.5%,大四占7.2%,涵盖了文学、理学、工学、管理学、经济学、法学、教育学等7个学科门类,既有理工科又有人文学科,还有社会科学。因此,从调查对象、学科门类等方面来说比较客观地反映了我省高等教育现实。

表8-4 您喜欢目前的专业吗

选项	数量	百分比
非常喜欢	16	11.6%
喜欢	71	51.5%
一般	38	27.5%
不喜欢	7	5.1%
非常不喜欢	6	4.3%

从学生是否喜欢自己所学专业角度来看,有11.6%的非常喜欢,有51.5%的喜欢,合计63.1%的学生,证明大多数学生能够选择自己喜欢的专业。

表8-5 您对学分互认和转换有所了解吗

选项	数量	百分比
非常了解	0	0%
了解	26	18.8%
一般	45	32.6%
不了解	55	39.9%
非常不了解	12	8.7%

在学生对学分互认和转换是否有所了解这个调查中,非常了解的为零,了解的仅占18.8%。实际上我省的河南财经政法大学和河南理工大学都是H省首次实施学分互认和转换的高校。河南理工大学调查的32名学生中,

12.5%选择一般,87.5%的学生选择不了解,河南财经政法大学调查的55名学生中,有12.7%了解学分互认和转换,14.5的学生非常不了解,25.5%的学生选择不了解,不了解的学生达到40%。学分可以在高校之间互认和转换这一政策信息在学生中间的普及有待进一步提高。

最了解学分互认和转换的是许昌职业技术学院的学生,该校调查的有效问卷27份中,有48.1%的学生对学分互认和转换有了解,证明专科生比本科生更关注学分互认和转换,也说明学分互认和转换在专科学校做得比本科好。

表8-6 您是否支持普通本专科高校间学分互认和转换

选项	数量	百分比
非常不支持	4	2.9%
不支持	16	11.6%
一般	34	24.6%
支持	56	40.6%
非常支持	28	20.3%

在是否支持普通本专科高校间学分互认和转换中,有60.9%的学生支持和非常支持,在许昌职业技术学院的调查中,有74.1%的学生选择了支持和非常支持,说明专科学生比本科生更加关注和渴望学分互认和转换,用来提高他们的自身素质。

表8-7 如果您可以通过学分互认和转换方式选择您喜欢的课程,您会考虑吗

选项	数量	百分比
积极考虑	39	28.3%
考虑	55	39.9%
一般	31	22.4%
不考虑	9	6.5%
一定不考虑	4	2.9%

在是否考虑通过学分互认和转换的方式选择您喜欢的课程中,有68.2%的学生选择了积极考虑和考虑,调查的许昌职业技术学院的专科学生中,有88.9%的学生选择了积极考虑和考虑通过这一方式选择喜欢的课程,调查111名本科生中,有63.1%的学生选择会考虑和积极考虑,专科生比本科生选择积

极考虑和考虑选项的高出 25.8%。专科生更喜欢通过课程选修的方式进行学分互认和转换。

表 8-8 如果您可以通过学分互认和转换方式选择您喜欢的课程，您愿意在哪些课程实施学分互认和转换制度

选项	数量	百分比
通识必修	28	20.3%
通识选修	56	40.6%
专业必修	33	23.9%
专业选修	21	15.2%

在学分互认和转换课程的选择上，通识教育课程比专业课程更受欢迎，有 60.9% 的学生选择了通识教育课程，39.1% 的学生选择了专业类课程，本科生有 60.3% 的选择通识教育类课程，专科生有 62.96% 的学生选择通识类课程，这提示我们在课程选择方面，应该多提供通识教育类课程实施学分互认和转换。

表 8-9 如果学分互认和转换制度实行,您会选择去别校上课吗

选项	数量	百分比
完全不会去	23	16.7%
不会去	22	15.9%
一般	33	23.9%
会去	27	19.6%
完全会去	33	23.9%

全体调查学生中，有 43.5% 的学生选择会去别的高校上课，32.6% 的学生选择不会去别的高校上课。专科生有 77.8% 的学生选择会去和完全会去别的高校上课，14.8% 的学生选择不会去，完全不会去的几乎没有。本科生有 36.9% 的学生选择不会去别的高校上课，35.1% 的学生选择会去和完全会去别的高校上课。与专科生相比，本科生更不愿意去别的学校上课。

表 8-10 选择会去的理由(93 人)

选项	数量	百分比
为了拓宽自己的选择范围	65	69.9%
为了拓宽自己的知识面	71	76.3%

续表

选项	数量	百分比
为了自己兴趣的培养	64	68.8%
可以选择更多名牌大学课程充实自我	57	61.3%
可以选择其他学习较为轻松的课程更容易获得学分	34	36.6%
其他	5	5.4%

在选择会去和一般的学生中,为了扩展自己的选择范围、充实自我、培养兴趣、选择更多名牌大学为主要取向,说明学生选择学分互认和转换的兴趣较为广泛。但也有高达36.6%的学生选择了轻松获得对方学分的选项,这是一个应该引起关注的问题。

表8-11 选择不会的理由(78人)

选项	数量	百分比
高校之间管理制度差异化	26	33.3%
知名高校与非知名高校的差异	27	34.6%
学校间距离太长	28	35.9%
学费问题	35	44.9%
住宿问题	30	38.5%
教材不一样	22	28.2%
害怕不同学校考核标准不同	26	33.3%
其他	4	5.1%

在选择不去和一般的学生当中,最引起学生注意的问题是学费问题。一共有44.9%的学生选择了这一选项,其次是住宿问题、学校距离、考核标准和管理制度,最不重要的是教材差异。这需要在政策的制定当中,首先解决影响学生选课的障碍,重点解决学费问题,是按照学分和课程收费还是按照学年收费;其次是影响学生学习便利性的问题,包括住宿、学校距离、考核标准和管理制度等方面的问题。

表8-12 您觉得学分互认制度可以解决什么问题

选项	数量	百分比
教育资源的重复投入	82	59.4%

续表

选项	数量	百分比
专业学科的重复设置	44	31.9%
河南普通高校不协调发展	97	70.3%
河南普通高校间的学术交流	102	73.9%

在学分互认和转换可以解决的问题当中,最受关注的是解决学校间学术交流问题;其次是普通高校不协调发展问题;第三是教育资源重复投入,以及专业学科重复设置问题。

表8-13 您觉得限制学分互认和转换的制度原因有哪些

选项	数量	百分比
合并资源后,授课单一,无特色课程	39	28.3%
学分质量差异很大,认同度低	48	34.8%
为追求学分忽略教育本质	29	21.0%
缺乏配套的管理制度和审核标准	44	31.9%
其他	14	10.1%

在学分互认和转换制度中,学分质量差异大,认同度较低的问题成为最主要的问题;其次是缺乏配套的管理制度和审核标准,这说明调查高校中确实很少有实施相关制度的现实;第三是课程特色问题。

表8-14 您认为学分互认和转换制度实施难度大吗

选项	数量	百分比
无任何难度	5	3.6%
无难度	13	9.4%
难度一般	23	16.7%
有难度	63	45.7%
难度很大	34	24.6%

课程实施学分互认和转换的难度比较大,仅有13%的学生认为没有任何难度和无难度,高达70%的学生认为有难度和难度很大。其中本科生中,67.6%的学生认为有难度和难度很大,14.4%的认为没有难度和无任何难度;专科生中,有7.4%的学生选择无任何难度,81.5%的学生选择有难度和难度

很大。本专科学生在这一问题上存在较为明显的差异,本科生的学分互认和转换比专科生要容易一些。

表 8-15 您觉得学分互认的发展前景如何

选项	数量	百分比
发展前景一片光明	22	15.9%
感觉还可以,可以尝试	76	55.1%
无所谓,对自己没有影响	24	17.4%
没有发展空间	16	11.6%

在对学分互认和转换前景的预测中,有71%的学生认为前景一片光明,感觉可以尝试,说明学生对学分互认和转换充满期待。学分互认和转换是实现高等教育资源共享和优化,学生流动学习以及终身学习社会建立的主要路径和工具。

表 8-16 您认为如何做才能使普通高校之间学分互认和转换计划得以顺利进行

选项	数量	百分比
政府政策扶持与资金资助	54	39.1%
高校应尽量协商沟通,达成共识	79	57.2%
学校和社会应加大宣传力度	43	31.2%
应先在几所学校小范围试行该计划,以后再扩展到其他高校	53	38.4%
学生应积极参与该计划	23	16.7%
其他	2	1.5%

在学分互认和转换政策实施过程中,高校协调沟通达成共识是大学生关注的首要问题;二是政府政策扶持和资金资助,这在美国和欧盟国家政府都采取了这一措施,鼓励学生学分互认和转换;三是政策实施可以采取先试点,然后再推广方式进行;四是鉴于前述问题中很多学生对学分互认和转换不了解或完全不了解的现实情况,应该积极在学校和社会之间进行较大力度的宣传;五是16.7%的学生认为学生应积极参与该计划,说明学生对积极参与学分互认和转换的积极性并不高。

国内的广州大学城、南京仙林大学城等学分互认和转换实施中,学生参与度不高也说明了这一次调查的真实情况。因此,怎样调动学生的积极性成为一个需要考虑的关键问题。因为没有学生参与的学分互认和转换协议、各种制度等都将是空中楼阁,而不能实现政策的目的。

表 8-17 考虑在同一区域内学校间、专业间实施学分互认,您对此的认同程度如何

选项	数量	百分比
非常不认同	4	2.9%
不认同	13	9.4%
持中立态度	51	37.0%
基本认同	36	26.1%
非常认同	34	24.6%

在距离较近区域实施学分互认和转换得到了较大多数学生的认同,达到了 50.7%,中间地带学生占 37.0%。这一部分中间地带学生可以引导到积极支持地方区域学分互认和转换活动中来,说明我国当前实施的同城或大学城的学分互认和转换模式是得到学生认可的。武汉的七校联合办学、北京学院路教学共同体、上海市东北片和西南片开展的第二辅修专业、双学位、课程互选互认的实施经验值得推广和采纳。

表 8-18 您认为设计一个可以进行学分互认和转换的系统是否必要

选项	数量	百分比
完全不必要	2	1.4%
不太必要	28	20.3%
一般	38	27.5%
比较必要	51	37.0%
非常必要	19	13.8%

在学分互认和转换的自动化层次上,有 50.8% 的学生认为需要设计一个自动学分互认和转换系统,增加学分互认和转换的便利性。受制于我国现代课程学分管理政策和课程允许机制以及完全学分制实施不够全面的现实情况,有 21.7% 学生认为完全不需要和不太需要建立一个自动的学分互认和转换系统。

表 8-19 您认为该系统是否应该具有自动计算学分换算的功能

选项	数量	百分比
完全不应该	3	2.1%

选项	数量	百分比
不应该	5	3.6%
一般	35	25.4%
比较应该	51	37.0%
非常应该	44	31.9%

在学分互认和转换系统自动化层面上看,有68.9%的学生赞成建立一个自动的学分互认和转换系统,提升学生学分互认和转换的便利性。说明已经实施学分互认和转换的高校,应考虑建设一个自动的学分互认和转换系统。

表8-20 您认为下列人员是否应该具有审核学分互认的权限

人员	答案									
	完全不应该		不应该		一般		比较应该		非常应该	
	数量	百分比	数量	百分比	数量	百分比	数量	百分比	数量	百分比
教师	4	2.9%	7	5.1%	22	15.9%	30	21.7%	75	54.4%
专家	3	2.2%	9	6.5%	26	18.8%	31	22.5%	69	50.0%
学校行政管理人员	16	11.6%	21	15.2%	22	15.9%	29	21.1%	50	36.2%
教育厅	2	1.4%	5	3.6%	18	13.1%	32	23.2%	81	58.7%
教育部	4	2.9%	5	3.6%	18	13.1%	25	18.1%	86	62.3%

在审核学分互认权限方面,具有应该审核和完全应该的比例中,选择教师的占76.1%,专家占72.5%,学校行政管理人员占57.3%,教育厅占81.9%,教育部则达到了80.4%,说明学生对学分互认和转换更倾向于交给更高一级的行政部门,而真正实施学分互认和转换的落实地的学校管理人员并没有得到学生的认可。

表8-21 您认为通过其他高校获得的课程是否可以转换为本校课程学分

选项	数量	百分比
完全不可以	1	0.7%
不可以	8	5.8%
一般	35	25.4%

续表

选项	数量	百分比
基本可以	61	44.2%
完全可以	33	23.9%

认为通过其他高校获得的学分基本可以和完全可以转换为本校学分的占68.1%，专科生有96.3%的学生选择基本可以和完全可以，本科生有61.3%的学生认为基本可以和完全可以，从本专科学生在这一问题上的看法，可以推断出本科高校学分互认和转换的工作与专科高校存在明显差异。

表8-22 您认为通过网络学习获得的课程证书是否可以转换为本校课程学分

选项	数量	百分比
完全不可以	2	1.5%
不可以	10	7.2%
一般	29	21.0%
基本可以	60	43.5%
完全可以	37	26.8%

网络在线教育课程成为未来教育发展的一种趋势，包括远程学历和非学历教育、慕课课程的学分认证等。在这一点上，70.3%的本专科学生认为基本可以和完全可以，70.3%的本科生认为可以和完全可以，74.1%的专科生认为可以和完全可以，二者之间的差异较小。说明H省五所高校基本上都开通了在线学分互认和转换课程，并能够被本校承认为资格学分或学位学分。

（三）H省高校学分互认和转换模式

1. 学分互认和转换的管理体制

（1）建立全省统一的学分互认和转换共同课程编码。全省通识教育课程完全可以采取共同编码的形式在全省所有高校范围内互认和转换，同时各个专业课程的基础课程、专业方向课程经过全省的高校教师相关学术委员会也能够确定学分互认标准，最终形成类似美国全州范围的共同课程编码或者欧洲学分互认和转换系统的优化项目的学科领域课程学分互认和转换。

（2）建立统一的学分互认和转换制度。教育部和省教育厅作为制定高校教育管理制度的主管部门，应积极制定切实可行的具有操作性的学分互认和转换的制度规范。比如统一全省的学习工作量、每年的全日制学生的学分数以及学分绩点的相关算法等,加强不同高校之间的制度衔接和协调。

2. 成立 H 省学分互认和转换联盟

H 省内普通高校分为普通专科、普通本科、高水平本科高校三个层次,三个层次之间既可以进行跨层次,也可以进行同层次同类型的学分互认和转换。受我国目前政策限制,学生的转学、毕业证书和学位证书的等级层次政策限制,我们可以在通识教育核心课程建立跨层次跨类型的学分互认和转换,而在同层次的高校的横向转学可以按照专业进行学分互认和转换。

因此,H 省学分可采取一个全省范围通识教育核心课程共同编码,包括大学英语、计算机、思想政治理论课程、军事理论、创新创业课程等实现全省学分互认,学分统一。其次,建立同层次的三个类型的学分互认和转换模式:一是专科层次的;二是普通本科层次的,也就是我们所说的二本院校;三是高水平本科高校,以郑州大学和河南大学为代表,涵盖河南农业大学、华北水利水电大学、河南财经政法大学等同层次的学分互认和转换。

一是建立 H 省高水平大学学分互认联盟。郑州大学、河南大学、河南农业大学、河南师范大学、河南科技大学、河南理工大学、河南工业大学和河南财经政法大学、华北水利水电大学进行联合招生、互认学分、交叉选课、共享图书资源等。

二是建立 H 省学院学分互认和转换联盟。主要由新建本科院校组成,这些高校以本科教育为主,研究生教育为辅,涵盖河南科技学院等 26 所二本高校。这些高校具有类似的发展经历,个别高校本科时间较长,但大多数是近 20 年来升本的公立高校组成。

三是组建 H 省职业技术学院学分互认和转换联盟。这些高校主要包括河南职业技术学院、各地级市所辖职业技术学院、黄河水利职业技术学院等 58 所公立专科高校

四是建立行业高校学分互认和转换联盟。行业高校学分互认和转换联盟主要是以行业特色为主的高校组建形成的高校战略联盟。如组建以河南农业大学为代表的涉农高校学分互认和转换联盟、以河南大学为代表的教师教育学分互认和转换联盟、郑州大学医学院为代表的医学学分互认和转换教育联盟、河南财经政法大学为代表的政法类学分互认和转换联盟等。

五是 H 省大学城学分互认和转换联盟。这主要是在同一地理区域的高校,因距离较近,组建联盟能够更好地发挥高校间的特色优势,同时又能够降低高校的运行成本,共享同一城市内的高校资源。首先,建立郑州市或郑州都市圈高校学分互认和转换联盟,当然也可以以自愿原则签署不同层次、不同类型或同层次、同类型的高校学分互认和转换城市联盟,采取北京学院路教学共同体、武汉七校联合办学或上海市东北片和西南片联合办学模式进行。其次,洛阳和新乡等两所普通高校较多的城市也可以考虑或政府推动或自愿签署协议的方式进行学分互认和转换工作尝试。最后,2019 年 1 月 7 日上午,华北水利水电大学校长刘文锴,河南农业大学、河南理工大学、河南财经政法大学、郑州航空工业管理学校长代表本校签署 H 省第一个学分互认和转换协议,实现优势互补、资源共享、学分互认。

3. 组建 H 省学分互认和转换在线系统

信息社会的到来以及欧洲和美国以及发达省份学分互认和转换的实践经验都表明,建立一个河南省学分互认和转换在线系统,有助于提供充分的学分互认和转换信息,提供学分互认和转换在线办理,简化学分互认和转换流程,进一步促进学分互认和转换发展。学分互认和转换是一个涉及上百所高校、100 多万大学生的庞大复杂系统工程,需要处理海量的学分互认和转换数据,需要建立河南省大学生学分互认和转换平台,按照通行的技术标准在各个学校建立终端数据库,为学分互认和转换提供技术支撑。

4. 实施完全学分制

完全学分制的主要目的是建立统一的学术货币市场。学分是欧美各国共同的学术货币,欧洲每一个学分是 25—30 个小时,包括考试、实验、社会活动等与课程相关的所有时间;美国一个学分是每周一小时,连续上课一学期 15 周或 16 周,作为学生与教师的接触时间,这种教室内的时间不涵盖课程准备、课程活动。我国大部分高校采取的是学年学分制,只有少数高校使用了完全学分制,所以学分的含义在不同大学、不同地域、不同课程、不同专业具有不一样的学习含义,学习成果表现不一致,这是我们应该注意的问题。

5. 重视学分互换契约的达成

在美国,在决定交换生的何种学分可以接受的时候,接受学生的机构通常要考虑以下几种因素:学生原来所在机构的认证类型是地区性的还是全国性的,是否与学生原来所在机构之间存在着学分互换的契约。但是在评价和运用学生转换学分时,也因地区、学校而异。高等教育机构与其他高等教育机构之间存在着契约关系,这种契约简化了学分转换的进程。在这类学分互换的契约中,接收学生的高校,在对派出学生的高校课程结构、教师资格进行评估后,与派出学生的高等教育机构达成协议。符合条件的学生,不需要进行进一步评估,就可以直接认可学生在派出学校修得的学分。

6. 建立国家资格框架

我国现在已经有完善的普通高校资格框架包括专科、本科、研究生三类资格,但是继续教育和职业教育还处于专科阶段,少部分设有本科层次的职业技术教育如深圳职业技术学院,硕士层次的职业技术教育专业硕士招生还较少,并且没有全国统一的职业资格框架。这就需要建立全国性的国家资格框架,融合不同类型、不同层次高等教育互相衔接资格互通的终身教育体系。全国教育"十三五"规划明确要求制定国家资格框架,国家开放大学也建立了一个全国性的资格框架模式①,但其仅是一个理论框架,还需要吸收不同教育部门、社会各界对该框架的意见和建议,组织专家审议,使其继续完善。另外框架还没有实施,其有效性也需要在实践中进一步完善。

7. 建立学分互认和转换保障体系

积极建立 H 省学分互认和转换质量保障体系,包括国家资格、学分绩点和学分工作量要求、专业认证、学分互认和转换联合委员会等为基础的学分互认和转换质量保障体系。

8. 建立 H 省专升本 2+2 模式

从目前的调查来看,专科生比本科生更渴望参与学分互认和转换,各高校对专科阶段学分转移到本科阶段还处于比较初级的探索,可以建立类似山东省的 2+2 模式。鼓励学习优秀的专科学生通过这一模式直接进入本科阶段学习,为专科学生提供更多的就业和升学机会。

---

① 余劳燕等.基于国际比较的学分银行学分内涵及学习成果转换研究[J].远程教育杂志,2017(2):66-73.

9. 财政拨款支持

根据美国和欧盟学分互认和转换的经验，需要政府提供财政支持才能更好地促进学生的学分互认和转换。根据我国国内广州大学城和南京仙林大学城的教训，很多都是因为经济方面的原因而不参加学分互认和转换。如果我们能够为处于专科阶段的学生提供进入本科阶段的奖励支持或助学金政策，必将进一步鼓励来自农村贫困地区的孩子积极追求更高层次的教育，为区域经济、社会文化高质量发展提供支持。

10. 建立 H 省终身教育学分银行制度

当今社会是一个学习型社会和信息社会，每一个人都需要持续不断的学习，才能适应未来发展要求。学分银行打破了正规教育与非正规教育的界限，鼓励生活经验、工作经验转换为可以被高校认可的资格，这对于拥有庞大人口基础的 H 省来说具有重要意义，可以提供政策支持鼓励更多在工作岗位的人积极获得各种学分，以便积累成为职业资格和高等教育毕业证书或学位证书。

其次，建立 H 省终身教育学分银行需要完善能力为基础的学习成果互认和转换制度，可参照欧洲学分互认和转换系统的资格框架系统，结合我国实际，充分运用国家开放大学框架结构，分成四个等级——专科资格、本科资格、硕士研究生资格、博士研究生资格，每一个资格层次中都使用知识、技能、态度情感价值观维度描述学术成果，促进学生能力的发展，并且可以按照资格框架，积累成为各种职业资格和毕业证书。

H 省终身教育学分银行的运行机制各方面还有待进一步完善，合作高校仅有河南广播电视大学、郑州信息科技职业学院两所，远远不能满足学分银行制度建设的初衷。

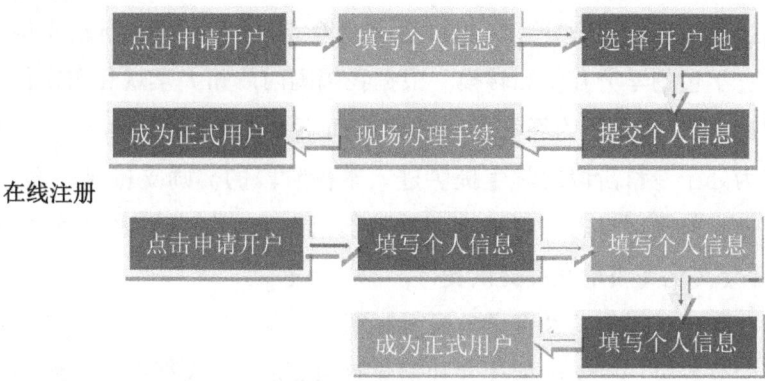

图 8-4　H 省终身教育学分银行制度注册图

11. 校际学分互认和转换系统构建

（1）签署合作高校学分互认协议。

合作高校首先需要签署合作协议，作为约束双方履行协议义务的文件，有利于据此推进各自高校学分互认和转换工作，同时作为违反协议约定的一种监督保障机制。

XX 大学与 YY 大学关于通识教育核心课程学分互认和转换协议

协议甲方：XX 大学

协议乙方：YY 大学

协议涉及课程：全校通识类课程

表 8-23　通识教育核心课程学分互认表

XX 大学通识教育核心课程				YY 大学通识教育核心课程			
编号	课程编码	课程名称	学分数	编号	课程编码	课程名称	学分数
1	692001	思想道德修养与法律基础	3	1	120000010	思想道德修养与法律基础	3
2	692002	中国近现代纲要	3	2	120000020	中国近现代史纲要	2
3	692003	马克思主义基本原理概论	3	3	12000030	马克思主义基本原理概论	3
4	432001	大学英语1	4	4	140000230	大学英语1	3
5	502001	大学计算机	3	5	500000110	大学计算机	3.5
6	452001	大学生心理健康	2	6	150000070	大学生心理健康	1.5

注意：

1. 只有经过协议双方教师委员会确认的课程才能互认；

2. 如果修改互认协议中的课程，必须及时通知另一方，以便及时修改协议课程，同时签署新的学分互认和转换协议；

3. 本学分互认和转换协议一式两份，自签署之日起施行。

签名：

XX 大学负责人：　　　　　　　　　　　　XX 大学印章

　　　　　　　　　　　　　　　　　　　　日期

YY 大学负责人：　　　　　　　　　　　　YY 大学印章

　　　　　　　　　　　　　　　　　　　　日期

其他类型的学分互认和转换协议也可以按照这个模板进行，可以更详细地报告大学使命、学院使命以及专业培养目标、毕业要求、素质要求、课程学时数(理论、实践、实习、实验)等。

(2) H 省普通高校校际学分互认和转换管理系统。

校际学分互认和转换管理系统包括教学秘书信息管理、学生信息管理、学分监管员信息管理、课程信息管理、学生成绩管理、校际学分互认协议管理、学分转换管理、用户管理等部分。

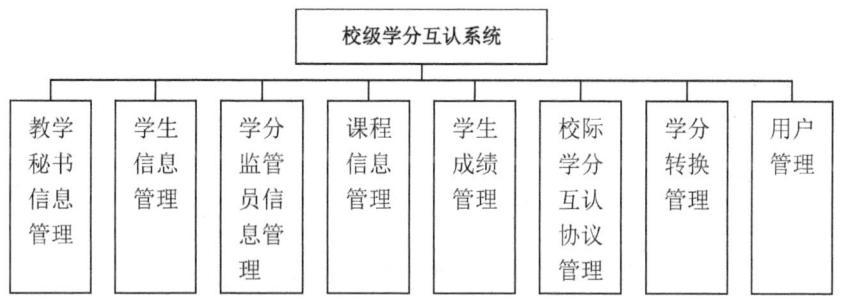

图 8-5　校级学分互认和转换系统图

(3) 学生学分互认和转换申请流程。

学生根据双方高校签署的协议，选择可以互认的课程，提出申请，转学学生所在高校的学分管理员根据协议进行审批，拟转入学校的学分管理员查询相关学分信息进行审批，学生查看审批结果。

(4) 学分互认和转换算法。

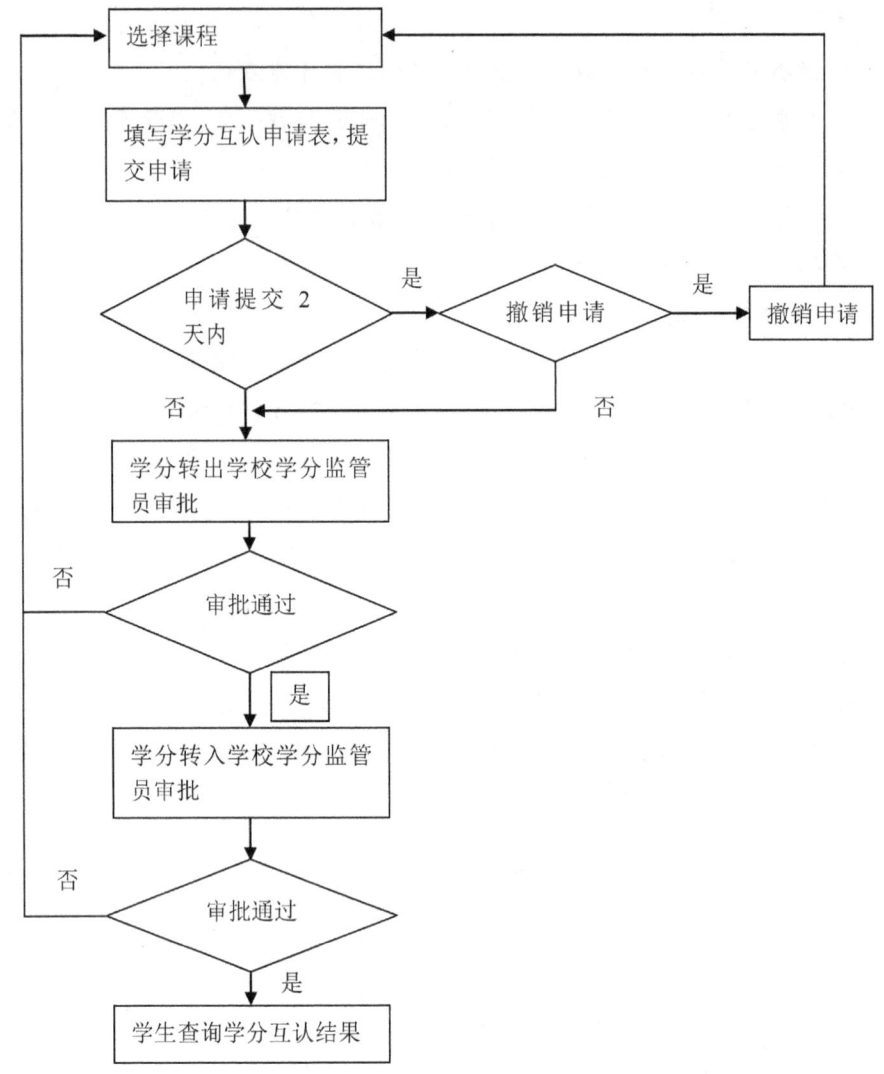

图 8-6　学生学分互认和转换协议流程①

我国高校一般 1 学分等于 16—18 周的学习工作量,军训、体育、实践课程等一般 33—35 个小时为一个学分,我们根据实践确定 1 学分 = 17 课时,实践类课程 1 学分 = 34 课时。

学校级别分为专科高校、本科高校、硕士研究生授予权高校、博士研究生授予权高校、教育部直属高校(211 或省部共建高校)五个层次,分别以 0.9 的

---

① 李娜.校际学分互认系统的设计与实现[D].华中师范大学,2007:22.

系数换算学分,如专科高校课程 A 的学分为 3 学分,转学到本科高校 B,需要乘以系数 0.9,即 2.7 学分,以此类推。

学习成绩我们采用平均绩点学分(Grade Point Averaged):90—100 分绩点 4.5(优秀),80—89 分绩点 3.5(良好),70—79 分绩点 2.5(中等),60—69 分绩点 1.5(及格),低于 60 分不及格。

学分层次分用来表示课程的难易程度,同是大学英语课程,分为不同的等级,为低年级、中年级和高年级分别赋值,大于 1,等于 1 和小于 1。

(5)学分互认和转换系统。

在学分互认和转换协议、学分互认和转换管理系统和学分算法基础上,委托相关技术公司制作相关学分互认和转换系统。国内的有武汉上海东北片和西南片、北京学院路教学共同体,直接规定选修课 30 学时为 1.5—2 学分,20 学时为 1—1.5 学分,国外可借鉴全州范围的在线学分互认系统,都可以作为技术公司的技术支持基础。北京科技大学与北京兆亿特技术有限公司合作开发了学院路学分互认和转换系统,参与的高校有北京科技大学、北京航空航天大学、北京大学医学部、中国地质大学(北京)、北京语言大学、北京体育大学、中国矿业大学(北京)、北京城市学院、北京林业大学、首都体育学院、北京师范大学、北京信息科技大学、中国农业大学(东区和西区)、北京邮电大学、北京电影学院、北京交通大学、华北电力大学、中国音乐学院、北京联合大学、北京舞蹈学院、对外经济贸易大学 21 所高校,既有全国知名的 985 大学,也有一般本科高校,是一个比较理想的在线系统。

附 录

关于 H 省普通高校学分互认和转换对策和政策建议调查问卷

尊敬的同学：

  您好！高校学分互认和转换是指学生除学习本校课程之外，还可以学习其他院校的相关课程，所得学分可以转换为本校学分，同时本校学分也能被其他院校所认可。这是一份仅用于政策和建议的问卷调查，主要目的是了解您对我省普通本科高校间学分互认和转换制度的真实看法。

  本次调查仅供研究之用，请不要有任何顾虑。为此，希望您抽出宝贵的几分钟时间参与调查。请在您认为最合适的答案画√，给出您宝贵的意见和建议。

  对您的合作与支持表示衷心的感谢！

1. 您的性别（　　）

  A. 男　　　　　　　　　　　　B. 女

2. 您所在学校的类别（　　）

  A. 普通专科高校　　　　　　　B. 普通本科高校

3. 您来自哪个年级（　　）

  A. 大一　　B. 大二　　C. 大三　　D. 大四

4. 您的学科为（　　）

  A. 文学　　B. 理学　　C. 工学　　D. 管理学

  E. 哲学　　F. 经济学　　G. 法学　　H. 历史学

I. 艺术　　　　　J. 教育学　　　　K. 其他

5. 您喜欢目前的专业吗(　　)

A. 非常喜欢　　B. 喜欢　　　　C. 一般　　　　D. 不喜欢

E. 非常不喜欢

6. 您对学分互认和转换有所了解吗(　　)

A. 非常了解　　B. 了解　　　　C. 一般　　　　D. 不了解

E. 非常不了解

7. 您是否支持普通本专科高校间学分互认和转换(　　)

A. 非常不支持　B. 不支持　　　C. 一般　　　　D. 支持

E. 非常支持

8. 如果您可以通过学分互认和转换方式选择您喜欢的课程,您会考虑吗(　　)

A. 积极考虑　　B. 考虑　　　　C. 一般　　　　D. 不考虑

E. 一定不考虑

9. 如果您可以通过学分互认和转换方式选择您喜欢的课程,您愿意在哪些课程实施学分互认和转换制度(　　)

A. 通识必修课　B. 通识选修课　C. 专业必修课　D. 专业选修课

10. 如果学分互认和转换制度实行,您会选择去别校上课吗(　　)

A. 完全不会去　B. 不会去　　　C. 一般　　　　D. 会去

E. 完全会去

11. 选择会去的理由(多选)(　　)(根据第10题作答)

A. 为了拓宽自己的选择范围

B. 为了拓宽自己的知识面

C. 为了培养自己的兴趣

D. 可以选择更多的名牌大学的课程,充实自我

E. 可以选择其他学校较为轻松的课程,更容易获得学分

F. 其他

12. 选择不会的理由(多选)(　　)(根据第10题作答)

A. 高校之间管理制度差异化

B. 知名高校与非知名高校的差异

C. 学校间距离太短

D. 学费问题

E. 住宿问题

F. 教材不一样

G. 害怕不同学校考核标准不同

H. 其他

13. 您觉得学分互认制度可以解决什么问题(多选)(　　)

A. 教育资源的重复投入　　　　B. 专业学科的重复设置

C. 河南普通高校不协调发展　　D. 河南普通高校间学术交流

14. 您觉得限制学分互认和转换的制度原因有哪些(　　)

A. 合并资源后,授课单一,无特色课程

B. 学分质量差异很大,认同度低

C. 为追求学分忽略教育本质

D. 缺乏配套的管理制度和审核标准

E. 其他

15. 您认为学分互认和转换制度实施难度大吗(　　)

A. 无任何难度　　B. 无难度　　C. 难度一般　　D. 有难度

E. 难度很大

16. 您觉得学分互认的发展前景如何(　　)

A. 发展前景一片光明　　　　B. 感觉还可以,可以尝试

C. 无所谓,对自己没有影响　　D. 没有发展空间

17. 您认为如何做才能使普通高校之间学分互认和转换计划得以顺利进行(　　)

A. 政府政策扶持与资金资助

B. 高校应尽量协商沟通,达成共识

C. 学校和社会应加大宣传力度

D. 应先在几所学校小范围试行该计划,以后再扩展到其他高校

E. 学生应积极参与该计划

F. 其他

18. 考虑在同一区域内学校间、专业间实施学分互认,您对此的认同程度

如何( )

A. 非常不认同　　B. 不认同　　　C. 持中立态度　　D. 基本认同

E. 非常认同

19. 您认为设计一个可以进行学分互认和转换的系统是否必要( )

A. 完全不必要　　B. 不太必要　　C. 一般　　　　　D. 比较必要

E. 非常必要

20. 您认为该系统是否应该具有自动计算学分换算的功能( )

A. 完全不应该　　B. 不应该　　　C. 一般　　　　　D. 比较应该

E. 非常应该

21. 您认为下列人员是否应该具有审核学分互认的权限

	完全不应该	不应该	一般	比较应该	非常应该
教师	1	2	3	4	5( )
专家	1	2	3	4	5( )
学校行政管理人员	1	2	3	4	5( )
教育厅	1	2	3	4	5( )
教育部	1	2	3	4	5( )

22. 您认为通过其他高校获得的课程是否可以转换为本校课程学分( )

A. 完全不可以　　B. 不可以　　　C. 一般　　　　　D. 基本可以

E. 完全可以

23. 您认为通过网络学习获得的课程证书是否可以转换为本校课程学分( )

A. 完全不可以　　B. 不可以　　　C. 一般　　　　　D. 基本可以

E. 完全可以

参考文献

一、中文文献

[1] 尹晓敏.利益相关者参与逻辑下的大学治理研究[M].杭州:浙江大学出版社,2010.

[2] 安宗林,李学永.大学治理的法制框架构建研究[M].北京:北京大学出版社,2011.

[3] (美)罗伯特·罗森兹维格.大学与政治——美国研究性大学的政策、政治和校长领导[M].王晨,译.保定:河北大学出版社,2008.

[4] (美)伯顿·克拉克.高等教育系统——学术组织的跨国研究[M].王承绪,等,译.杭州:杭州大学出版社,1994.

[5] (加)约翰·范德格拉夫,等.学术权力——七国高等教育管理体制比较[M].王承绪,等,译.杭州:浙江教育出版社,2001.

[6] (美)劳伦斯·维赛.美国现代大学的崛起[M].栾鸾,译.北京:北京大学出版社,2011.

[7] 余承海.美国州立大学治理结构研究[D].南京师范大学博士学位论文,2011.

[8] 于扬.现代美国大学共同治理理念与实践[M].北京:中国社会科学出版社,2010.

[9] 蔡先金,宋尚桂,等.大学学分制的理论与实践[M].青岛:中国海洋大学出版社,2006.

[10] 刘素娟.继续教育人才培养的学分银行机制设计研究[D].东北师大,2014.

[11] 张王豆.欧洲学分转换和累计系统对我国成人教育的启示[D].四川师大,2012.

[12] 杜社玲.韩国、欧洲学分银行实践及其启示[D].华东师范大学,2011.

[13] 顾玲玲,高校学分互换规范问题探究——以上海市的几所高校为例[D].华东师范大学,2007.

[14] 唐令辉.广西高等学校学分互认机制的研究[D].广西大学,2011.

[15] 陈樱.云南省呈贡大学城高校学分互换互认问题研究[D].云南师范大学,2011.

[16] 吴慧平.加州大学的治理变革及启示[J].比较教育研究,2007(3):50-54.

[17] 王红岩,等.澳英两国职普课程学分互认体系的特征及其启示[J].教育探索,2016(2):145-148.

[18] 蔡文芳.关于MOOCs学分认定及其校际互认的思考[J].中国高教研究,2016(12):83-85.

[19] 杨晨,等.国外学分互认与转学的探索及启示[J].现代远程教育,2011(4):9-14.

[20] 潘洁,等.我国高校学分互认制度改革实践及推进策略研究[J].国家教育行政学院学报,2017(5):34-38.

[21] 武丽志,等.广州大学城高校课程互选、学分互认的研究与实践[J].远程教育杂志,2016,219(6):81-87.

[22] 张伟远,等.试析欧盟构建资历和学分跨国互认终身学习体系的运作[J].中国远程教育,2013,11(18):20-27

[23] 吴晓雪,等.欧洲学分互认与转换机制及其启示[J].成人高等教育,2016(8):139-143.

[24] 吴宏元,等.学分互换:高校教学联盟与合作的有效途径[J].教育发展研究,2006(7A):71-74.

[25] 覃丽君,陈时见.欧美大学学分制的比较与借鉴[J].教育发展研究,

2013(11):69-73.

[26] 安东尼·约翰·维克斯. 欧洲学分互认体系:一个转换与累积体系[J]. 开放教育研究,2012,18,(1):33-35.

[27] 米红,等. 美国大学与社区学院学分互认机制研究——以北卡罗来纳州为例[J]. 比较教育研究,2007(10):46-49.

[28] 周建民,等. 美国大学学分制模式的主要特征及启示[J]. 东北大学学报,2007(5):446-450.

[29] 朱振岳. 长三角高校试点学分互认[N]. 中国教育报,2012-2-24,第002版.

[30] 贺林平. 广东在高校间推广"课程互选"已8年,如今很多课乏人问津无奈停开,"学分互认,无人喝彩"[N]. 人民日报,2011-7-18,第012版.

二、英文文献

[1] Annalise R. Walkama. The ERASMUS Generation:French Student Mobility in Europe 1987-1997 [D]. University of Louisiana at Lafayette,2017:13-14.

[2] Anne Ruggles Gere, Lizzie Hutton, Benjamin Keating. Mutual Adjustments: Learning from and Responding to Transfer Student Writers [J]. *College English*, 2017,79(4):333-358.

[3] Elisabeth J. Teal. The Bologna Accord : Overview and Marketing Implementation in Romania [J]. *American Journal of Educational Studies*, 2011,4(1):77-92.

[4] J. Weiss & M. Egea-Cortines. Teaching Applied Genetics and Molecular Biology to Agriculture Engineers. Application of the European Credit Transfer System [J]. *European Journal of Engineering Education*,2008,33(1):59-66.

[5] Khristy G. Large. A Study of Statewide Transfer and Articulation Reporting System Approved Courses Courses Completed at Alabama Community College [D]. Mississippi State University,2008.

[6] Krumpelmann Jeanne. Perceived Barriers to Articulation: Institutional characteristics [J]. *Clinical Laboratory Science*, 2002,15(2):99-101.

[7] Manuel Souto-Otero, etc.. Erasmus+ Higher Education Impact Study [R]. Luxembourg: Publications Office of the European Union, 2019.

[8] Matthew Dembicki. Study: UConn Rejects Nearly 25% of Credits from Community Colleges [J]. *Community College Daily*, 2017(April):27.

[9] Mississippi State Board for Community and Junior Colleges, Articulation Agreement between the Mississippi Board Of Trustees of States Institutions Of Higher Learningand the Mississippi Community College Board [R]. https://eric.ed.gov/? id=ED449841.

[10] U. S. Government Accountability Office(2005). Transfer Students:Postsecondary Institutions Could Promote More Consistent Consideration of Coursework by Not Determining Accreditation[EB / OL]. 2011-5-24. http://www.gao.go/ new. items / d0622. pdf.

[11] Vidmantas Tūtlys, etc.. From The Analysis of Work-processes to Designing Competence-based Occupational Standards and Vocational Curricula[J]. *European Journal of Training and Development*, 2017,41(1): 50-66.

后 记

《欧美普通高校学分互认和转换研究》一书是2021年度河南省高等学校哲学社会科学优秀著作项目资助成果。本书全面分析了学分互认和转换的欧盟学习成果为主的能力转移模式和美国课堂教学为主的时间积累模式，全面总结了我国普通高校学分互认和转换模式，并以H省为例，提出了省域内普通高校学分互认和转换的政策建议。

在拙作付梓之际，感激之情油然而生。感谢为本书顺利出版付出辛勤劳动和汗水的河南大学出版社，感谢2021年度河南省高等学校哲学社会科学优秀著作评审委员会的所有专家学者。没有你们的厚爱，就不会有本书的顺利出版！

本书在撰写过程中得到了李俊教授、李桂荣教授、周倩教授、宋晔教授、郭郑州教授、高新战教授、张永祥教授、郭现军教授、张笑涛教授、陈在上教授、刘培蕾老师、李辉老师、赵纪涛老师、寇琼洁老师、张铃丽老师、宿珊珊老师、郑州大学的徐梦凡同学、河南理工大学的胡智元同学、许昌职业技术学院刘波同学的热情帮助、指导和鼓励，在此深表感谢！本书在写作时还查阅了大量的文献资料，借此向所有文献资料的作者致以诚挚的敬意和谢意！

感谢所有爱我的和我爱的亲人，这是我久怀的心愿！

感激之余，虑及自己才疏学浅，更多的是忐忑不安。尽管写作过程中已做出不懈努力,但依然难免存在遗漏、不足,甚至谬误之处。借此出版之际,敬请学界方家不吝指正!

徐来群
2021 年秋于莲城静心斋